西学东渐研究

第八辑

广州与明清的中外文化交流

中山大学西学东渐文献馆 主编

商务印书馆

2019年·北京

图书在版编目(CIP)数据

西学东渐研究.第8辑,广州与明清的中外文化交流/中山大学西学东渐文献馆主编.—北京:商务印书馆,2019
ISBN 978-7-100-17509-8

Ⅰ.①西… Ⅱ.①中… Ⅲ.①西方哲学—文集 ②西方哲学—影响—现代化—中国—文集 ③东西文化—文化交流—广州—明清时代—文集 Ⅳ.①B5-53 ②D61-53 ③G129-53

中国版本图书馆CIP数据核字(2019)第097939号

权利保留,侵权必究。

西学东渐研究
第八辑
广州与明清的中外文化交流
中山大学西学东渐文献馆 主编

商 务 印 书 馆 出 版
(北京王府井大街36号 邮政编码100710)
商 务 印 书 馆 发 行
苏州市越洋印刷有限公司印刷
ISBN 978-7-100-17509-8

2019年8月第1版　　开本640×960　1/16
2019年8月第1次印刷　　印张19.75
定价:66.00元

西学东渐研究

主　编
中山大学西学东渐文献馆

学术委员会
（按姓氏拼音为序）

蔡　禾	陈春声	陈少明	程焕文	程美宝
杜维明	关子尹	洪汉鼎	黄见德	李明辉
李　萍	梁庆寅	林　岗	刘笑敢	刘昭瑞
梅谦立	倪梁康	沈清松	王　宾	吴义雄
张西平	张贤勇	张志扬	赵仪文	

责任编委：马永康

编者的话

前几辑的《西学东渐研究》，均以某一思想的中外交流为主题。与此不同，本辑以广州场域为主题，属于地方性研究。这种地方性研究有助于理解中外文化交流过程中的具体人物脉络，有助于细化认识地方社会的不同人群与机构（地方政府、知识分子、平民与其他宗教团体）对外来文化的接受、反应和改造。目前为止，学术界对地方性的研究主要涉及《南京条约》签订之后的主要口岸，如上海、天津等，然而对广州，尤其是条约签订前两百年其与中外文化交流之间关系的专题研究并不多见。这对于全面把握中外文化交流而言无疑有所不足，有必要做进一步推进。此外，我们在2016年成立了"中山大学广州与中外文化交流研究中心"，随后被广州市社科联确立为广州市社科重点基地之一。研究中心的主旨是推动研究广州场域发生的中外文化交流现象。为了拓展相关研究，也为了配合研究中心工作的开展，中山大学哲学系、西学东渐文献馆、广州与中外文化交流研究中心在2017年6月17—18日联合举办了"广州与明清的中外文化交流"国际学术会议。会议收到了15篇参会论文，分别从哲学、历史、社会学、建筑学、文学、艺术等领域围绕主题做了较为深入的讨论。本辑《西学东渐研究》主要收录了此次会议的论文，其中个别文章虽然不是会议论文，但与此主题相关，也一并收录。期待这些文章的结集，能有助于读者进一步了解在广州场域发生的中外文化交流现象。

另外，我们增设了一个研究专题："沙勿略与中国之门——上川岛。"这个研究专题共有三篇文章：第一篇是《沙勿略与庞嘉宾》，介绍了"伟大的东方使徒沙勿略"及改建沙勿略墓园的庞嘉宾的生平；

第二篇是《1700年上川岛沙勿略墓地的改建与庞嘉宾的报告》,分析了1700年庞嘉宾对上川岛的地理和人口及墓园的计划和改建过程;第三篇是庞嘉宾的报告《关于1700年在上川岛为伟大的东方使徒方济各·沙勿略建造的墓园》原文,首次由梅谦立等从拉丁文原文翻译成中文,并提供了初步的注释。这个专题研究,有助于了解上川岛的基本历史情况以及沙勿略墓园的改建过程。

本辑《西学东渐研究》的出版,得到了广州市人文社会科学重点研究基地以及中山大学"三大建设"的资助,特此致谢!

中山大学西学东渐文献馆

2018年7月14日

目　　录

《天主实录》各版本情况及创作源流浅析　……………… 王慧宇（1）
耶稣会士罗明坚与儒家经典在欧洲的首次译介
　　……………………………………… 梅谦立　王慧宇（20）
广州视野下的明季海上交通史籍及其史源
　　——以《东夷图说》《诸夷考》为中心的考察　…… 代国庆（34）
1685年路易十四遣华耶稣会传教团信件中的广州
　　………………… 蓝　莉（Isabelle Landry-Deron）撰；郭丽娜译（46）
请孔子作证：《中国哲学家孔子·前言》对利玛窦传教策略
　　的辩护　…………………………………………… 汪聂才（57）
认同与诠释：康熙特使艾若瑟在广州之墓及其时代意义
　　的变换……………………………………………… 梅谦立（74）
从广州到墨西哥阿卡普尔科
　　——16—19世纪中国艺术品贸易
　　………………… 胡纪伦（Cesar Guillen-Nunez）撰；祝海林译（93）
中法战争期间的清政府与在穗法国教会　……………… 陈　静（104）
广州圣心大教堂的设计和建造
　　………………… 马崇义（Matthieu Masson）撰；朱志越译（116）
掩藏于圣心大教堂的光芒之下
　　——踏查及认知晚清广州其他基督教建筑
　　………………… 高曼士（Thomas Coomans）撰；朱志越译（162）
岭南近代教堂神圣空间的解读
　　——以广州圣心大教堂和东山堂为例　………… 朱志越（193）
1900—1930年广州慈善柴捆
　　………………… 狄明德（Dominique Tyl）撰；李蓬云译（214）

被遗忘的近代西学先驱
　　——19世纪前期广州地区民间西学接触者研究
　　………………………………………………… 祝海林（225）
康有为的纪年构想 ………………………………… 马永康（237）
晚清伊索汉译的再英译和仿写 …………………… 姚达兑（252）

专题：沙勿略与中国之门——上川岛

沙勿略与庞嘉宾
　　——两耶稣会士在华传教传略
　　…………………………… 杰德·特莱夫撰；杨小刚译（273）
1700年上川岛沙勿略墓地的改建与庞嘉宾的报告
　　………………………………… 梅谦立撰；黄志鹏译（283）
关于1700年在上川岛为伟大的东方使徒方济各·沙勿略
　　建造的墓园 ………… 庞嘉宾撰；梅谦立注；黄志鹏译（288）

《天主实录》各版本情况及创作源流浅析

中山大学哲学系　王慧宇

明清之际耶稣会传教士来华,开启了东西文明第一次相对平等意义上的对话。而作为首位叩开中国大门,进入中国内陆定居的传教士罗明坚(Michele Ruggieri,1543—1607),其历史地位及学术地位一直未被学界充分重视,他本人更多的是被以利玛窦(Matteo Ricci,1552—1610)"同伴"身份一笔带过。与此相应,他创作的《新编西竺国天主实录》(简称《天主实录》),虽为第一部西方人用汉语写作的专著,却未得到应有的关注与肯定,进而也缺乏针对性的研究。

近几年来,学界已开始关注罗明坚及其著作,但相对利玛窦及其他传教士,对其研究仍不够系统、细致。相关研究以历史性的研究为主,鲜有深入罗明坚著作分析、探究其思想内在价值者。本文将简述现存《天主实录》各版本概况,梳理它写作初期的相关背景情况,重点分析中文《天主实录》和拉丁文 *Vera et Brevis Divinarum Rerum Expositio*(下文简称 *Expositio*)的异同,希望借此理清《天主实录》的创作脉络,进而探讨罗明坚及《天主实录》在"西学东渐"开创期的重要价值。

一、现存各版本《天主实录》

作为向晚明中国人系统介绍天主教教理教义的专著,《天主实录》现有三个中文版本存世:

版本一，现藏于罗马耶稣会档案馆，编号为 Jap.Sin Ⅰ，189，书名为《新编西竺国天主实录》。根据其中"万历甲申岁秋八月望三日天竺国僧书"可知，此书出版于 1584 年；内署"天竺国僧辑"表明其作者为罗明坚。罗马耶稣会档案馆另有一份编号为 Jap.Sin Ⅰ，189a 的文献，为此书的影印版。

版本二，现藏于罗马耶稣会档案馆，编号为 Jap.Sin Ⅰ，190，书名为《天主实录》。此文献与 Jap.Sin Ⅰ，189 在个别称谓、用词上略有不同，而在整体内容上并无实质差异。此版本手稿还有一份藏于梵蒂冈图书馆，编号为 Borgia Cinese 324.1。

版本三，现藏于罗马耶稣会档案馆，编号为 Jap.Sin Ⅰ，54，书名为《天主圣教实录》。此书由阳玛诺（Manuel Dias Junior，1574—1659）、费奇规（Gaspar Ferreira，1571—1649）、孟儒望（João Monteiro，1602—1648）重订，经值会傅汎际（Francisco Furtado，1589—1653）批准后出版。笔者推断，此版应完成于 1637—1641 年，此时耶稣会已确立利玛窦传教路线为正统，遂对罗明坚的著作进行了较大改动，如将原版佛教词汇全部删除，修改教理内容表述，等等。此手稿亦有一编号为 Jap.Sin Ⅰ，55、内容残缺的复制品。

除以上中文教理著作外，还有一部罗明坚撰写的拉丁文教理书值得关注。此书现藏于罗马意大利国家图书馆伊曼努尔二世馆，编号为 Fondo Gesuitico 1276，拉丁文书名为 *Vera et Brevis Divinarum Rerum Expositio*。

除上述完整的教义著作外，另有一份辅助性文献与《天主实录》的创作紧密相关，即收录于罗马耶稣会档案馆、编号为 Jap.Sin Ⅰ，198 的《葡华词典》后面的附录文献。该附录文献有四页半（正反面共九页），其内容相对残缺零散，本文暂不做考察。

二、《天主实录》各版本研究概况

罗明坚完成了入华传教的首创性工作，其若干汉语著作也成为

"西学东渐"这一文化交流进程的初次尝试。罗明坚在思想史上的地位虽因利玛窦的辉煌而略显暗淡,但仍有部分学者关注其人及《天主实录》的价值。

罗明坚相关的研究主要立足于两方面:一是以罗明坚及其著作为中心进行考察;二是以利玛窦为研究中心,通过二者对比,辅以对罗明坚的考察。上述两方面的研究大多集中在历史性和文献史层面的考察,鲜有深入罗明坚的思想世界内核及关注其著作内容的实质。研究者大多将《天主实录》当作东西文化交流史上的历史事件,而非作为哲学、宗教学术著作来深入文本分析。而且,在研究过程中,利玛窦的光环一直"笼罩"整个西学东渐史,利玛窦成为研究其他耶稣会士的不二标准。利玛窦之后的耶稣会士深受其影响,以其为参考尚有可取之处。但罗明坚为利玛窦先导,其工作恰为利玛窦成功的基石,过度强调罗明坚相对利玛窦在体系建构上的不足,在思想表述上的欠严谨,对中国文化理解的不到位,必将忽视罗明坚作为先行者、开创者的奠基、启发意义。

最早从事相关研究的主要是戴遂良(Léon Wieger)、德礼贤(Pasquale D'Elia)[1]、裴化行(Bernard Henri Maître)[2]、陈纶绪(Albert Chan)[3]、施省三(Joseph Shih)等学者。上述学者在其著作中都对罗明坚及《天主实录》有所涉及,也提出了独到的见解,但都没有专著讨论

---

[1] 德礼贤在其文章《关于第一本中文教理书的四个历史汉学》(*Quadro Storico-Sinologico del Primo Libro di Dottrina Cristiana in Cinese*)中对1584年《天主实录》做简要分析,重在考察各文本成书时间。Pasquale D'Elia. *Quadro Storico-Sinologico del Primo Libro di Dotrina Cristiana in Cinese*. Roma: Archivum Historicum Societatis Iesu, 1934, pp.193 – 222.

[2] 裴化行在《天主教十六世纪在华传教志》一书中,对罗明坚《天主实录》的成书背景及其与拉丁文文本关系进行了初探。[法]裴化行著,萧濬华译:《天主教十六世纪在华传教志》,商务印书馆,1936年。

[3] 陈纶绪在《罗马耶稣会档案馆和汉图书文献目录提要》(*Chinese Books and Documents in the Jesuit Archives in Rome: A Descriptive Catalogue Japonica-Sinica I-IV*)一书中列举了不同版本之间的差别。Albert Chan, *Chinese Books and Documents in the Jesuit Archives in Rome: A Descriptive Catalogue Japonica-Sinica I-IV*, Armonk: New York M.E.Sharpe, 2002, pp.90 – 99.

此问题。唯有施省三在其用法文完成的博士论文 Le Père Ruggieri et le problème de l'évangélisation en Chine① 中较为全面地考察了罗明坚在华传教工作和其著作情况,但由于特殊原因,其论文至今无法出版,自然也无中、英文译本,学界亦鲜有关注其研究,遂以笔者水平,只能有针对性地考察其只言片语,难以了解其思想全貌。

近年来,张西平等国内学者亦开始着手挖掘罗明坚的思想价值,并发表了相关论文。张西平在《西方汉学的奠基人罗明坚》②一文中,对罗明坚和《天主实录》做了相对全面的介绍,后在《罗明坚〈圣教天主实录〉拉丁文版初探》③中对拉丁文教理书情况做了简介,又有文章对《葡华词典》后的附录文献进行研究④。李新德在《从西僧到西儒:从〈天主实录〉来看早期耶稣会士在华身份的困境》⑤一文中,通过对比《天主实录》和《天主圣教实录》来看早期耶稣会传教士传教策略的重大改变,但此文仍主要集中在传教历史领域的分析,对内容及概念的辨析略微单薄。梅谦立在《天主实义今注》中将《天主实录》与《天主实义》两文本进行比较,分析了两个文本在结构和内容方面的异同。⑥

三、《天主实录》的作者及对罗明坚的评价误区

《天主实录》的作者本为罗明坚无疑,文本中明确记载"万历甲

---

① Joseph Shih, Le Père Ruggieri et le problème de l'évangélisation en Chine, Pontificiae Universitatis Gregorianae, 1964.
② 张西平:《西方汉学的奠基人罗明坚》,《历史研究》,2001 年第 3 期。
③ 张西平:《罗明坚〈圣教天主实录〉拉丁文版初探》,《基督教研究》,2015 年第 4 期。
④ 张西平:《〈葡华辞典〉中的散页文献研究》,《北京行政学院学报》,2016 年第 1 期。
⑤ 李新德:《从西僧到西儒:从〈天主实录〉来看早期耶稣会士在华身份的困境》,《上海师范大学学报(哲学社会科学版)》,2005 年第 1 期。
⑥ 梅谦立注,谭杰校:《天主实义今注》,商务印书馆,2014 年,第 3—9 页。

申岁秋八月望三日天竺国僧明坚书"①。17世纪阳玛诺等重新修订的《天主实录》也再次确定作者为罗明坚。最早对《天主实录》作者提出异议的是耶稣会学者邓恩(George H. Dunne),他在《从利玛窦到汤若望:晚明的耶稣会传教士》一书中提出,《天主实录》②这本书是利玛窦和"中士"对罗明坚1581年拉丁文《问答集》的翻译和润饰。③

邓恩的这一结论并非依靠切实的证据得出,更多的是基于主观的推测,是基于其对罗明坚汉语水平和对中国理解程度做出的推论。④他将《天主实录》定性成利玛窦"汉语传教的首次尝试"⑤,而再无罗明坚的功劳。此处暂不去考察邓恩的评价根据是否牢固,即便罗明坚有诸多不足,但在当时,其无疑是传教士中能力水平最高者,单就其只身一人叩开内地传教大门即可见一斑。作为罗明坚助手的利玛窦自然参与到《天主实录》的创作工作,但其贡献十分有限。⑥邓恩的推论未引起共鸣,此处特别提出,是因为其体现出的利玛窦中心倾向非个别现象。这种倾向在耶稣会学者中更为严重,为了维护利玛窦路线的核心地位,对与利玛窦意见相左的耶稣会传教士

---

① [意]罗明坚著,钟鸣旦、杜鼎克编:《新编天主实录》,《耶稣会罗马档案馆明清天主教文献》第一册,台北利氏学社,2002年,第6页。
② 此处所谓《天主圣教实录》实际上是《天主实录》,为翻译上的失误。
③ [美]邓恩著,余三乐、石蓉译:《从利玛窦到汤若望:晚明的耶稣会传教士》,上海古籍出版社,2003年,第15—16页。
④ 邓恩认为,罗明坚汉语水平不高、对中国理解不透彻,他如此评价道:"先打开中国大门的罗明坚,从此就再也没有返回中国。罗明坚在初次接触中国语言的学习的时候,比利玛窦的年龄要大。尽管他付出了最大的努力,但是由于记忆力的衰退,使他无法真正地掌握好中文。他为学习中文而付出的艰苦努力和他糟糕的健康状况,使他精力憔悴。虽然他还不到50岁,但是利玛窦谈到他时说:'他已经老了。'"详见[美]邓恩著,余三乐、石蓉译:《从利玛窦到汤若望:晚明的耶稣会传教士》,第17页。
⑤ [美]邓恩著,余三乐、石蓉译:《从利玛窦到汤若望:晚明的耶稣会传教士》,第16页。
⑥ 梅谦立在《天主实义今注》中说明了利玛窦的贡献在于其对宇宙九天的介绍。参见梅谦立注,谭杰校:《天主实义今注》,第5页。

(如罗明坚、龙华民)从主观上予以忽视,甚至不自觉地贬低。在这种倾向下,用思想"全盛"时的利玛窦作为尺度,"苛责"作为开创者的罗明坚,实难发现其思想亮点。

四、《天主实录》的初创完成情况

由于《天主实录》独特的思想史地位,考察其创作的背景、动机、基本策略等问题本身就是对于耶稣会士来华初期传教路线如何确定、中西文化如何创造性解释这些核心问题的探讨。而对这些问题进行考察的最佳材料无疑是罗明坚本人的相关书信。罗明坚在其1580年11月8日于澳门致罗马耶稣会总会长麦尔古里亚诺神父(Everard Mercurian,1573—1580年任耶稣会总会长)的书信中,第一次提到打算用中文创作天主教要理著作:

> 我希望不久对中国话能够运用自如,而后用中文撰写要理等书,这是为规划他们必须有的步骤。①

可见,此时罗明坚撰写教义著作已经是经过深思熟虑,有了可行性计划的,不然也不会贸然地汇报给总会长。此后,罗明坚又于1581年11月、1583年2月两次致信总会长,汇报《天主实录》编写的情况,其中特别提及中国官员对其中文教理大纲大为肯定。②他更在1583年2月7日于肇庆致信总会长阿桂委瓦神父(Claudio Acquaviva,1543—1615),阐述其中文传教的基本策略:"我利用明确的自然推理,并配以中国人的比喻给他们讲道。"③

---

① [意]利玛窦著,罗渔译:《利玛窦书信集》,台北光启文化出版社,1986年,第427页。
② [意]利玛窦著,罗渔译:《利玛窦书信集》,第434页。
③ [意]利玛窦著,罗渔译:《利玛窦书信集》,第446—447页。

罗明坚 1584 年 1 月 25 日于澳门致信总会长,记述了《天主实录》完成时的情况:

> 现在我已校正了我的《新编天主实录》,是用中文撰写的,用了四年工夫,曾呈献给中国官吏批阅,他们曾予我褒奖,要我赶快印刷,越快越好;视察员(范礼安[Alessandro Valignano]——笔者注)与其他神父都审查了一番,认为没有问题,也要我快去印刷。因为要改正一些句子,迟延到今年方能出版,如托天主之福今年能出版的话,将把它翻译为拉丁文,明年再给神父寄去。①

信中记述了中国官员对其传教工作的认可与支持,这种态度应该不是罗明坚主观上的乐观估计。传教士千辛万苦方能叩开中华的大门,同时代的日本在逐步收紧对天主教的宽容政策,远东的耶稣会传教士整体的态度自然是小心谨慎,绝不敢妄作推论。虽然罗明坚与王泮、陈瑞等广东地方官员的友谊非一朝一夕建立,但他们一定是切实认识到罗明坚带来的天主教教理是能容于当时思想环境的,因此才会大力鼓励其尽快出版。这其中既有罗明坚的努力,亦可从某一侧面显见晚明思想环境对外来文化的宽容与理解。

综上,罗明坚创作《天主实录》是一项系统、有计划的工作,前有一系列简单教义材料撰写做铺垫,后经与"中士"交流不断地修改完善。罗明坚本人和教会也对此工作高度重视,其能经常向会长报告项目进展就是侧面的证明。最值得注意的是,罗明坚在创作《天主实录》时并不是盲目尝试的,其已主动选择好了在华传教的基本策略,即信中提到的"利用明确的自然推理,并配以中国人的比喻"。当然,路线的选择必受教会正统的影响②,其本人也汲取了远东传教

---

① [意]利玛窦著,罗渔译:《利玛窦书信集》,第 457 页。
② 特伦特大会(Council of Trent)后,当时教会奉"托马斯神学"为正统,其神学的一大基本特点是强调理性神学的论证。

士前辈的经验,但其中罗明坚的判断选择却是决定性的。两条策略之所以能在《天主实录》中呈现并由利玛窦等后继者不断发扬,其最为必要的条件不在于西学,而在于中国士人能否接受。罗明坚通过阶段性的尝试,清楚判断出了晚明思想环境对外来文化的包容性和接受程度。其信中描述的以广东地方官员为代表的"中士"对耶稣会士及其带来的西学都持有友善、宽容、理解的态度,无疑给耶稣会总会和教廷在远东传教问题上打了一针兴奋剂。罗明坚通过自己的努力,搭建起了第一座中西交流的桥梁,并且给出了天主教思想可以在中国传播的肯定判断,成为整个明末"西学东渐"乃至"汉学西传"得以开展的前提。

五、《天主实录》概述

《天主实录》确为罗明坚创作的最为重要的作品,该书完成于1584年。通过上文材料可知,早在1581年前后,罗明坚便开始着手这本中文要理书的写作工作。"天主实录"即"讲述与天主相关的实情",也就是阐述天主教基本教义。罗明坚1583年2月7日于肇庆致信总会长阿桂委瓦神父,提到:

> 目前我已撰写了几本要理书籍,其中有《天主真教实录》(*Doctrina*)、《圣贤花絮》(*Flos Sanctorum*)、《告解指南》或《信条》(*Confessionario*)与《要理问答》(*Catechismo*)等。这一切都是尊视察员神父(范礼安——笔者注)与其他神父的意思而撰写的,并让我印刷,这样把天主教义的大纲介绍给教外人,方能引导他们进教。①

---

① [意]利玛窦著,罗渔译:《利玛窦书信集》,第446—447页。

文中提及的《要理问答》应该指《天主实录》,而其中的《天主真教实录》《圣贤花絮》《告解指南》或《信条》,目前学界暂不知晓其下落。但罗明坚确实曾将十诫、祈祷文翻译为中文。耶稣会士在传播天主教信仰时,针对不同群体撰写不同类型的书籍。"Catechismus"(要理书)针对教外人士,用理性论说的方式向教外人士讲述与天主相关的问题;"Doctrina"(教理书)则多针对信徒,为他们讲述天主教信仰上的教义、准则,如受洗、戒律等问题。但是在传教操作中,这两类著作并不是完全分割、独立的,往往是混杂在一起的。实际上,《天主实录》就是一本"要理书"和"教理书"的混合体,既有中士(教外人士)和西士(传教士)的对话来阐述基本信仰,又有圣水除罪、基本诫命等信徒需持守的教义。而在《天主实录》后,耶稣会已开始注重"教理书"和"要理书"的区分,利玛窦的《天主实义》可以说是耶稣会汉语要理本的巅峰之作,之后,他又创作了《天主教要》,作为针对中华信徒的教理本。①

《天主实录》共十六章,大致从五个方面介绍天主教教理教义:

1. 关于天主论,包括著作中的《真有一位天主章之一》《天主事情章之二》《解释世人冒认天主章之三》;

2. 关于创世论,包括《天主制作天地人物章之四》《天人亚当章之五》;

3. 关于灵魂论,包括《论理人魂不灭大异于禽兽章之六》《解释魂归四处章之七》;

4. 关于天主救恩史内容,包含《天主自古及今止有三次降其规诫三端章之八》《天主降世赋人第三次规诫章之九》《解释第三次与人规诫事情章之十》《解释人当诚信天主实事章十一》;

5. 关于天主教徒的信仰生活,包括《天主十诫章十二》《解释第一碑文中有三条事情章十三》《解释第二碑文中有七条事情章十四》《解释僧道诚心修行升天之正道章十五》《解释净水除前罪章十六》。

---

① 梅谦立注,谭杰校:《天主实义今注》,第4—5页。

《天主实录》作为第一部中文宣教书籍，较为全面地介绍了天主教的基本教义，其中既有创世、方舟等天主救恩史的描述，又包含了灵魂不朽、洗涤原罪等基本信条。整部书除了对三位一体、基督神人二性、圣教会等理论没有涉及外，天主教的教义已基本涵盖其中。

在介绍天主教教理教义的同时，罗明坚自然也将与天主教神学紧密相连的希腊哲学带入中国，特别是作为阿奎那神学思想基础的亚里士多德哲学思想。如在本书中，罗明坚第一次引入西方灵魂概念，命名为"魂灵"。其中所讲述的灵魂观，主要就是亚里士多德的灵魂三分说，即区分为"上中下三品魂灵"。在向"中士"证明"真有一位天主"时，他采用经院哲学广泛使用的基于希腊哲学的关于天主存在的本体论证明。正如罗明坚信中所述，这种基于普遍理性的哲学论证方式恰恰是中国人可以接受的。

书中罗明坚有大量关于中国文化，特别是中国信仰方面的理解与认识。罗明坚在书中虽使用"僧""天竺""圆满""天堂""地狱"等佛教词汇，但他本人极度重视天主教与佛教的辨析，基于此，对佛教进行了旗帜鲜明的批评。书中罗明坚对佛教的批判主要集中在三点：一是批评佛教的轮回说，罗明坚引入西方灵魂观中人与禽兽灵魂的差异来说明"人之体态不同乎禽兽"，不能进入禽兽之身，进而否定佛教轮回说；二是他定性佛教为偶像崇拜，与天主教和儒学正统都不符合，他指出"此等（指弥陀释迦——笔者注）皆邪魔恶鬼，潜附佛像之中，诳诱世人"；三是对佛教净土宗的"买经诵经"进行严厉批判。除以佛教为攻击重点外，罗明坚还批评了中国民间多神信仰，旨在强调天主教一神信仰的正确性。

与批评相对的是，罗明坚在书中表现出对儒家思想的认同。其开篇《天主实录引》就直接将其所述、所著纳入了儒家"五常""五伦"的序列，所讨论的问题并非方外别传，而是在儒家基础上就死后之事、六合之外之事给出新解。全书中"良知""理"等儒学概念屡次出现，在就天主诸事论述时又多以儒学切己的"侍君""孝亲"为例，让天主教思想和儒学在共同语境和问题的基础上温和地交流互动。当然，此时罗明坚著作中展现的耶儒互释倾向,相较于利玛窦及后来传教士对中西概念的辨析互解还显得浅显、基础,但其首次展示的天主教"亲儒"倾向,无疑为后继者在华传教开辟了一条光明道路。

六、《天主实录》及其与拉丁文文本的关系

本文旨在考察《天主实录》创作源流问题,暂不对17世纪修订后的《天主圣教实录》和《葡汉辞典》后附文献进行考察,而将关注重点集中在当时罗明坚创作的中、拉文两份要理著作上。

除了《天主圣教实录》之外,另一份与《天主实录》创作密切相关的文献,就是拉丁文《天主实录》,即前文所述 Fondo Gesuitico 1276 手稿的第二部分。此手稿第一页第一行写有拉丁文"Ad Beatissimu[m] sum[m]um Pontificem Gregorium XIV[m]",即"致至圣宗座额我略十四世"(1590—1605年在位),可推测,此手稿是罗明坚返回欧洲后完成的。在首页中间竖排写有五个汉字:"仁""义""礼""知""信"。在这五个汉字左侧分别有对照的音译"gin""gni""li""ci""sin",汉字右侧分别有对照的拉丁文,依次为"amor seu caritas""gratitudo""humanitas""prudentia""veritas"。

这著作共分为两部分,第一部分为 De Sinarum Regno(汉语意为"关于中华帝国"),介绍了中国、日本、朝鲜、吕宋岛等地的地理、文化状况[①];第二部分标题为 Vera et Brevis Divinarum Rerum Expositio(汉语意为"真实且简短的神圣事情的描述"),并在标题左侧写有"Catechismi Sinici Paraphrasis"(汉语意为"中文要理表述")。该文献除了引言之外,共计十三章,汾屠立(Pietro Tacchi-Venturi)已将此手稿整理收录在 Opere Storiche del P. Matteo Ricci

---

① 张西平在《罗明坚〈圣教天主实录〉拉丁文版初探》一文中对第一部分的主要内容进行了梳理。详情参见张西平:《罗明坚〈圣教天主实录〉拉丁文版初探》,《基督教研究》,2015年第4期。

(《利玛窦神父历史著作集》)一书的第二卷中。

(一) 拉丁文《天主实录》创作时间及中拉两文本的关系

此拉丁文著作关注的重点之一就是其中 $Expositio$ 部分的完成时间,学者主要持两种对立的观点。

一种认为《天主实录》的写作先于拉丁文要理 $Expositio$。持这种观点的为汾屠立、费赖之(Louis Pfister)。汾屠立根据罗明坚1584年致总会长阿桂委瓦的书信认为,罗明坚从中文教义书翻译为拉丁文,是其在罗马等待教宗派使团出使北京那段时间进行的。① 费赖之沿用此观点。②

另一种观点认为拉丁文要理 $Expositio$ 先于《天主实录》,戴遂良、德礼贤、裴化行、陈纶绪、柯毅霖都持此观点。关于此书创作时间,戴遂良于1932年在其文章中提出,拉丁文要理 $Expositio$ 写于1582年,先于《天主实录》的写作。③ 随后,德礼贤于1934年在《关于第一本中文教理书的四个历史汉学》中指出,戴遂良关于 $Expositio$ 的写作时间推测并不准确。德礼贤文中提及,$Expositio$ 中的创世时间距当时已有5 547年,而在中文版则认为已有5 550年,由于中文版写作时间为1584年,因而推论拉丁手稿写作时间为1581年。德礼贤认为,罗明坚完成拉丁文的要理后就迅速开始了中文版的写作。④ 随后,德礼贤在《利玛窦全集》(Fonti Ricciane,1942—1949)第一册中指出,罗明坚的《天主实录》是基于拉丁文要理手稿,由罗明坚和他

---

① Pietro Tacchi Venturi, *Opere Storiche del P. Matteo Ricci*, vol.2(1911 - 1913), p.LXIII.

② Louis Pfister, *Notices biographiques et bibliographiques sur les Jésuites de Mission de Chine*(1552 - 1773), I, p.20.

③ Léon Wieger, *Notes sur la première catéchèse écrite en chinois 1582 - 1584*, Roma: Archivum Historicum Societatis Iesu I, 1932, I, pp.72 - 84.

④ Pasquale D'Elia, *Quadro Storico-Sinologico del Primo Libro di Dottrina Cristiana in Cinese*. Roma: Archivum Historicum Societatis Iesu, 1934, pp.193 - 222.

的同会兄弟高麦兹(Pedro Gomez)于1581年在澳门创作的。①裴化行、陈纶绪、柯毅霖也都沿用德礼贤的推论。

为确定拉丁文《天主实录》的写作及完成时间,还必须附带讨论另一个问题,即中、拉文两本著作的关系。对此问题,上述学者亦提出了自己的见解。

德礼贤在其文章中指出,拉丁要理手稿包含15 000个词,而《天主实录》仅有8 002个词。因而他认为中文版的《天主实录》并不完全是对拉丁文文本的翻译。②德礼贤的这一根据显然站不住脚,姑且不论拉丁文翻译成中文字数的变化,就是我们今日现代汉语著作改写为古汉语,字数减少也应过半。遂笔者认为,考察二者关系更应该立足于内容本身的分析而非表面的章节、字数等。

裴化行于1936年在著作中指出,罗明坚将其在罗马学院学习所用的要理讲义加以整理,形成最初的拉丁文文本,即 *Expositio*,并以此为基础,开始中文要理书的撰写。中文要理书的写作是在一位福建秀才的帮助下完成的,但是这位福建秀才并没有将原拉丁文文本直接翻译,而是"一种极任意的采取","拉丁文中所有的美妙的清高的意趣,在中文内则渺然无存"③。因而裴化行认为,《天主实录》是中国翻译者根据罗明坚的拉丁文初稿而肆意改写的中文书稿,所以中文译本与拉丁文初稿大相径庭。暂且不论中文译本的文词是否表现了拉丁文初稿的优美,单就对原文内容的呈现这一问题上,中文译本确实与拉丁文文本的章节、内容基本一致。因而笔者认为,裴化行中文译本是将拉丁文文本"极任意的采取"这一推论较为武断。

施省三提出,*Expositio* 与《天主实录》是在相互促进中完成的,

---

① Pasquale D'Elia, *Fonti Ricciane*. Roma: La Libreria dello Stato,1942 - 1949,I,p.197 note 2.

② Pasquale D'Elia, *Quadro Storico-Sinologico del Primo Libro di Dottrina Cristiana in Cinese*. Roma: Archivum Historicum Societatis Iesu, 1934,pp.193 - 222.

③ [法]裴化行著,萧濬华译:《天主教十六世纪在华传教志》,第263页。

并非一个为另一个的既成底本。①

笔者认同施省三的观点。在拉丁文文本的成书时间上，笔者推断，不早于 1583 年 9 月。在拉丁文要理书的 *Prooemium*（引言）中"beneficia ab huius urbis magistratibus accepta"（从这座城市的管理者处获得的益处）②，以及"Caput Primum Ostenditur unum esse Deum"（第一章　解释唯一天主）中"ut tandem in hoc clarissimo regno, velut in horto amoenissimo, conquiescerem"（栖居在如此干净的土地上，如同一座美丽的花园一般）③，这两处细节很可能指1583 年 9 月 14 日后肇庆知府王泮准许罗明坚在肇庆建"仙花寺"一事④，即《天主实录》中所描述的"给地柔远"⑤。1581 年期间，罗明坚仍奔波于澳门、广州两地，并无固定居所，如此溢美的记述显然过于夸张。由此推断，此拉丁文著作很可能完成于 1583 年 9 月14 日之后。再结合德礼贤的推论，拉丁文要理书的撰写很可能开始于 1581 年前后，完成此文本的时间不早于 1583 年 9 月。在完成过程中，二者可能相互影响，根据一方进展情况不断地修订补充另一方。

虽然《天主实录》并非是拉丁文要理书 *Expositio* 的直接翻译，但可以推断，罗明坚很可能另有一份简单的拉丁文大纲作为参考。以当时罗明坚和其同伴的水平，是无法一气呵成独立完成中文著作创作的，必然需要和"中士"不断地探讨商定，并由"中士"斟酌用词。这样，一份用传教士熟悉语言写成的大纲是必备的。

---

①　Joseph Shih, *Le Père Ruggieri et le problème de l'évangélisation en Chine*, Pontificiae Universitatis Gregorianae, 1964, pp.54 - 91.

②　Pietro Tacchi Venturi, *Opere Storiche del P. Matteo Ricci*, vol.2(1911 - 1913), p.499.

③　Pietro Tacchi Venturi, *Opere Storiche del P. Matteo Ricci*, vol.2(1911 - 1913), p.501.

④　[美]夏伯嘉著，向红艳、李春园译，董少新校：《利玛窦：紫禁城里的耶稣会士》，上海古籍出版社，2012 年，第 88 页。

⑤　[意]罗明坚著，钟鸣旦、杜鼎克编：《新编天主实录》，第 5 页。

(二) 中、拉文《天主实录》内容异同

拉丁文要理书 *Expositio*，采用对话体书写，对话双方分别为"Ethnicus"(非基督徒)和"Christianus"(基督徒)，这显然与《天主实录》相似。该文虽未明确说"基督徒"和"非基督徒"之分，但"中士"所问显然出自教外人士之口。拉丁文著作全文除了引言之外，共计十三章。笔者对中、拉文要理书章节内容一一比对，发现两份文本的结构和内容基本一致，但具体表述、概念使用上存在一些差别。具体情况如下。

首先，文献细节上的差异。如在《天主实录·天主制作天地人物章之四》中提到"第一日之所成者，其中固有四般。第一般者，地也。此地甚广，周围计七万二千余里，其中乃地狱之所在也"①，而在拉丁文要理书中则为"6 300 leucas"②，此处主要区别在于东西方单位的换算；《天主实录》"自天主降世至今，计有一千五百八十四年，然唩③虽化身为人，亦依然是个天主"④，而在拉丁文要理中则为"annus octogesimus secundus supra millesimum quingentesimum"⑤，即1582年。此类情况多处出现，在此不一一列举。

其次，部分内容在中文中较拉丁文更为详尽。如在《天主实录·天人亚当章之五》中，在论及"天人之被逐者共有几多"这一问题时，这样陈述天人(即天使)的情况：

> 答曰：三分中逐有一分下去。若是犯罪重者，则监在地狱；小犯者则置诸半天昏黑之处，使之不得光明。天人常怀被逐之

---

① [意]罗明坚著，钟鸣旦、杜鼎克编：《新编天主实录》，第26页。
② Pietro Tacchi Venturi, *Opere Storiche del P. Matteo Ricci*, vol.2(1911-1913)，p.511.
③ 这个字指示耶稣。
④ [意]罗明坚著，钟鸣旦、杜鼎克编：《新编天主实录》，第58页。
⑤ Pietro Tacchi Venturi, *Opere Storiche del P. Matteo Ricci*, vol.2(1911-1913)，p.524.

恨，故迷诳世人为非作恶。及恶人死后，即拘其灵魂，进于地狱，此乃魔鬼之幸也。人若心正为善，则魔鬼不得而害之。及其既死，则魂升天堂受福矣。其余二分天神，永居天堂，奉敬天主，专于引人为善。①

但在拉丁文要理书中，并没有如此详尽论述天使被逐出地狱的相关内容。其原因应为罗明坚针对东西方不同读者所采取的不同策略。《天主实录》面向的是中国读者，他们对于天主教之来世、彼岸观并不熟悉，多花笔墨论述亦属合理；而面向对此等基本教理常识熟知的西方天主教徒，赘述此点则略显多余；同时，地狱观是天主教理中"赏善罚恶"体系的重要组成部分，其呈现出的"果报"观点能直接吸引热衷于"劝善"之说的晚明大众，此处详述亦有对传教工作具体开展的考虑。

再次，部分内容在拉丁文要理中有更详细的论述。例如，在拉丁文要理书第七章"Agitur de ijs quae pertinent ad Deum legislatorem et quoties lex divina promulgate fuerit"（汉语意为"天主是立法者并颁布神圣律法"）中，如此介绍天主的两条诫命：

> Huius autem legis duo praecipua capita sunt prius est, ut unusquisque rationis compos Dominum omnium rerum conditorem, tanquam verum Deum agnoscat et summa pietate veneretur; posterius est, ut, humanitatis quadam regula utens, nihil alteri inferat, quod sibi inferri[non] pateretur, sed potius id in alios praestet, quod sibi ipsi fieri optaret. Haec duo capita, si quis servet et quae in illo continentur diligenter persequatur, legem naturae obsevare dici potest.②

译回中文即：共有两条诫命：第一条诫命是人人皆可借本性知晓天

---

① ［意］罗明坚著，钟鸣旦、杜鼎克编：《新编天主实录》，第34页。
② Pietro Tacchi Venturi, *Opere Storiche del P. Matteo Ricci*, vol.2（1911 - 1913）, pp.519 - 520.

主为万物的创造者,为真天主,我等皆要全心全意敬拜他;第二条诫命是以人性规则践行"己所不欲,勿施于人",如果己所欲,则施于人。若能遵循这两条诫命并追逐其内涵,便是晓谕自然之法。

这部分主要介绍了耶稣的两条诫命(参见:《马可福音》12:28-34;《马太福音》22:36-39),但此处"爱人如己"的表述却未用福音书中的用法,而是扩充其内容,汉语直译回来即:"第二条诫命是以人性规则践行'己所不欲,勿施于人',如果己所欲,则施于人。"这是对《论语》"己所不欲,勿施于人"(《论语·卫灵公》)和"己欲立而立人,己欲达而达人"(《论语·雍也》)的回译。"中士"接下来的"Ethnicus. Illud posterius caput ego Confusij nostri libris traditum recognosco; prius vero nequaquam ab eo expositum fuisse miror"①(汉语意为"中国人曰:第二条诫命与我们孔子的典籍相同,但是第一条却没有提过")更肯定了这一点。

但就这一问题,罗明坚在拉丁文文本中给出了《天主实录》没有的回答:

> Christianus. Hoc prius etiam caput naturae lumine cognosci posse nostrates sapientes asserunt; An vero a vestro Confusio agnitum non omnino mecum statuo. Forsan enim eo verbo, quo vos coelum significari creditis, explicare ille voluit supremam illam mentem coeli terraeque gubernatricem. Sed quid ille senserit ignoro; hoc unum scio, si unusquisque ab intellectu vitiorum nebulis obtecto tenebras excutere voluerit, tandem eo hoc lumine perventurum, ut intelligat esse unum aliquem orbis conditorem Deum, eumque pie et sancte, Deo iuvante, veneraturum.②

---

①② Pietro Tacchi Venturi, *Opere Storiche del P. Matteo Ricci*, vol. 2 (1911-1913), p.520.

译回中文即:基督徒:关于前一诫命,我等贤人皆可借本性之明①知其真实。我虽无法肯定孔子知晓与否,然孔子以尔等所信之天,解释统治天地最高之理。我虽不知孔子如何看待,但我知道若有人愿驱除心智之迷雾,回归本性之明,唯赖天主之公允神圣,我等所要做之事唯取悦天主、崇敬天主。

相较于拉丁文,《天主实录》中提及两条诫命:

> ……第一条,使人心中自知,只有一位天主所当敬奉;第二条,使人存一推己及人之心。如不欲人以无礼加诸我,则亦不敢以此加之于人之类……②

其中并未提及"孔子"。首先当罗明坚讲述这两条诫命时,无论中西文,他都没有用《圣经》中"爱人如己"的表述,而是一直在强调"推己及人"这一东西方共同的价值。其中拉丁文要理书在介绍完《论语》中关于"推己及人"全部论断后,更刻意点明其为孔子的观点,为儒家思想。此正是罗明坚中文传教工作中所处理的"双向理解"问题,其来华传教看似精力都在处理中国士人如何理解天主教及西学,但关系到其传教成败与否的另一个决定因素却是教廷和西方学者如何理解中国的问题。只有教廷和"西士"认为中国文化是可沟通的以及"中士"和"西士"有着共同的理性判读基础,耶稣会传教士的耶儒融合工作才有意义,教廷才不会采取拉美传教时的武力征服态度。而如果在天主教最核心的两条诫命上,中国圣人孔子都给出同样的答案,显然其他问题都是可以沟通理解的。同时,无论对"中士"还是"西士",罗明坚都强调天主诫命的理解和孔子的教诲基于自然理性,儒学虽有些许未发,但大方向绝无二致,只要稍加点拨,自然可认识到乾坤万物的主宰——天主,教廷理解儒家"良知""五

---

① 罗明坚在其所翻译拉的丁文版"四书"中曾用"lumen"译"明"。
② [意]罗明坚著,钟鸣旦、杜鼎克编:《新编天主实录》,第52页。

常"也将亲切无违。罗明坚在儒家经典的翻译过程中对中西方"双向理解"问题的处理非常明显,而这一问题也从始至终伴随着每一个来华的耶稣会士。最后,明末清初天主教在华传教事业的全面崩溃,也恰恰缘于处理教廷对中华理解问题上的失败。

七、小　　结

罗明坚用自己的努力叩开了在中国内地居住传教的大门,也用《天主实录》叩开了中西文化交流的大门。作为第一部介绍天主教思想的中文著作,《天主实录》在当时和后世都有深远的影响。《天主实录》起初便印行三千册①,据称肇庆知府王泮对此书非常满意,捐钱又复印了三千册②,在当时此书就有六千册的印刷量。特别是书中所展现的"理性传教"和"文化适应"策略,无疑为耶稣会在华传教奠定了优良传统,为后继者所传承,其影响已不仅仅在中国,在当时已推动了东南亚传教事业的开展,道明会士高母羡(Juan Cobo)在菲律宾完成的《无极天主正教真传实录》参考的便是《天主实录》。当然,罗明坚在《天主实录》中的表述略显粗糙,论证略显单薄,但其在处理异质文化和中华文化沟通问题上展示出的创造性,值得我们关注和重视。

---

① 柯毅霖根据詹内斯(J. Jennes)的研究得出此观点,见 J. Jennes. *Four Centuries of Catechetics in China. Historical Evolution of Apologetics and Catechetics in the Catholic Mission of China from 16th Century until 1940*, Taipei, 1975, p.30. 参见[意]柯毅霖著,王志成、思竹、汪建达译:《晚明基督论》,四川人民出版社,1999年,第110页。

② [美]夏伯嘉著,向红艳、李春园译,董少新校:《利玛窦:紫禁城里的耶稣会士》,第100页。

耶稣会士罗明坚与儒家经典在欧洲的首次译介[*]

中山大学哲学系　梅谦立　王慧宇

16世纪方济各·沙勿略(Francisco Javier，1506—1552)、罗明坚、利玛窦等耶稣会士揭开了东西文化全面交流的序幕。伴随着耶稣会士"文化适应"和"科学传教"策略，天主教思想和大量欧洲哲学、科学思想进入中国，大量西学经典亦被翻译成中文，介绍给明清之际的中国士人。与此同时，传教士亦开始中学典籍翻译之工作，16—18世纪，大量汉学经典传至欧洲，在"地理意义上的中国"之外，第一次将"文化意义上的中国"展示给欧洲知识分子。本文考察的重点正是已知儒家经典最早的西文译本——罗明坚西班牙文"四书"：《大学》《中庸》以及《论语》前两篇。

一、儒家经典在欧洲最早的译介者——罗明坚

作为最早进入中国内陆定居，传播天主教思想并将儒家经典转译成西文的传教士，罗明坚的历史地位和学术价值一直未被学界充分重视。学界普遍认为，罗明坚的汉语水平较差，并对他采用"附佛"方式表述天主教思想持否定的态度。特别是在其同伴利玛窦的

---

[*] 本文是国家社科基金重大项目"四书学与中国思想传统研究"(15ZDB005)阶段性成果。

光环下,罗明坚的功绩更显暗淡。

　　对于罗明坚的非议,其在世时就已经存在。可能是基于个人矛盾,远东地区的巡察员范礼安抓住罗明坚建议请教宗派遣赴华使节团这一机会,直接将其遣返回欧洲。对范礼安"计划"一无所知的罗明坚将范礼安的信呈献给耶稣会总会长,却不知信中内容却是范请求总会长不要让罗再次返回中国。有证据表明,利玛窦确实参与了这一"阴谋",因为"遣返"罗明坚的两个理由就是他暗示给范礼安的:罗明坚汉语水平较差以及年龄过高!在利玛窦的回忆录中,他也抹杀罗明坚的贡献,将在华传教开拓奠基之功全归于自己。[1]在过去的四百三十余年中,耶稣会传教史也一直遗忘罗明坚而仅将利玛窦视作在华传教的开拓者。[2]更可悲的是,受上述质疑的影响下,德礼贤、达仁理(Francesco D'Arelli)等学者对于明确署名"罗明坚"的拉丁文"四书"的译者也提出了怀疑。

　　但历代关注罗明坚学者的研究已逐步证明上述质疑并不公允。陈纶绪关于罗明坚中文诗的相关研究清晰地展现了罗明坚较高的汉语写作水平[3],对于罗明坚的汉语水平较差的质疑不攻自破。此外,罗明坚虽表面上对佛教有所同情,借用一定的佛教词汇,但这并不等同于其依附佛教。在《天主实录》一书中其就曾严厉地批判了佛教的轮回说、偶像崇拜及"买经诵经"问题。[4]与此相对,罗明坚在华期间表现出对儒家思想的认同。[5]其《天主实录》开篇直接将其论述纳入了儒家"五常""五伦"的序列,所讨论的问题并非方外别传,

---

[1] António Vasconcelos de Saldanha, "Ruggieri in Europe", in *Atlas of China*, Instituto Cultural de Macao, 2012, pp.81 - 87.

[2] 对于罗明坚、利玛窦和范礼安之间的复杂关系,参见 Ronnie Hsia, *A Jesuit in the Forbidden City*: *Matteo Ricci 1552 - 1610*, Oxford University Press, 2010, pp.97 - 115.

[3] Albert Chan, "Michele Ruggieri, S.J.(1543 - 1607) and his Chinese Poems", in *Monumenta Serica* 41, 1993, pp.139 - 157.

[4] 参见梅谦立注,谭杰校:《天主实义今注》,第 6 页。

[5] 对于与儒家思想相关联的更多细节,参阅王慧宇:《作为传教士和"汉学家"的罗明坚及其思想著作研究》,中山大学博士学位论文,2016 年。

而是在儒家基础上就死后之事、六合之外之事给出新解。全书袭用"良知""理"等儒学概念,在就天主诸事论述时又多以儒学切己的"侍君""孝亲"为例,让天主教思想和儒学在共同语境下、面对共同问题的基础上温和地交流互动。当然,此时罗明坚著作所展现的耶儒互释倾向,相较于后来的利玛窦,还是浅显基本的,但其首次展示的天主教"亲儒"倾向,无疑为后继者开辟了道路。而其返回欧洲后翻译的正是各类儒家经典,而少有佛教相关内容,"亲儒"抑或"亲佛",清晰可断。对于拉丁文"四书"译者的质疑,王慧宇在《早期来华耶稣会士对儒家经典的解释与翻译——以罗明坚〈中庸〉手稿为例》一文中已做了较为全面的反驳。基于现有证据,1591—1592年拉丁文"四书"的作者为罗明坚,是较为可靠的推论。

二、1590年的西班牙文译稿

近年来学界已开始关注罗明坚,特别关注其在"中学西传"工作上的奠基地位,张西平、梅谦立等学者在专著和论文中都对相关问题展开讨论,罗莹、王慧宇等年轻学者在罗明坚"四书"研究上也有所推进。但关于罗明坚"四书"研究的重点,仍集中在1591—1592年的拉丁文手稿。在此之前,罗明坚已写了一份西班牙文"四书"手稿,这才是最早的西文儒家经典译本。另外,由于罗明坚写作拉丁文手稿时字迹比较潦草,夹杂西班牙文、葡萄牙文,使用了大量缩写以及双面抄写,后期保存不善等原因,拉丁文手稿现阶段实难全面清晰地辨认整理。而西班牙文"四书"手稿因呈给西班牙国王阅示,是一部清晰的公开手抄本。所以,罗明坚西班牙文"四书"手稿除作为最早的西文儒家经典译本这一独特价值外,同时又可作为拉丁文"四书"手稿的重要补充参考材料,对于深入研究早期儒家经典西传问题起到推动作用。

罗明坚的1590年西班牙译稿作为第一份儒家经典的西文译本

在中学西传史,乃至中西文化交流史上有着极为重要的地位。通过手稿内容考察可见,此西班牙文译本翻译质量较高,罗明坚很可能是在中国学者的帮助下完成翻译的工作。其前期准备工作很可能是在华期间就开始了。结合罗明坚经历,可能是其在1584年《天主实录》出版后和1588年11月20日从澳门返回欧洲这一段时间从事翻译工作。另外,纵观耶稣会儒家经典翻译情况,其后继者意籍耶稣会士殷铎泽(Prospero Intorcetta,1626—1696)和葡籍耶稣会士郭纳爵(Inácio Da Costa,1603—1666)在华翻译的西文"四书"和罗明坚的译文有相当多的近似之处。基于这点推断,罗明坚很有可能也将其翻译的草稿留在中国,为利玛窦及后继传教士使用。虽然利玛窦从未提及罗明坚的翻译,但曾作为罗明坚助手的他很有可能在一定程度上也参与了儒家经典的翻译工作。利玛窦在1593年的书信中提到,"范礼安要求他翻译儒家经典,为写作新的教理书做准备,以取代罗明坚的《天主实录》"①。但利玛窦是否真的完成这项工作,因至今未有相关文献面世,遂不得而知。在本文中,将从"汉学研究"的角度展示,罗明坚的儒家经典翻译已经达到了一个较高的水准,并且已经开始以天主教思想诠释儒家核心概念的工作,而学界之前一直将这些创举归功于利玛窦一人。

罗明坚这部西班牙文"四书"手稿包含三个部分:《大学》《中庸》以及《论语》前两篇。该手稿完成于1590年,在觐见西班牙哈布斯堡王朝腓力二世(Felipe II,1527—1598)时,作为礼物献出,并藏于马德里的阿尔卡萨尔(Alcázar)堡。1601—1602年,腓力二世的私人档案移到埃斯科里亚尔(Escorial),1611年的图书馆目录提及了罗明坚的手稿。

关于罗明坚西班牙文"四书"手稿,早在1921年,西班牙《上帝

---

① 利玛窦于1593年12月10日在韶州致总会长的信中写道:"Questi anco mi fa il p. visitatore traslatare in latino per agiutarmi di quello in fare un nuovo catechismo, di che abbiamo molta necessità, in sua lingua." in Lettere,edizione di Piero Corradini, Macerata: Quodlibet, 2001, p.184。

之城》(*La Ciudad de Dios*)杂志编辑扎克(Julian Zarco)已发现并将其出版,但扎克不是汉学家,无法做深入分析。①日后,意大利档案馆馆长罗萨度(Eugenio Lo Sardo)将此手稿翻译为意大利文并做初步的整理编辑,通过他的努力,才让罗明坚的译本为世人所知悉。

三、罗明坚"四书"译本的源本浅析

尽管"四书"由四种先秦(最晚或至西汉)的儒家典籍构成,但是直至宋朝才由朱熹形成统一、具有内在关联的经典。初来中华的传教士,身处晚明思想环境,其最为切近的选择就是自明成祖起被确立为官方科举取士标准的《四书大全》,而《四书大全》正是胡广(1370—1418)在朱熹《四书章句集注》的基础上扩充而成的。罗明坚用朱子注解可谓"理所应当",若舍近求远用了其他译本,才是值得深究的问题。

在概念方面,朱熹给予《大学》概念更为详细的注解,而罗明坚在绝大部分概念上则完全依据朱子的注解进行翻译。如将《大学》第五段至第六段中由朱熹所注释的"格物",翻译解释为"彻底认识事物的原因"(el conocimiento de las razones de las cosas)。罗明坚几乎一字一句地依照朱熹编排的经典文本展开翻译工作,通观全文,他仅仅遗漏了《论语》中第二篇的一段对话而已。

罗明坚也沿用了朱熹对"四书"文本进行的段落章节划分。如《大学》首章为孔子之言,余下十章为曾子所述,《中庸》分为三十三章等。在翻译过程中,罗明坚也非常认真地区分哪些内容出自孔子,哪些出自孔子的弟子。如特别标出《大学》大部分来源于曾子,

---

① Julian Zarco, *La Ciudad de Dios* CXXVI:285 - 296,332 - 347,527 - 541;CXXVII:42 - 53.

而《中庸》则是子思的创作。同时,罗明坚也清楚地区分朱子注解和"四书"原文。例如,在翻译《中庸》第十九章和第二十九章时,他在注释里引用朱熹的评论,把朱熹称作"评论者"(el comentador),即朱熹是《四书集注》的作者。在翻译《论语》时,他选取《论语序说》中两句程子的话语,强调阅读《论语》的重要性,如此他把"论语"这个标题解释为"留意孔子的话语"(Que se deven considerar las palabras)。

对于罗明坚来说,经典文本的含义比较难以清晰地把握,因此,他有时把朱子的评论直接融入自己对经典原文的翻译。如在《中庸》第二十章"凡为天下国家有九经,所以行之者一也",此"一"朱子释为"诚"①,罗明坚则将此段翻译为:"所需要的一件事就是诚实和真理。"(una cosa se requiere que es rectitud o verdad)

在翻译的过程中,罗明坚也适当加入了自己的评论。在翻译《大学》开篇一章时,他加入了一条注释:"自然理性的知识需要实践。"(Este conocimiento ha de ser práctico)有时为了调和东西方理解差异的需要,他还适当地修改"四书"部分语句的含义。

难以避免的是,罗明坚的"四书"译本在翻译上也有诸多错误。因为《四书章句集注》中除涉及孔子、弟子及再传弟子的论述外,还夹杂朱子的评注,其中亦有朱子引用程颐等先贤的内容,所以罗明坚在翻译中会出现混淆,如误将程颐理解为孔子的弟子曾子(也称为"Zincio")。而且,音译人名时也出现了前后不统一的情况。但这些错误在儒家经典的首次翻译过程中出现,是可以理解的。此外,作为第一个翻译儒家经典的西方人,罗明坚也会出现今日初学汉语者所犯的各类低级错误。如他在翻译《中庸》第二十九章的"行而世为天下法"时,他直接将"天下法"当成专有名词,译为"永恒法"(ley perpetua)。

---

① 朱熹:《四书章句集注》,中华书局,2011年,第32页。

四、儒家核心术语的开创性解释

罗明坚所翻译的儒家经典,恰恰为我们考察西方人在接触儒家思想伊始,如何诠释这些陌生的概念、在西方神哲学思想架构中重塑儒家伦理体系提供了优良的范本。更值得注意的一点是,作为耶稣会士的罗明坚,无论以中文介绍西学,还是以西文翻译中学,其背后都有着明确的目的,即为天主教思想在华传播扫清障碍。1588 年,罗明坚返回罗马的目的,就是说服教廷向中国派驻大使,以获得在中国无干扰传教的官方许可。①如何说服教廷?显然罗明坚需要告知宗座和耶稣会总会长,在中国传教是可行的,这种可行除了传教士主观上的准备工作充分、策略合理、人员配置优化之外,更有其客观上的因素,即中国思想可以和天主教思想调和。因此,罗明坚等耶稣会士翻译中学文献之前,一定已做好一个判断:这些思想内容是符合天主教教理和教会神学正统的。这些中学思想可以是片面的真理,在某些层面揭示了天主的奥迹,但绝对不会是和天主教思想相悖的。与其说罗明坚等传教士进行的是客观把握中学经典本意的"汉学"翻译工作,毋宁说更像是在用西方语言去完成经典解释中的"微言大义"的工作。因而,对儒家概念的翻译诠释必然离不开罗明坚开创性的理解。在此,将通过重点考察"四书"部分核心概念及我们通常意义上认为耶儒之间存在分歧的思想内容,来看罗明坚如何完成儒家概念西传的开创性尝试。

(一)君子、圣人以及道德上的完满

对于儒家思想中的理想性人格"君子",罗明坚在不同语境有不同译法。在《中庸》第二章和第十二章中,他将君子译为"好的人"(el

---

① [美]邓恩著,余三乐、石蓉译:《从利玛窦到汤若望:晚明的耶稣会传教士》,第 31 页。

hombre de bien),但是多数情况下,他将君子译为"有美德的人"(el virtuoso)①,将儒家的理想人格规范落实在道德领域,强调孔子之学实为道德教化之学。

在儒家思想中,"圣人"正是道德完善的典范,而罗明坚直译"圣"为"神圣的人"(el sancto)②或"神圣智慧的人"(el sancto y sabio)③。但也强调有些人已经达到这样的完满,并进一步解释道,这种"圣"是"拥有一种似乎神圣的力量"(tiene un poder casi divino)④,进而"圣人"则被理解为"神圣的人"(uno divino hombre)⑤。罗明坚此处的"圣人""神圣"在西方思想语境中是神学和哲学两可的概念。他并未将其局限在天主教传统的"圣人"范畴,而更多的是在哲学意义上使用,即人能通过德性完成自己。这个意义恰可以在亚里士多德的《尼各马可伦理学》中找到,我们人最好的部分,即德性,是我们身上"最神圣"(divine)的东西⑥。罗明坚站在"圣人"的哲学含义上来说,将孔子及孔子提出的道德完善者称为"圣人",是极具开创性的,不过在其身后,传教士就此问题产生了较大的争论,因为一些在华传教士站在"圣人"的宗教含义上认为,异教徒不能被称为"圣人"。特别是在罗明坚离开中国一百二十余年后,随着"礼仪之争"全面爆发,教会正式否认孔子被称为"圣人",因为他并没有从基督处得到超越的恩典。

(二)明德、格物和内在理性

《大学》开篇显示了道德完善的"三纲"和"八目",而在罗明坚等

---

① 罗明坚西班牙文《中庸》第一、十、十一、十二、十三、十四、十五、二十七、二十九以及三十三章。
② 《中庸》第二十九、三十二章。
③ 《中庸》第十一、十二、十七章。
④ 《中庸》第一章。罗明坚将朱子所讲的圣人能够达致中和使得秩序能在天地之间普遍流行,理解为特定的君主能够从天主处直接获得神圣力量。
⑤ 《中庸》第二十章。
⑥ 参见[古希腊]亚里士多德著,廖申白译注:《尼各马可伦理学》,商务印书馆,2009年,第305页。

传教士眼中,朱熹最大的贡献正在于他强调其中的理性根基。"明明德"第一个"明",罗明坚译为"认识"(conocimiento)。"明德",则从字面直译为"明亮的美德",其中形容词"明"翻译为名词"光",不过,罗明坚在此特别将"德"译成了"性","明德"则变为"本性之光"(lumbre natural);此处罗明坚译"德"为"性",与朱子注解"明德"所讲的"人之所得乎天"并无二致,而"lumbre"之"明"在天主教术语中更有"光照"之含义。罗明坚将儒学之"明德"和西方思想中自然理性通过"光照"获得终极智慧放在了等同地位。

关于格物,朱熹注释为"即物而穷其理",而罗明坚依据朱子的注释,将其译为"知晓事务、事情的原因"(conocer las razones de los negocios y de las cosas)。在一条注释中,他用西方哲学中的两个概念,将"理"进一步地解释为"本性或自然"(esencias o naturalezas)。此"本性和理性"却和宋明儒学"穷理"之"理"有着实质区别。在后者的思想体系中,"格物穷理"包含客观知识与伦理智慧两方面内容,但在西方哲学体系中,对"esencias o naturalezas"的追求是通过光照就可以完成的。不过,这不意味着罗明坚本人完全同意宋明理学家的认识论,因为我们下文会提及他对"格物"的批判。

在西方神哲学思想中,"自然法"与"理性"紧密相关,而罗明坚在翻译"四书"时也特别用"法"(leyes)或"法或仪式"(leyes y ceremonias)来翻译"礼"。在经院哲学中,特别是在文艺复兴时期,"制定法"(positive laws)与"自然法"(natural law)有着紧密的联系,而作为法学博士的罗明坚以"法"(leyes)来翻译"礼"这一尝试,正如耶稣会历史学家西比斯(Joseph Sebes)所说,罗明坚实际上是已经关注了儒家中"礼"的元素,并努力将其与西方的"法"关联起来。[1]其实,在儒家思想中"礼"与"法"有着截然不同的含义,但在罗明坚的

---

[1] 参见 Joseph Sebes and Jesus Lopez-Gay, "History of the mission in China at the end of the Sixteenth century and the role of Michele Ruggieri and Matteo Ricci," in Eugenio Lo Sardo (eds.), *Atlante della Cina di Michele Ruggieri*, Roma: Libreria dello Stato, 1993, pp.35 - 38。

西班牙文"四书"中,在自然理性下将二者合一。

(三)天地、鬼神和自然宗教

1581年11月12日,罗明坚在华期间致耶稣会总会长的信中,特别提到了孔子的著作及其哲学思想,并指出中国并没有"天主"的概念,而是将一切归结于"天"。① 但罗明坚在日后的工作中,则努力揭示"四书"中隐含的中国古代"自然宗教"的价值,赋予"天"更多的超越意义,以此来调和耶儒思想。

值得关注的是,在罗明坚西班牙文"四书"的《中庸》译本中曾两次称孔子为"哲学家"(filósofo),这无疑是人类历史上第一次将"哲学家"头衔加于孔子。此外,他第一次将孔子的学说即儒学定义为"哲学"。但每次讨论的问题却都与宗教相关:在第十六章中讨论"鬼神"问题;在第二十六章中讨论"天"的相关问题。强调"哲学家",这表明罗明坚将孔子看作一位理性的思考者,但也不否认孔子通过理性本身可以理解超自然实体,如天主(天)、圣灵或天使(鬼神)。罗明坚希望展示的是,儒家的教基于自然理性,而不是启示。

在翻译过程中罗明坚有意将"上帝""天"的含义引向"天主"。罗明坚将《中庸》第十九章开头部分的"郊社之礼,所以事上帝也"翻译为"他们有奉献给天和地的仪式,他们称之为至上的王"(Ay ritos de los sacrificios que offrecen al cielo y a la tierra a quien llaman soberano Rey),此处"至上的王"用来翻译"上帝",指的并不是世俗的君,而是神圣的统治者,尽管罗明坚并未使用"Dios"(God)一词。

在《中庸章句》第二十六章中,朱熹曾引程颐释"天"为"天道不已","不已则无间断先后"②。罗明坚译本则以注释的形式解释伊川的注解为:"那些哲学家以'天'来称谓宇宙的根本因以及他们关于

---

① ARSI, Jap.Sin.9/1, cc.58; in Eugenio Lo Sardo(eds.), *Confucio, La morale de Cina*, Roma: De Luca, 2016, p.13.

② 朱熹:《四书章句集注》,第36页。

天主的知识,因为他们以'天'来称呼天主本身,在此'天'的含义即是至高的、伟大的,因此正如他们所说'天'是无限和永恒的。"(Con nombre del cielo llaman estos filósofos la causa universal, y lo que conocen de Dios, porque le llaman con esta palabra *tien*, que quiere decir el grande, tan grande que no puede ser cosa mayor, como si dixeran el infinito y perpetuo.)译本通过对理学家集注的阐发,将"天"等同理解为"天主"在哲学意义上的表述——至高存在者。

又如《中庸》第三十三章"予怀明德",罗明坚译为"我赋予武王伟大的光明"(Yo di gran lumbre al Rey Vuguano)。但是,谁是对武王发话的"我"?基于《诗经》,此"我"正是"帝",此"帝"则被罗明坚译为"天之王"(rey del Cielo),而这一说法在西方人眼中则意味着"天主"。可见,罗明坚早于利玛窦将"天""上帝""帝"与西方"天主"概念相调和。

在"鬼神"的翻译理解上,罗明坚出现了一些困惑。他将"鬼神"区分为三个不同的理解:"鬼"作为完全邪恶的、兼具善恶的,或者全善的。第一个理解可能受中国民间宗教影响,在某些段落,将"四书"中的"鬼"误解为"恶魔"(demonio)。例如,他翻译《论语》第二篇"非其鬼而祭者,谄也"为:"当你不应该献祭但是你还献祭的时候,你献祭给恶魔;这是低贱的人或者术士所做的。"(No conveniendo sacrificar, sacrificas al demonio, es de hombres baxos y hechizeros.)而在翻译《中庸》第十六章"鬼神之为德,其盛矣乎"时,罗明坚支持第二种理解,并译为"善良和邪恶的圣灵都做美好的事情"(Spíritus buenos y malos obran cosas maravillosas)。他还特别加了一条注释:"此哲学家将天主和天使的善工归结于圣灵。"(este filósofo atribuye a los spiritus las obras de Dios y de los ángeles.)鬼神的双重本质,即作为兼具善恶的存在,使得罗明坚感觉到,根据天主教的教导,天主所创造的一些天使反叛他,并且这些邪恶的天使(鬼)煽动存在于人中的邪恶想法,然而善良的天使(神)鼓动善良的想法。

但在儒家"四书"中,"鬼神"的含义实则是积极的,而罗明坚有时准确地把握这第三个理解。在《中庸》第二十九章,他将"质诸鬼神而无疑,百世以俟圣人而不惑"译为"人们面对天使,并不把它们作为邪恶的,甚至数百年之后圣人要来,不怀疑接受它们"(Presentados delante de los ángeles, no les pase por el pensamiento que son malos. Yaun aquel Santo que vendrá después de cien siglos, no dudará de aprobarlos)。罗明坚不仅强调"鬼神"的正面意义,而且将"鬼神"等同于天主教思想中的"天使"。利玛窦在《天主实义》中也沿用此种说法,将它们理解为天主的信使,或者所谓的"天使"。不难看出,罗明坚有意在儒家经典中寻找自然宗教的因素,进而阐明通过理性,中国人可以找到天主和超自然存在的真正知识。

(四)译本中的儒释之辨

通过译本整体考察,可以看出罗明坚大体上对儒家持积极态度,强调儒家与西方神哲学的共性。但儒家并非是唯一影响到罗明坚的中国思想内容,其本人因与佛家千丝万缕的联系,更被定性为"附佛"加以批评。但在罗明坚西班牙文"四书"译本中,恰恰可发现罗明坚关于儒释二家辩难取舍的内容,可对罗明坚"附佛"与否给予新的回答。

在《论语》第二篇第十六章中讨论"攻乎异端"问题,依宋明儒学"斥佛老"之精神,程颐将异端等同于释氏,而朱子在注解中则引用了这一解释。罗明坚在翻译中特别强调孔子对于佛教持批判态度。在此,罗明坚很可能记错了佛教入华的时间,也可能是为了加强对佛教的批判有意为之。因为对于完全不了解儒家思想的西方读者,并不会过多地关注是孔子还是伊川给出的观点,只关注著作中对于佛教持批判态度即可。将佛教等同于异端,无疑是较为严厉的否定,因为在天主教文化体系中,被定为"异端"者所要遭受的惩罚极为严酷。如此,罗明坚把佛教作为"偶像崇拜"(idolatría)。在注释中,他提到"在人们中间,佛教信誉极差"(entre ellos agora tiene poco crédito),这似乎是暗示日后来华传教士要谨慎与佛教交往。

除了直接批评外,罗明坚也保留了宋明儒学批评佛教轮回观念的内容。比如,朱熹所编辑的《大学》传文第五章关于"格物致知"的补传,其中有"人心之灵莫不有知"之说,罗明坚将其翻译并添加了自己的评论,写道:(这种观念)"跟着那些认为心灵在进入身体前就已经有了智慧的哲学家,与认为灵魂会从一个身体转向另一个的毕达哥拉斯学派犯同样错误"(sigue a los philosofos que pensavan que todo lo sabían las ánimas antes que entrasen en los cuerpos, porque tienen el error de los Pitagóricos, que pasan las ánimas de unos a otros)。罗明坚认为毕达哥拉斯的"轮回说"很早扩散到亚洲,被佛教接受,并且影响了儒家。罗明坚的说法可以商榷,不过,他的意图还是很清楚的,表示有必要把儒家跟"偶像崇拜"的佛教严格地划分开来。

结语:罗明坚"四书"翻译的遗产

在罗明坚之前,在华耶稣会士无疑标榜日本传教士,而"附佛"正是其传教策略的显著特点。罗明坚关注并重视到当时璀璨丰富的儒家思想体系,无疑是极具开创性的。虽然他在华传教过程中因与佛教的纠缠过深被后世指责,但综合考察其译介"四书"的情况,确实可说罗明坚开了耶稣会合汇耶儒之先河,并对百余年间东西文化交流史产生了深远影响。

利玛窦的"四书"译本至今难觅踪影,无法直接和罗明坚西班牙文"四书"进行比较。但仍可以判断,利玛窦参阅过罗明坚的"四书"译本,并在其著述过程中适当地借用、借鉴。最直接的证据就是,前文提到的罗明坚错将宋明儒学批评佛教误认为孔子批佛的内容,在利玛窦的著作中亦有出现,并被其后继者不断地将这错误继承重现。

自罗明坚伊始,耶稣会士开始重视对"四书"的翻译工作。1666年,郭纳爵在殷铎泽的帮助下,在江西建昌出版了《中国智慧》

（Sapientia sinica）。①在 1667—1669 年,殷铎泽也出版了名为《中国政治道德知识》(Sinarum scientia politico-moralis)的《中庸》译本。上述著作于 1687 年以《中国哲学家孔子》(Confucius Sinarum philosophus)为名在巴黎出版,而"中国哲学家孔子"最早的提出者正是罗明坚。

考察这些译本,会发现他们都沿着罗明坚的思路,在译介过程中强调儒家经典中的理性维度。尽管表述上有所不同,但是《中国智慧》《中国政治道德知识》和《中国哲学家孔子》对儒家关键概念皆沿用罗明坚的译名,如"理",西班牙文为"razón",拉丁文为"ratio";"性",西班牙文为"naturaleza",拉丁文为"natura";"明德",西班牙文为"lumbre natural",拉丁文为"ratio naturalis",等等。当然随着传教工作的推进,一代代杰出传教士所付出的努力使得翻译越来越准确。如《中国智慧》和《中国哲学家孔子》都对罗明坚有时将"鬼神"理解为"恶鬼"的错误理解予以纠正。

通过对译稿的研究,可认定,罗明坚在 1590 年前后已经对儒家经典有了较为清楚的理解,并已设立了一定的经典解释原则,并有了明确的目的性——显示儒家与西方神哲学的一致性。此外,罗明坚也通过"四书"的译稿,向欧洲证明了中国儒家通过理性,着实可了解关于天主的知识,不应被当作蛮夷来粗暴对待。明清之际天主教传教士和儒家士大夫能在平等、尊重、理解的立场上展开两大文明的交流与对话,其中绝少不了罗明坚的奠基之功。罗明坚的翻译建立起西文译介儒家经典的基本解释框架,并由利玛窦和后继在华传教士延续了二百多年。以往,我们多将东西文化交流中各种亮点归功于利玛窦,但通过重新发现罗明坚西班牙"四书"手稿,足可将赞许还给它实至名归的主人。②

---

① 其中包含《大学》、《论语》上半部,以及孔子的简介。
② 梅谦立与维拉桑特(Villasante)整理、介绍、注释了罗明坚的手稿,2018 年在西班牙出版:Thierry Meynard & Roberto Villasante, *La filosofía moral de Confucio por Michele Ruggieri SJ : La primera traducción de las obras de Confucio al español en 1590*, Madrid: Mensajero-Sal Terrae, 2018。

广州视野下的明季海上交通史籍及其史源

——以《东夷图说》《诸夷考》为中心的考察[*]

华南师范大学历史文化学院 代国庆

有明一代,以"海禁"为导向的对外政策虽显保守,但出于政(宗藩朝贡)、商(经济商贸)考量,明王朝与海上诸国的交往其实不绝如缕,在某些时期甚至热络频繁。在东南沿海诸港中,明初于广东之广州、福建之泉州(后改福州)、浙江之明州设置三市舶司,"掌海外诸蕃朝贡市易之事,辨其使人表文勘合之真伪,禁通番,征私货,平交易,闲其出入而慎馆谷之"[①]。三市舶司后废立不一,唯存广东司。明嘉靖朝以还,"广州—澳门"双港成形,贡舶、商舶分流,通贡、通市两别。此种灵活的对外体制,基本适应了"大航海时代"初期商贸与对外交往的要求。万历初年,任职广东的蔡汝贤、游朴是广东"外夷"事务的直接参与人。尤为可幸的是,他们的涉外见闻,见诸文,汇为编,留于世,提供了窥视当时华夷之情的重要史料与视角。本文将梳理这些涉外文献,并追溯它们的史料来源,以期呈现它们在诸多涉外文献谱系中的地位。

---

[*] 本文是2016年度《广州大典》与广州历史文化研究专项课题(批准号:2016GZY10)的阶段性成果。
[①] 《明史·志第五十一》卷七十五"职官四"。

一

万历初年,宦游岭海的蔡汝贤、游朴面对广东复杂多变的"夷务""夷情",本着经世致用的守官情怀,分别撰写《东夷图说》《岭海异闻》《岭海续闻》以及《诸夷考》等书,记载了他们在粤"夷务"见闻,汇总了海上交往诸国之情,较为直观地反映了"广州—澳门"对外交往概况。

蔡汝贤,字用卿,一字思齐,号龙阳,松江华亭人。据崇祯《松江府志》载,蔡汝贤"为孝廉十四载成进士,年已四十有六"①。蔡汝贤为隆庆戊辰(隆庆二年,1568)科进士,由此可知,蔡汝贤乃嘉靖元年(1522)生人。作为隆庆新军,大器晚成的蔡汝贤由此开启了二十余年的仕宦生涯,起于大名府推官,终于南京兵部右侍郎(万历十九年至万历二十一年,1591—1593),"致仕归,逾年卒,享年七十有二"②。蔡汝贤与广东颇有渊源,曾两度任职粤中:万历四年至六年(1576—1578),任广东布政司右参政;万历十三年至十七年(1585—1589),任广东左布政使。③蔡汝贤掌粤"一省之政"期间,有感于广东沿海"夷人出没无常,莫可究诘",而作《东夷图说》二卷。于此之余,辑古今所睹之岭海奇闻,汇为《岭海异闻 续闻》二卷。④蔡汝贤为两书撰写了一篇序文《东夷图总说》,其落款时间为万历丙戌(万历十四年,1586),可知是年成书,即在他任职广东左布政使期间。

就在蔡汝贤由广东升迁任广西巡抚之际,游朴出任广东按察司副使(万历十七年至二十一年,1589—1593)。⑤游朴(1526—1599),

---

①② 崇祯《松江府志》卷四十"贤达五"。
③ 道光《广东通志》卷十八"职官表九"。
④ 本文参考使用的《东夷图说》《岭海异闻 续闻》均本于明万历刻本,后收录于《四库全书存目丛书·史部》第255册,齐鲁书社,1996年。
⑤ 万历《广东通志》卷十"藩省志十"。

字太初,号少涧,福建福宁人。万历二年(1574)中进士,时年 49 岁,初任成都府推官。游朴、蔡汝贤两人均不惑之年入仕,由品级较低的推官(七品)而起。不同的是,游朴多在刑讼系统的大理寺、刑部任职,后由浙入粤,职司盐屯。同样在粤期间,游朴撰写了《诸夷考》一书,于万历壬辰(万历二十年,1592)付梓。①倭患之乱、"壬辰之变"相继而来的现实,使游朴深为认同蔡汝贤在《东夷图说》中所倡言的"夷之盛衰,中国安危之系"之说,故刻印《诸夷考》一书,聊表致敬、续业之意:"故列叙诸夷用备鉴观,且及近日朝鲜、日本之事,以为狃泰宁而忘备者之炯戒,倘亦司马未发之意乎!"②

诚如其名,《东夷图说》由"图""说"两部分构成,"国凡二十有四,貌之者二十"。具体言之,"貌之者"有琉球、安南、占城、西洋、真腊、暹罗、满剌加、三佛齐、回回、浡泥、彭亨、吕宋、天竺、咭呤、甘坡寨、顺嗒、爪哇、佛朗机、日本、黑鬼,另加朝鲜、苏门荅剌、锡兰山、百花,构成 24 国说。上述的"黑鬼"其实并非一国,而是"为诸夷所役使,如中国之奴仆也"③;在当时中外海上交通场景中,"黑鬼"有着独特作用,故蔡汝贤才把它"附于诸夷之后,均覆载也"④。除了绘制异域之人的图像外,蔡汝贤还一国一目,简要述及了 24 国的历史沿革、疆域版图、地理位置、风俗习惯、物产商贸以及与明廷的关系等事宜。《东夷图说》之所以选择记载上述 24 国,主要出于两方面的考虑:一、它们均是海上国家,并大多可由东莞放洋至其国;二、其中大多数海国通过广东一途,或由广东布政司管待而与明廷保持外交关系,抑或通过澳门而保持着商贸上的联系。由此,澳门作为诸夷贸易之所,受到蔡汝贤的格外关注,出于国防的考量而认为它"垒然

---

① 本文参考使用的《诸夷考》为明万历二十年刻本,后收录于《续修四库全书》第 742 册,上海古籍出版社,2002 年。另外,魏高鹏、魏定榔、游再生对此文献做了点校整理,收录于《游朴诗文集》,福建人民出版社,2015 年。

② 游朴:《诸夷考序》。文中所言的"司马"即蔡汝贤,当时汝贤已赴南京兵部任职,故有"司马"之称。

③ 蔡汝贤:《东夷图说·黑鬼》。

④ 蔡汝贤:《东夷图总说》。

为人一大赘疣也"①。《东夷图说》多处提及澳门,成为明清之际关注、记载澳门的早期中文文献之一。②

《岭海异闻 续闻》二卷可视为《东夷图说》的附编部分,其内容是对《东夷图说》的增补与充实。《岭海异闻》载 42 目,《岭海续闻》计 56 目,其内容可分为如下几类:人种(猺、獠、黎等)、海域动植物(象、海犀、海马、海龟、菠萝、菩提等)、物产(猛火油、伽南香、龙涎香等)、海上地理(分水、万里石塘、万里长沙等)、异闻典故(鬼舶、海神、蛇异、石妖等)。虽然《东夷图说》亦提及了不少海外异域人种与物产,但其叙述皆为简要,尤其是那些较为奇特且不具商贸属性的动植物、物产,更是疏于记载。而《岭海异闻 续闻》以汇集异域奇闻怪物为根底,虽不免道听途说而夸夸其谈,但也不失为对《东夷图说》的有益补充,并可完善我们对蔡汝贤及时人的完整海外异域观的认知。

《诸夷考》共计三卷,第一卷录番邦 73 国,以接续《东夷图说》中的东南夷诸国,即在《东夷图说》中所录之 24 国的基础上,另载其他 73 个海上之国。游朴自言:"以上诸国,皆《图说》所未录者。"③这基本上把海上与中国往来之国网罗殆尽。所谓 73 国,并非严格意义上的邦国。例如,位居卷一首位的条目"倭汛",叙述的是倭人海上入寇路径,因风汛不同而路径有异。游朴解释道:"《图说》有倭矣,而其入寇,风汛未详。今方有事于倭,故详载之。"④因此,这一条目的属性与海上风汛地理更为接近。此外,在"倭汛"条目后,附录游朴撰写的有关"倭患"之事的概要,涉及其起因、过程及其剿灭诸情。在卷一末尾,游朴又对日本的概况、与中国的关系尤其明以降的倭患进行了编年梳理,并总结道:"大抵有备则无患,元气虚斯百邪乘

---

① 蔡汝贤:《东夷图总说》。
② 汤开建:《蔡汝贤〈东夷图说〉中的葡萄牙及澳门资料》,《世界民族》,2001 年第 6 期。
③④ 游朴:《诸夷考·一卷目》。

之,不独倭为可虑也。"①可见,在"壬辰之乱"的背景下,游朴著录此书,有着鲜明的时代印记与可贵的经世情怀。此外,《诸夷考》所录之地,不少是海途中地理显要之处,要么作为供给的中转站,要么是繁华的商贸聚点,然而在政治上并无独立性,多依附周边豪强。对此,游朴亦明确说明,在历数溜山、竹步、龙牙门等地后,解释它们为"海中孤岛,自为生聚,有土酋地主,而皆服属于诸国,如中国市镇之类然。使商舶之所必经,或以避风,或以取水,或以交易。栖泊逾时,故并著之"②。总的来看,游朴所补充的73邦国或地区大大扩充了蔡汝贤所认知的海上世界,尤其是对于波斯湾—中亚地区、东非沿海地区以及东南亚海岛的记载,弥补了蔡书的不足。

《诸夷考》第二卷载两广土著族裔,蜑、獞、獠、黎之属,共计17种。撰述此卷,其初衷亦是弥补蔡汝贤《岭海续闻》之不足,诚如所言:"瑶、獠、黎、蜑四种与马人已见前《续闻》篇,略而不详,故重著而备述之。"③第三卷叙述西南边地滇夷部落社会概况,对于滇夷部落的繁杂不一,游朴有着清晰认知,并坦言其中一些部族"未及详考",以致无法以部落为条目进行撰写,只能"从《纪》中所列天度、地里为目云"④。

蔡汝贤、游朴先后任职于广东,职责虽有差,但均留意粤中海防,维护明廷海疆安危。两人前后相继,所撰写的《东夷图说》《岭海异闻 续闻》《诸夷考》等书首尾呼应,内容此详彼略,为我们勾勒出万历前期广州视域下的中外海上交通图景。蔡游二人对海外事务的倾心,既是两人作为巡官的职责所在,又体现了他们经世致用、勇于任事的施政情怀。而当时明廷东南海疆的诸多变故以及广东频繁的对外交往现状,又为他们探知、整理海上交通诸国提供了适宜的环境,故二人才能对海上通商与华夷交往有所发明。

---

①② 游朴:《诸夷考·一卷目》。
③ 游朴:《诸夷考·二卷目》。
④ 游朴:《诸夷考·三卷目》。这也透露了此卷内容来自《西南夷风土纪》一书,详见下文分析。

二

蔡汝贤、游朴出于职责使然而参与夷务,甚至与外夷有所晋接。这些亲身经历无疑为他们的涉外著述提供了直接感观与灵感,但还不足以完全支撑他们涉外典籍的编撰。其实,《东夷图说》《诸夷考》两书的内容更多的是因循故往文献,两人对此明确言及。蔡汝贤言东南夷诸事"杂见于杜氏《通典》《集事渊海》《星槎胜览》《赢虫录》《吾学编》诸书,蕃乎多夥矣,存而弗论可也!……唐有《王会图》,宋有《四夷述职图》,大中祥符间史馆张复上言,乞纂《朝贡诸国录》,付史官,盖自古记之矣。"①游朴说道:"乃采《海图说》《炎徼纪闻》《广东西志》所载,合司马之书为《诸夷考》,以付梓人。西戎、北虏别为考,以俟他日。"②蔡、游所提及的这些著述既是历史上较为重要的涉外文献,也或多或少给二人提供了基本素材,是为《东夷图说》《诸夷考》成书所依据的主要史源。

《杜氏通典》,即唐之杜佑所作《通典》,其中"边防典"收录了周边诸国,分东夷、南蛮、西戎、北狄四目。③就其所载邦国所处地域而言,《通典·边防典》中的"东夷"(上下)、"南蛮"(下)与《东夷图说》所载诸国大致吻合,考察的地域从朝鲜半岛经日本、东南亚地区,直至印度大陆南端;《通典·边防典》中的"南蛮"(上)所载多为今西南地区族种、邦国,与《诸夷考》第三卷内容相类。《通典·边防典》"南蛮"(下)附有《岭南序略》《岭南蛮獠》《海南序略》诸文,对岭南地区的开发及海上交通做了简要说明,杜佑还声称当时海上交通之情盛

---

① 蔡汝贤:《东夷图总说》。
② 游朴:《诸夷考序》。
③ 本文参考使用的《通典》为中华书局点校本,见杜佑著,王文锦等点校:《通典》,中华书局,1988年。

于前代,"大唐贞观以后,声教远被,自古未通者重译而至,又多于梁隋焉"①。在唐代,以广州为起始港的海上交通日臻成熟,杜佑言而有据,其族子杜环便是例证。杜环从陆路至中亚、西亚以及北非等地,经海路返回并在广州登陆,后著有《经行记》一书。杜佑显然看过此书,并节取其中的内容,收录至《通典·边防典》中的"西戎"条目。遗憾的是,《通典》并没有收录杜环海上归程路线。不过,这条海上通道见诸其他官修史书。《新唐书·地理志》专门列举了唐王朝与四夷交通孔道详情,海上一途即为"广州通海夷道"②。杜环或许就是循此"通海夷道"而返抵广州的。

《集事渊海》,又名《群书集事渊海》,明初无名氏编撰。是书分十门五百七十二目,计四十七卷。其中最后一卷为"夷狄门",采集诸书中的"夷狄"信息,并以"裔族""异相""高寿"等35目分而述之。③其内容虽多为奇闻异事,但多出于正史典籍,故为后世所采信。在明时,此书流行颇广,彰显一时。弘治间刘健言,是书"类以门分,事因类著。自往古君臣而下,外至夷狄,凡其行事之善恶,载之益详且备,甚便观览"④。可见,此书受到士大夫的推崇。不过,四库馆臣评价此书"陈因习见","配录或多不当,引据亦多舛误,殊无足采录",故仅存目而不录,以致为世人所遗忘。

《星槎胜览》,明费信著。费信作为郑和船队的通事而附舶远航,自述"永乐至宣德间,选往西洋,四次随征正使太监郑和等至诸海外,历览诸番人物、风土、所产,集成二帙"⑤,共计45国,成为了解郑和下西洋重要的文献资料之一。除此之外,另一位附舶远航者马欢亦撰有《瀛涯胜览》,录20国。两者为我们勾勒出明永乐、宣德

---

① 杜佑著,王文锦等点校:《通典·边防典·海南序略》。
② 《新唐书·地理志》,边州入四夷道里记。
③ 本文参考使用的《群书集事渊海》为明正德间慎独斋刊本,美国加利福尼亚大学伯克利分校馆藏。
④ 刘健著:《群书集事渊海序》,《群书集事渊海》,慎独斋刊本。
⑤ 费信著,冯承钧点校:《星槎胜览序》,中华书局,1954年。

间,明人的"西洋"世界,这也对《东夷图说》《诸夷考》等书产生了直接影响。"郑和事情"是它们著录的重要标志性事件,尤其在海上诸国与明廷关系上,郑和是其中考察的必不可少的内容。

《赢虫录》,此书与元周致中所著之《异域志》以及佚名《异域图志》颇有关联。大体而言,《赢虫录》所收外夷诸国名目及其详情,基本与《异域志》吻合,但《异域志》有文无图,后来增添图像之后,乃演变为《异域图志》一书。而《赢虫录》则是《异域图志》另一更为通俗的称呼以及更为流行的版本,并逐渐取而代之。①明代中后期,《赢虫录》一度十分畅销,且版本众多。它所收录的域外奇闻以及外夷图像很大程度上满足了当时人们的猎奇心理。不过这也造成了版本迭出,文本互异。明万历年间刊刻的《三才图会》中的外夷部分及其图像,很大程度上就源于《赢虫录》。入清后,四库馆臣对此类文本多采取批评态度,且排除在四库之外,故曾盛极一时的《赢虫录》《异域图志》等书反而留世较少。②《赢虫录》中的图像对《东夷图说》中的外夷图像有直接影响,《东夷图说》中的不少图像显然取材于《赢虫录》《异域图志》。

《吾学编》,明郑晓编著的明朝纪传体史书,计六十九卷,其中《皇明四夷考》两卷,记载了明王朝周边92国。③此书在嘉靖末年编撰,隆庆元年刊刻,可视为明王朝对外交通及朝贡关系的一阶段性总结。总体而言,《皇明四夷考》在当时具有较高可信度和权威性,对蔡汝贤,尤其是游朴的著述具有直接影响。《诸夷考》所载诸多邦国就取自《皇明四夷考》,甚至在诸夷排序上都若合符节。

"左图右史"是中国典籍之要义,"古之学者为学有要,置图于

---

① 有关讨论,可参见何予明:《书籍与蛮夷:〈赢虫录〉的历史》,《古典文献研究》,2013年第16辑。
② 本文参考的《异域志》为陆峻岭先生的校注本,中华书局,2000年。《异域图志》为剑桥大学所典藏的明刊本。《赢虫录》收录于明万历间(1612)刊印的类书《全补文林妙锦万宝全书》"诸夷门",是书收录于《中国日用类书集成》第12卷,东京汲古书院,1999—2004年。
③ 本文参考使用的《吾学编》为《续修四库全书》第425册。

左,置书于右,索象于图,索理于书"①。就绘制外夷图像而言,南朝梁元帝萧绎的《职贡图》是一个重要开端,其原图不存,现存乃北宋时期的摹本残卷,计有 12 国外夷图像;唐贞观初年,阎立本(或阎立德)绘《王会图》,计 23 国使臣图像;宋代亦有职贡图绘制,《续资治通鉴长编》《燕翼诒谋录》《东莱吕太史外集》均有提及,但这些职贡图均亡佚不存。②其实蔡汝贤所溯源之职贡图历史,完全取自王栐《燕翼诒谋录》:"唐有《王会图》,皇朝亦有《四夷述职图》。大中祥符八年九月,直史馆张复上言:'乞纂朝贡诸国衣冠,画其形状,录其风俗,以备史官广记。'从之。"③由此我们推测,蔡汝贤并没有见过上述职贡图,他对宋代职贡图了解有限,其实并不存在《朝贡诸国录》一书。明代亦有朝贡图问世,较为知名的是仇英的《诸夷职贡图》,绘有渤海、安南、三佛齐等国入贡图像。不过仇氏此图重写意,轻写实,因此它们并不具有显著的历史价值。蔡汝贤的绘图更多受到《异域图志》的影响,但也根据他的亲身见闻做了重要改进。大体而言,《东夷图说》绘图中的"三佛齐""甘坡寨",与《异域图志》插图中的"三佛齐""老挝"一致;《东夷图说》《臝虫录》《异域图志》三书中的"爪哇"图一致;《东夷图说》中的"天竺"图亦很有可能受到《异域图志》中的"佛罗安国"图的启发。

游朴《诸夷考》首篇为"倭汛",并标注"胡松《海图说》"。这表明,"倭汛"一文转录自《海图说》。胡松,字汝茂,号柏泉,滁州人。嘉靖八年(1529)进士,拜官南京兵部尚书、吏部尚书,《明史》有传。在明代诸多涉及"倭寇"的文献中,多录《海图说》一文。诸如佚名《嘉靖东南平倭录》、陈子龙等辑《皇明经世文编》卷三百三十二《倭志》,章潢《图书编》卷五十作《海寇图说》等。胡松确有参与"御倭"事宜,其《胡庄肃公文集》收录《筹海图编序》《备倭篇》诸文,但不见

---

① 郑樵:《通志·图谱略·索象》,中华书局,1995 年。
② 李焘:《续资治通鉴长编》卷八十五,中华书局,1995 年;吕祖谦:《东莱吕太史外集》第四卷"祥符四夷述职图赞",加利福尼亚大学伯克利分校藏。
③ 王栐:《燕翼诒谋录》卷四,中华书局,1981 年,第 41 页。

《海图说》。《海图说》详载风向与倭人入寇路线的关联,非一般人所能熟知。其实,在郑若曾编撰的《筹海图编》卷二下《日本纪略》有基本雷同的记载。胡松名列《筹海图编》参订人员之列,并写有《筹海图编序》一文,称赞郑若曾的编撰之功:"伯鲁感激知遇,追迹寇始,详稽典制,参质风谣,即贼所入寇岁月、道路、克捷、偾北,与今昔主客兵马馈饷之数,舟楫、器械、战守、屯戍之法,备书其载。凡为卷者十有三,盖后世经世者有据依矣。"①如果胡松作有《海图说》一文,那么它极可能抄录自《筹海图编》中的《日本纪略》。如果此说成立,那么《诸夷考》中的"倭汛"亦来自《筹海图编》。

《炎徼纪闻》②,明田汝成撰,嘉靖三十七年(1558)刊。田汝成,字叔禾,嘉靖丙戌(嘉靖五年,1526)进士,曾任职于贵州、广西(嘉靖十五年至十九年)。《炎徼纪闻》便是汝成西南见闻的遗事汇编,是书凡四卷十四篇,四库馆臣评价道:"每篇各系以论,所载较史为详。"其中第四卷载西南百夷事,这构成了《诸夷考》第二卷内容的主要依据。西南地处边陲,相关的文献记载较为疏少,而其中有价值的叙述不少出自曾在此地任职的官员,除了田汝成外,朱孟震亦是其中一员。朱孟震,隆庆二年(1568,蔡汝贤同年)进士,在西南边地任职有年,先后任四川按察使、贵州左辖宣慰,后出任山西巡抚。《西南夷风土记》当在朱孟震当政川贵期间撰述。故游朴在《诸夷考》第三卷末尝言:"朱中丞孟震时为川贵藩臬,长与其事。以上二十六条皆其所手录者,核而且详,故备著焉。"这表明,《诸夷考》第三卷抄录自朱孟震的著述,即《西南夷风土记》③。

除了官宦士人的个人著述外,由官府主持编撰的方志亦是为数不多的边地文献中的重要一类,两广地方志也成为游朴参考的重要资料。游朴所言的《广东西志》概指广东、广西两地省志。明嘉靖时期,两广地方志的修纂渐有起色。留存后世的最早的两广通志,均为此一时期编修。戴璟、张岳等修纂《广东通志初稿》,嘉靖十四年

---

① 胡松:《筹海图编序》,郑若曾:《筹海图编》卷十三下,中华书局,2007年。
② 本文参考的田汝成《炎徼纪闻》为《四库全书》本。
③ 本文参考的朱孟震《西南夷风土记》为丛书集成本。

刊,但此书"未免涉于潦草,其门类亦多未当"。鉴于此,黄佐编纂新版通志,嘉靖四十年刊刻,此书向称佳作。在此之前,黄佐还编纂了《广西通志》,嘉靖十年刊,是为今世所见最早的广西通志。这些地方志成为游朴著述所参考的主要资料,如在撰述《诸夷考》第二卷时,便尝言"考之广志所载"①。不过,游朴并没有尽信志书,因为其所载"若长人、人之类尚多,询之土人皆无闻见者……故不采入"②。

另外,其他一些岭南地方文献,多有关涉海外交通,著录异域风情者,对蔡汝贤、游朴的著述亦产生了显著影响,尤为重要者是黄衷的《海语》。黄衷,广东南海人,弘治九年(1496)进士。其官宦生涯起伏不一,后致仕归家,"屏居简出,山翁海客时复过从,有谈海国之事者则记之,积渐成帙,颇汇次焉"③,而成《海语》一书。对于是书,四库馆臣评价较高:"此书成于嘉靖初,海贾所传,见闻较近似,当不失其实,是尤可订史传之异,不仅博物之资矣。"此书对于《岭海异闻 续闻》影响重大,其实《岭海异闻》中的内容基本上来自《海语》,仅稍做删订。此外,姚虞的《岭海舆图》亦值得注意。姚虞,福建莆田人,嘉靖十一年(1532)进士,后出任监察御史,巡按广东时作《岭海舆图》一书,此书的特色在于按图分缕,计十二图,最后一图《南夷图》绘制了海上诸国(计有32个域外地名),而正文《南夷图纪》所录诸国"止据本朝曾经奉贡及载在《祖训》《会典》者"④,计有12国。《南夷图》及《南夷图纪》颇具参考价值,可与《东夷图说》《诸夷考》等书相比而观。

三

蔡汝贤、游朴涉外著述均有依据,可谓渊源有自。两书内容虽各有侧重,各具特色,但就海上诸国部分,我们仍可把两书合二为

---

①② 游朴:《诸夷考·二卷目》。
③ 黄衷:《海语·序》,粤雅堂校刊本,收录于《中国风土志丛刊》第61册,广陵书社,2003年。
④ 姚虞:《岭海舆图·凡例》,守山阁丛书本。

一,视为前后相承的一个整体。诚如游朴所言"合司马之书为《诸夷考》",在这个意义上,《诸夷考》为《东夷图说》的续编。两书共同勾勒出当时甚至故往海上交通诸国的整体概貌、中国与它们的交往之情。蔡、游二人梳理海外诸国事情的心情是迫切且真诚的,通过他们的眼界,我们亦可窥视时人对域外的总体认知水准以及广东地方官的对外思维。把两书归为我国源远流长的涉外史籍谱系脉络中的一个环节,或许并不为过。它们与万历末年福建地区成书的《东西洋考》(1617 年刊印,福建视角下的海上交通场景)相映成趣,与同一时期菲律宾成书的《博克舍抄本》(*Boxer Codex*,约 1590 年,西班牙视角下的东亚、东南亚人种志)亦可等量齐观。

当然不可否认,两书所描述的域外世界与真实情况还有显著差距,不仅讹误层出,且不少内容抄录他书,因循旧说,这使它们的学术价值大打折扣。四库馆臣亦持批评态度,针对《东夷图说》评价道:"所纪皆东南海中诸国,殊多传闻失实,至于《异闻》《续闻》尤多荒诞不经。其图像悉以杜撰,亦毫无所据",故存目而不录。《诸夷考》更是没进入四库馆臣的视野,传布后世版本中,又窜入欧大任《百越先贤志》一书的凡例,可见其留世版本的混乱。这在很大程度上导致它们不被重视,以致湮没无闻。①而《东西洋考》则与之截然不同,此书被四库馆臣推重("稍益以诸书""为传记之所未详""言利弊最悉""尤切于实用"),并收录于四库全书。这导致后世对明后期对外交往格局的认知,更多倚重《东西洋考》。②不过,这反而从一个侧面凸显《东夷图说》《诸夷考》的历史价值,它们成书所在的广东、广州地区是明季另一重要的对外交通、商贸中心,书中所透露出来的以广东视角审视的海外世界亦是当时中国域外认知的重要组成部分。

---

① 就笔者所知,蔡汝贤《东夷图说》仅有李庆新、汤开建等少数学者关注;游朴的《诸夷考》一书虽被纳入今人整理的《游朴诗文集》中,但相关的深入研究,尤其是把《东夷图说》《诸夷考》两书综合起来的研究基本阙如。

② 本文参考的《东西洋考》为谢方点校本。另外,牛津大学图书馆藏的塞尔登中国地图可与《东西洋考》相匹配,形象地反映了福建月港视角下的海上交通格局。

1685年路易十四遣华耶稣会传教团信件中的广州

法国社会科学高等研究院（EHES）
蓝　莉（Isabelle Landry-Deron）撰；
中山大学外国语学院法语系　郭丽娜 译

一、古希腊——罗马时期和中世纪欧洲对亚洲的认识

16世纪英国哲学家弗朗西斯·培根（Francis Bacon, 1561—1626）是现代科学思想的先驱之一。他认为，中国的三大发明引导人类社会进入现代时期：用于在海上定位的罗盘、记录商业贸易的纸张以及保护强买强卖的火药。欧洲人有效地使用这三大发明，征服新的土地，获取东方的财富。

在古希腊——罗马时期（公元前1世纪至公元1世纪），地中海地区已经知道东亚的存在。不少古希腊和拉丁文本都提到东方以及丝绸之路的贸易情况。①在资料残缺不全且可信度不高的情况下，西方人对东方的民情、财富和地理状况的想象是含糊和不切实际的。他们眼中的东方更是一个野蛮人出没之地。在古希腊——罗马时期，

---

① ［法］乔治·克艾戴斯：《古文选》，载《公元前4世纪至公元14世纪间与远东有关的希腊和拉丁文本》，巴黎，1910年。

中国便因奢侈品丰富而闻名于西方,其中丝绸最广为人知,1世纪时,丝绸已出现在罗马,但6世纪之后,拜占庭人懂得如何生产丝绸,丝绸便不再是中国的专利。不过中国的瓷器、植物、香料、香精、石头和贵重金属仍为西方社会所垂涎,因为西方缺少这些东西,而且无法人工制造。当时,中国几乎不进口商品,因此西方贸易出现逆差。加伊乌斯·普林尼·塞坤杜斯(Pline l'Ancien,23—79)抱怨说,西方的金子流向中国,就像放进保险箱,再也拿不出来。

3—6世纪,罗马帝国解体,社会陷入混乱,民不聊生,东西方贸易中断。然而西方对东方的认识并未因此而褪色,相反一直持续到中世纪末,不过仅限于修道院之中。僧侣们在那里不断地誊抄着希腊和拉丁文本,延续着古文明和文化。

公元1000年之后,西方社会相对稳定,再次将目光投向自476年西罗马帝国解体后便失去联系的近东。1096年第一次十字军东征重新启动了西方与深受东方影响的拜占庭帝国之间的联系。然而阿拉伯和波斯商人自唐代(618—907)起便到广州进行贸易,控制着印度洋海路,欧洲人不得不克服这道不可逾越的障碍,才能获得远东的财富。元朝时期(1279—1368),蒙古人的统治跨越亚欧大陆,陆路重开,商道畅通。意大利商人遂沿陆路到东方开展贸易,其中最出名的旅行家兼商人是马可·波罗(Marco Polo,1254—1324)。

十字军东征(1096—1291)令西方重新挖掘古文本中所描写的远东,也为西方提供机会,了解穆斯林学者所撰写的远东文本,里面保存着关于东方的一些地理数据。十字军东征的终极目的是将穆斯林赶出耶稣的圣地,但在近东与控制着通往东方海路的阿拉伯人进行接触的过程中,西方人增加了对东亚的了解。

对这一在欧洲历史上广为人知的事实做一简单回顾,旨在说明西方对东方一直充满好奇,并为其所吸引。由于我们将谈及基督教传教士的活动,所以还须指出,西方对东方产生兴趣,正是缘于《圣经》。《旧约》和《新约》中的圣人故事都是在东方的背景中展开的。

圣人故事中的片段叙述以及对教堂装饰的主题描写,都吸引着西方社会的所有阶层。西方人不论来自哪个社会文化阶层,自孩童时期起便对东方耳熟能详,充满想象。此外,东方式基督教义虽然与欧式的相距甚远,但仍然有其接触的渠道,这些渠道难以直接勾画出来,不过研究艺术、技术和思想传播的历史学家仍然能够察觉到其中的蛛丝马迹。

二、航海大发现

1453年,东罗马帝国灭亡,奥斯曼土耳其占领君士坦丁堡,通往东方的陆路被切断。东西方的再次隔离给西方商业以致命一击。为此,葡萄牙人和西班牙人借助航海技术,努力开拓新航路。葡萄牙人绕过土耳其人设置的藩篱,沿非洲海岸航行,于1488年到达好望角。服务于西班牙王室、相信自己能够到达印度海岸的意大利人克里斯托弗·哥伦布(Christophe Colomb,1451—1506)在1492年发现美洲新大陆。为了划定各自的势力范围,信奉天主教的葡萄牙和西班牙请求教廷仲裁。1494年,双方在教廷的调停下签订了《托德西利亚斯条约》,明确加那利群岛以西归葡萄牙管辖,以东归西班牙管辖,葡萄牙因此接管通往亚洲的东方道路,西班牙则接手西方的道路,经大西洋、太平洋到达亚洲,教廷授予两个国家在各自控制区域内传教的权力,这就是保教权(即拉丁语的"Padroado",帕德罗阿朵)。1510年,果阿成为葡属印度的首都和东方传教团的中心。

在印度洋,葡萄牙人没有足够的人力和军事实力进行大范围的土地征服,因此一般只建立几个战略据点、补给点和商品分拣点,比如亚丁、霍尔木兹。马六甲是一个穆斯林苏丹小国,附属于中国,是连接红海、波斯湾、印度和印度尼西亚的海上贸易据点,在1511年被葡萄牙占领。1516年,第一批葡萄牙人出现在珠江三角洲。1517

年,他们在广州设立第一所商行,随后遭到驱逐。1556年,他们进入澳门。明朝初期禁止中国人和外国人贸易,也禁止外国人进入内地。日本群岛的中央集权相对薄弱,在1542年向西方人开放市场,并受到西方宗教和文化的影响。澳门的葡萄牙人利用天时地利开展对日贸易,将大量中国商品销往日本。1560—1570年,中外贸易(除中日贸易之外)重新合法化,不过1580年之后,明朝中央政府才允许葡萄牙人定期到广州做生意。

1522年,葡萄牙航海家麦哲伦(Magellan,1480—1521)在西班牙王室的支持下,自西向东做环球航行,证实了地球是圆的,而且明确了葡萄牙和西班牙在东方所管辖区域之间的分界线。西班牙在1519年征服墨西哥之后,1565年又用武力占领菲律宾,当地有大量的福建和广东商人。西班牙控制住太平洋,将秘鲁波托西银矿的大量白银带到亚洲。这股金属流将中国卷入世界贸易体系,并推动一个世界性货币兑换体系的形成,这一体系从长远来看,并不利于明朝中央政府的统治。

天主教传教士登船远赴世界各地传播福音。宗教修会传统上听命于葡萄牙或西班牙王室,负责皈依异教徒。在听命于西班牙王室的宗教修会中,以多明我会、方济各会和奥斯定会最为出名;葡萄牙方面的福音传播工作主要由耶稣会负责。耶稣会成立于1540年,由依纳爵·罗耀拉(Ignace de Loyola,1491—1556)创立,是一个重视教育的宗教修会,热衷新科学。第一位到达亚洲的耶稣会士是沙勿略,后人称之为"印度使徒"。他是一位西班牙属巴斯克人,在欧洲人尚未被允许进入中国传教时,他先到日本传播福音。1522年,他在广东上川岛逝世,几年后,葡萄牙人获得在澳门的居留权。当东方国家向传教活动开放时,罗马天主教在欧洲遭受到路德(Luther,1483—1546)和加尔文(Calvin,1509—1564)宗教改革的冲击。于是罗马发起反改革运动,力图再度扩大其普世影响力。

三、在华耶稣会传教团

自1583年起,在将近两个半世纪的时间里,欧洲天主教传教士是唯一获得中国政府允许,可以在帝国内地长期居留的外国人群体。这段居留历史广为人知,先从澳门开始,然后进入广东肇庆,再推进到明朝首都,先是南京,后是北京。这段历史的执行者是意大利耶稣会士。教廷视察员范礼安设计方案,罗明坚和利玛窦负责实施,后者被誉为"中国传教团之父"。耶稣会渗透入中国内地的历史发生在西班牙王室兼并葡萄牙王室的时期,后一事件发生于1580—1630年,对世界地缘政治产生了巨大影响。西班牙人同意葡萄牙人享有在海外据点的行政优先权和传教的保教权。1601年,利玛窦获得在北京居留的许可,并于1605年建立一所天主教堂(南堂)。1610年他去世后,获明万历皇帝(1572—1620年在位)恩准,被安葬在北京栅栏。1639年,耶稣会士进入官僚体系,掌管钦天监,负责编修历法。

明清交替时期(1644—1662),耶稣会为了保护在华天主教的利益,服务于两边阵营。德国耶稣会士汤若望(Adam Schall von Bell,1591—1666)在北京听命于清王朝,而另外几名耶稣会士——其中最出名的是波兰耶稣会士卜弥格(Michael Boym,1612—1659)——则追随逃亡到南方的明朝廷。在此期间以及后来的多尔衮摄政时期,在华传教士人数大幅度减少。

四、传教士文学中的广州

当中国进入清朝时期时,法国正经历着宗教战争,天主教徒和新教徒相互厮杀,战争令国家资源短缺,所以康熙(1662—1722年在位)

亲政之前,入华耶稣会士人数不多。尽管如此,天主教在华传教的历史仍然得到关注。耶稣会士金尼阁(Nicolas Trigault,1577—1628)根据利玛窦中国札记,撰写《基督教远征中国史》(De Christiana Expedione apud Sinas)一书,让欧洲普罗大众了解利玛窦在中国取得的成就。这一著作在法国和其他欧洲国家都吸引了大批读者。①法国对中国旅行故事的文学兴趣相当强烈,而且自古就有。马可·波罗游记的第一个版本1298年在法国南部出现。②保存在法国国家图书馆的1413年彩色手抄本中包含了马可·波罗的《奇观大全》,里面收录了第一位自称参观过广州的西方人,即元朝时被教皇派往中国的意大利方济各会士鄂多立克(Odoric de Pordenone,1286—1331),他在1325年登岸。③鄂多立克原籍威尼斯地区,他说广州(书中写为"Sincalam")比威尼斯大三倍。他对广州的印象相当好:商品和食品丰富,而且便宜,没有乞丐,商人精明,工人优秀,女性是世界上最美的。

17世纪末,对中国素有了解的法国人④对于葡萄牙和荷兰、英格兰等新教国家在海外远征行动中捷足先登感到沮丧。法国是当时欧洲人口最多的国家(大约有二百万居民)。年轻的路易十四(Louis XIV,1638—1715)自称"太阳王",征服了好几个欧洲国家,

---

① 这一著作在1615—1625年被翻译成多种欧洲主要语言,共出版了11个版本。

② [法]路易·安必思:《描绘世界》,巴黎柯林克谢科出版社,1955年。

③ 让·勒·龙将拉丁文版《东鞑靼的奇迹之旅》(Itinerarium de mirabilibus orientalium Tartarorum)翻译成法语。1413年的手稿献给贝利公爵。由圣-奥美的圣-贝丁修道院院长整理。法国国家图书馆档案号:BnF. Ms.Fr. 2810, f°97-115。参见高迪埃:《真福者鄂多立克14世纪亚洲游记》(Les voyages en Asie au XIVe siècle du bienheureux Odoric de Pordenone),巴黎,1913年。

④ 法国国家图书馆收藏有一份来自科尔贝尔图书馆的阿拉伯语手稿(编号2281),标题为 Akhbar al-Sin wa-al-Hind。这份手稿由欧塞贝·雷诺多修道院院长(Eusèbe Renaudot,1646—1720)翻译成法语,书名为 Anciennes Relations des Indes &. dela Chine de deux voyageurs Mahométans qui y allèrent dans le IXe siècle. Traduites d'Arabe(《译自阿拉伯文的两位穆斯林旅行家的印度和中国旧闻》),巴黎瓜瓦纳尔印刷厂,1718年。

意图扩大其世界影响力。可是,保教权非常严苛,只有耶稣会士才能前往亚洲传教,而且必须在里斯本乘坐葡萄牙船只。这一规定在葡萄牙脱离西班牙重新独立之后,备受西班牙的质疑,也受到希望限制葡萄牙保教权的教廷的质疑。

法国曾在葡萄牙脱离西班牙的独立运动中支持葡萄牙。1630年葡萄牙独立之后,法国希望出现在远东,取代当时只有10万人口的葡萄牙。路易十四也有意建立一些具有世界性影响力的学术机构,于是在1666年成立自然科学院,在1669年成立巴黎观象台。

此时,东方传教团经历过历狱事件和杨光先发起的反基督教运动,缺少新鲜血液的补充,人数大减。1665年汤若望去世,雪上加霜,传教活动日渐衰落,好在康熙皇帝给予庇护,才渐渐恢复元气。1669年,在华耶稣会传教团副会长佛莱芒人南怀仁(Ferdinand Verbiest,1623—1688)重新执掌钦天监。1678年8月15日,南怀仁在北京写信呼吁法国耶稣会士赴华填充传教团的空缺。该信件用拉丁文书写,采用木刻印刷术印刷,其中有一句话让人印象深刻:"在天文学星辰的掩护下,我们的神圣宗教易如反掌地被引进了。"南怀仁希望志愿者有扎实的数学基础,因为掌握观察天象和编写历法的技术是必不可少的,何况这一技术曾在摄政期间发生教难时拯救过传教团。① 这封信在1681年寄达巴黎,引起巨大反响,法国政府立刻响应。法国海军国务大臣科尔贝尔(Jean-Baptiste Colbert,1619—1683)是位强势人物,他召见巴黎耶稣会公学(克莱蒙公学在1684年改名为路易大王公学)的数学教师、耶稣会士洪若翰(Jean de Fontaney,1643—1710),请他征募符合条件的人员。② 此次会面在意

---

① 南怀仁的信件 *Epistola R. P. Ferdinandi Verbiest, vice provincialis Missionis Sinensis, Societatis Iesu, anno 1678, 15 augusti, ex curia Pekinensis in Europam ad socios missa* 用四开本印刷,没有出版机构名称和地点;1682年翻译成法语,用十二开本印刷。

② 1703年2月15日《在华耶稣会传教士洪若翰致同会长上信函》(*Lettres Édifiantes et Curieuses*),收录于《耶稣会士中国书简集》(初版)第七卷(1707),巴黎尼古拉斯·勒·科勒尔印刷厂,第61—366页。

大利籍天文学家、自1672年起担任巴黎观象台负责人多米尼克·卡西尼(Giovanni-Domingo Cassini,1625—1712)的见证下进行。

卡西尼和洪若翰当时正联手开展一项地理测量项目,以获得更准确的经度数据。参与该项目的有当时大名鼎鼎的天文学家和数学家,如比卡尔(Jean Picard,1620—1682)、亚德里安·奥祖(Adrien Auzout,1622—1691)、荷兰人惠更斯(Christian Huygens,1629—1695)、丹麦人奥尔·罗麦(Ole Römer,1644—1710)、菲利普·德·拉伊尔(Philippe de la Hire,1640—1719)。1681年11月29日,卡西尼在自然科学院的例会上说:"一项'地理测量计划'召唤'一些优秀数学家以传教士的身份赴华'。"①当年自然科学院会议记录上出现了洪若翰神父的名字。

海上定位是一个对于航海(和商贸)非常关键的步骤,也是绘制更加精确的地图和地形图的一个科学步骤。纬度的测定相对简单,可以根据太阳的高度来确定,而经度的测定则需要两名观察者以巴黎所在经度为参照子午线,站在相距较远的地点同时进行观察和比较。观察者一般会事前约定在月食出现时同时进行观察,但是月食出现的频率很低,不利于开展工作。因此卡西尼根据木星的卫星食出现频率较高这一事实,确立了一种基于木星卫星食的观测方法。②测量地表形态需掌握一种地理网格技术,由接受过同一观测技术训练且能够对结果进行比对的观测者来操作。洪若翰赴华之前曾和自然科学院的科学家一起做过好几次天文学观察实验,掌握了他们的方法,所以把他派遣到一个一般外国人无法长期居留的国度是巴黎观象台科学界的共同愿望。

与葡萄牙、荷兰和英格兰不同的是,法国未曾往远东派遣过自己的船队,路易十四有意突破过时的保教权的约束,不希望法国传

---

① 自然科学院会议记录,1681年11月29日,档案号为9 bis, f°125。
② 关于基于木星的卫星食的经度观察方法,卡西尼在《观测》(*Observations*,1688)第91—99页、《回忆录》(*Mémoires*,卷七)第715—740页和《皇家自然科学院史》(卷一,1733)第312—313页中有举例和解释。

教士和其他派往亚洲的耶稣会士一样在里斯本登上葡萄牙船只出发,所以1684年法国应暹罗使馆的要求,决定派出第一个驻东方使团时,这批耶稣会士数学家才得以成行。传教团由"国王的数学家"组成,在职业外交官蒙寿骑士(Chaumont,1640—1710)的带领下登船远行,其成员包括洪若翰、白晋(Joachim Bouvet,1656—1730)、张诚(Jean-François Gerbillon,1654—1707)、李明(Louis Le Comte,1651—1728)、刘应(Claude de Visdelou,1656—1737)和吉·塔夏尔(Guy Tachard,1651—1712),后者在暹罗下船,后来返回法国。所有人都是耶稣会士,而且除了李明之外,都在出发前几天,即1684年12月20日,被自然科学院任命为通信成员。前往远东的船上装满天文观测仪器,与在法国制造和使用的一样。①

传教团1685年3月3日从布莱斯特港出发,1688年2月7日抵达北京,其成员是法国在华耶稣会传教团的核心缔造者。法国在华耶稣会传教团1700年正式脱离葡萄牙耶稣会省。1762年,法国耶稣会被解散。十年后,即1773年7月21日,教皇克莱蒙十四世颁布《我的上帝和救主》通谕取缔耶稣会,可是法国在华耶稣会传教团仍然继续存在。

数学家们从法国出发的时候,指望在大使的船只返回法国之后,他们能够进入澳门,继续旅行,深入中国内地。但是葡萄牙当局对法国人不尊重葡萄牙保教权的做法极为不满,所以法国耶稣会士在暹罗滞留了很长时间,最后不得不接受欧洲在亚洲驻扎官——后者更了解当地情况——的建议,登上中国帆船,绕过澳门,前往宁波。北京的葡萄牙耶稣会对来自法国的同会兄弟非常冷淡,不过康熙在南怀仁去世之前,已得知洪若翰一行将抵达北京。1688年3月21日,康熙正式召见法国耶稣会士,并决定把白晋和张诚留在身边。洪若翰、李明和刘应则被派到与欧洲联系不密切的偏远内地省份。

---

① 毕克莱·居伊:《让-比卡尔和17—18世纪天文精准观测的开始》,载于巴黎1982年10月12—13日让-比卡尔诞生300周年纪念活动文集,法国国家科学研究中心,1987年。

自然科学院给法国耶稣会士颁发的通信成员委任状在耶稣会中引起争论,法国人认为葡萄牙人无所不用其极,阻止他们使用从巴黎运来的测量仪器。

据李明神父记载,法国耶稣会到达中国的时候,中国共有约二百座教堂,分别由40名耶稣会士、4名巴黎外方传教会士、4名多明我会士、12名国籍不同的方济各会士和三四名来自马尼拉的西班牙奥斯定会士打理。①1696年,巴黎外方传教会在广州小南门有一处教堂。当时的驻堂神父格拉维(Gravé)提供了1690年前后的数字:"目前的64名传教士分别来自奥斯定会、多明我会、方济各会和耶稣会。"②

1689年8月至11月,洪若翰陪同李明到达广州,观察9月18日的月食,其报告后来在自然科学院刊印。同年11月10日,他们还观察到一次水星冲日的天文现象,让-多米尼克·卡西尼对此做过点评。③1699年3月4日之后,巴黎耶稣会士托马斯·顾伊(Thomas Gouye,1650—1725)成为自然科学院和国王数学家之间的联系人。国王数学家们获得的地理数据都被收录入自然科学院的卷宗中,并公之于众。④洪若翰和

---

① 李明:《中国近事报道》(*Nouveaux Mémoires sur l'Estat présent de la Chine*)(两卷),巴黎让·阿尼森出版社,1696年。杜布尔-布耶尔:《一位在北京的耶稣会士》(*Un Jésuite à Pékin*),巴黎菲布斯出版社,1990年,第462页。

② 格拉维,广州,1690年1月30日,巴黎外方传教会档案第404卷,第128页。关于1701年的数字,据约翰·W.韦德克在维拉德·J.彼得森主编的《剑桥中国史》(卷九清代史,第二部分,2016年)"1644—1800年天主教传教士"一文统计:有117名传教士,分布在12个省份,其中59名耶稣会士打理70处住所和208座教堂,29名方济各会士打理21处住所和19座教堂,6名奥斯定会士打理6处住所和4座教堂,18名多明我会士打理8处住所和6座教堂,外方传教会打理9处住所和7座教堂。

③ 1699年洪若翰神父在中国的观察数据(1701年3月12日经顾伊神父转交自然科学院)与卡西尼和马拉尔迪先生在皇家观象台的观察数据的比较,见《皇家自然科学院史》,1701年,第50—58页。

④ 1692年耶稣会士从印度和中国送至巴黎皇家科学院的物理和数学观察数据(上附耶稣会顾伊神父的批注和点评),皇家印刷厂四开本印刷,1692年。1696年中国几座城市(广州和西安)的地理位置观察数据,见《皇家科学院史:地理卷》,1699年,第83—86页,转引自《回忆录》(卷七),1729年,第855—873页。

刘应还通过爱尔兰皇家医学院院士汉斯·斯隆（Hans Sloane，1660—1753）的介绍，与伦敦皇家科学院的秘书接触。

洪若翰神父曾多次居住在广州，后来他到北京宫廷，献上金鸡纳霜，治好皇帝的疟疾，其本意是在广州交通便利、靠近港口的地方设置一处法国联络点，以便法国耶稣会传教团和法国进行书信联系，而无须通过澳门。1700年，法国耶稣会传教团脱离葡萄牙，独立活动。

1739年，宋君荣神父（Antoine Gaubil，1689—1759）被任命为圣彼得堡科学院通信成员和伦敦皇家学会的外国会员。1750年8月22日，他被任命为法国科学院院士尼古拉·德利斯勒（Joseph-Nicolas Delisle，1688—1768）的通信成员。

除了测量北京和西安的地理位置之外，法国耶稣会传教团还使用更加科学的方法对广州的地理位置进行测量，其结果比当时的地图更加准确。他们与自然科学院密切联系，送去数据，让卡西尼能够在世界地图上更加准确地标定中国的位置。1708—1718年，传教士奉康熙皇帝之命绘制中国各省地图，即1720年在北京出版的《康熙皇舆全览图》。这项在18世纪开展的地图绘制工程的信息后来被送往法国，为地理学家当维尔（Jean-Baptiste Bourguigon d'Anville，1697—1782）绘制中国各省地图提供了参考数据。当维尔的地图收录在1735年杜赫德（Jean-Baptiste du Halde，1674—1743）在巴黎出版的《中华帝国全志》第一卷中。

请孔子作证:《中国哲学家孔子·前言》对利玛窦传教策略的辩护[*]

肇庆学院政法学院　汪聂才

《中国哲学家孔子》1687年在巴黎付梓。其出版与1667—1668年的"广州会议"以及从中国席卷欧洲的"中国礼仪之争"有着莫大的关联。"广州会议"之后,耶稣会士翻译儒家经典的方法也随之改变,加上后来柏应理的编辑工作,《中国哲学家孔子》才得以面世。这本译介中国经典的巨著的目的在于,对利玛窦适应政策做出有力辩护,尤其体现在柏应理所修改和补充的前言部分。在哲学上,《中国哲学家孔子·前言》系统介绍了宋明理学的诞生、思想源泉和基本原则,指出道教的兴起和佛教的传入,使得以理学为代表的近儒的思想陷入了偶像崇拜和无神论的错误;鉴于当时中国"三教合一"的思潮,该书延续利玛窦的思路强调回到先秦儒家和古代经典中的自然理性与一神论。在历史上,柏应理在《中国哲学家孔子·前言》中试图将中国古代历史纳入《圣经》历史的框架之内,继而证明中国古人认识了真神,并以自己的语言命名了他;同时,追溯使徒与教父们的传统和权威,为利玛窦的传教政策辩护。

---

[*] 本文为教育部人文社会科学研究规划基金项目"柏应理《中国哲学家孔夫子》(1687年)的翻译与研究"(14YJA720005)阶段性成果,篇名受到法国汉学家蓝莉教授《请中国作证:杜赫德的〈中华帝国全志〉》(许明龙译,商务印书馆,2015年)的启发。

引　　言

耶稣会士柏应理(Philippe Couplet，1622—1693)在法王路易十四的支持下，于 1687 年出版了《中国哲学家孔子》(*Confucius Sinarum Philosophus*，下文简称《孔子》)，成为中国经典西译的重要译作。该书第一次向欧洲展示了中国"四书"之中的《大学》《中庸》和《论语》的拉丁文译文，被认为是"利玛窦在华适应政策的巅峰之作"①。实际上，该书的绝大部分翻译和注释工作早在二十年前就已开始了，它的诞生离不开当时的"广州会议"。在"广州会议"期间，在华不同修会传教士之间就对待中国经典和中国礼仪的态度问题产生激烈的争论，导致耶稣会传教士对于中国经典的翻译工作发生了实质性的改变。②

《孔子》一书的翻译、注释和出版都处在"中国礼仪之争"的初期阶段，参与翻译、注释的耶稣会士们也大多经历甚至参与了修会内部和各修会之间关于"中国礼仪"的争论，而且他们都是利玛窦策略的支持者。因此，"中国礼仪之争"是理解《孔子》"最重要的维度"，多位研究者都谈及这一点，但并未对此予以应有的重视。③笔者认为，因为"广州会议"上的争论和"中国礼仪之争"的背景，耶稣会士以学术性的翻译方法来翻译儒家经典、出版《孔子》，其目的和宗旨实际上是为利玛窦的传教策略辩护。耶稣会士希望通过学术性的翻

---

①　[美]孟德卫著，陈怡译：《奇异的国度：耶稣会适应政策及汉学的起源》，大象出版社，2010 年，第 267 页。

②　关于这一时期关于"中国礼仪之争"的"广州会议"和《孔子》翻译、出版的过程，及前者对后者的影响，参阅梅谦立：《〈孔夫子〉：最初西文翻译的儒家经典》，《中山大学学报(社会科学版)》，2008 年第 2 期。

③　张西平：《儒学西传欧洲研究导论：16—18 世纪中学西传的轨迹与影响》，北京大学出版社，2016 年，第 123 页。朱雁冰在《〈中国哲人孔子〉中的孔子形象》亦强调该书的出版与"中国礼仪之争"之间的联系。参见氏著《耶稣会与明清之际中西文化交流》，浙江大学出版社，2014 年。

译工作来表明和展示他们对待中国经典的态度,也以此说明他们对待中国礼仪的态度,并为利玛窦的传教策略提供理论依据。因此,《孔子》虽是译介中国经典的书籍,亦是利玛窦在华适应策略的巅峰之作,身处"中国礼仪之争"暴风眼中的耶稣会士们在其中自然会表明他们的立场,为利玛窦传教策略辩护,希望以此来说服欧洲人。这种辩护在柏应理所修改、补充的《前言》部分体现得尤为明显。

一、"广州会议"与龙华民意见的传播

1667年12月18日到1668年1月26日,因"历狱"而被软禁在广州的在华传教士们①利用这次机会召开了"广州会议",成为"中国礼仪之争"初期阶段的重要事件。在"广州会议"上,耶稣会士对待中国礼仪和中国经典的态度受到方济各会士利安当(Antonio de Santa Maria Caballero,1602—1669)和多明我会士闵明我(Domingo Fernández Navarrete,1610—1689)的反对。利安当在被押至广州之前,从耶稣会士汪儒望(Jean Vallat,1599/1614?—1696)那里获得了龙华民(Niccolo Longobardo,1565—1654)曾对利玛窦传教策略提出质疑的《孔子及其教理》的残稿。②利安当在广州将这篇手稿交给了闵明

---

① 有19位耶稣会士,3位多明我会士及1位方济各会士。其中方济各会士利安当、多明我会士闵明我对耶稣会的在华传教策略,尤其是他们对待中国礼仪和中国经典的态度,提出了质疑和反对。在"广州会议"中,利安当争取到4位耶稣会士的支持,他们是陆安德、聂仲迁、张玛诺、汪儒望。参见李天纲:《"中国礼仪之争":历史、文献和意义》,上海古籍出版社,1998年,第44页。何大化和刘迪我也对利玛窦的传教策略有异议。

② J. S. Cummins, *A Question of Rites: Friar Domingo Navarrete and Jesuits in China*, London: Scholar Press, 1993, p.159. 龙华民此文撰写于1623年,原题为 Reposta breve sobre las Controversias do Xámtý, Tiënxîn, Lîmhoên, e outros nomes e termos sinicos(《关于"上帝""天神""灵魂"等名词争议的简单回答》)。汪儒望发现的龙华民手稿残篇为葡萄牙文抄本(参阅 H. Bernard-Maitre, "Un dossier Bibliographique de la fin du XVIIe siècle sur la question des termes chinois", in *Recherches de Science Religieuse* XXXVI(1949),p.56)。

我。闵明我在争论中支持龙华民的观点,甚至自称"伟大的龙华民的忠诚学生"①。闵明我在"广州会议"结束后达成的决议上签字,但不久他回到欧洲之后,于1676年在马德里出版了《中华帝国历史、政治、伦理及宗教概述》(Tratados históricos, políticos, éticos y religiosos de la monarquia de China)。②闵明我在该书中指责耶稣会对待中国礼仪的态度和"文化适应"传教策略,并将龙华民的文章翻译成西班牙文,作为其书的第五章。他试图以此证明,不只是多明我会士和方济各会士反对利玛窦的传教策略,甚至耶稣会士自身也有质疑。同时,他还表示自己出版此文的目的在于帮助外来的耶稣会士到中国的传教工作。③随着闵明我这本书的出版和传播,龙华民的文章不仅成为一份被罗马教廷审议的历史文献,而且在世俗社会的学术界中流传,并深深影响了当时欧洲人对中国经典和礼仪的认识。

实际上,在"中国礼仪之争"的三大问题中,龙华民在对待中国人祭祖祭孔等礼仪问题上的态度,与利玛窦并无分歧,他对利玛窦的质疑在于"译名问题",即中国古代儒家经典中出现的"天""上帝"等名词能否用来翻译、称呼天主教的"Deus"。这涉及对中国经典的不同理解,以及是否应该采取"附儒"的文化适应策略传教。

龙华民认为"译名问题"根源于对中国"儒家经典书籍"(livres classiques de la secte des lettrés)的理解。④他将"儒家经典书籍"分

---

① J.S. Cummins, *A Question of Rites: Friar Domingo Navarrete and Jesuits in China*, p.159.

② 1701年,巴黎外方传教会主教西塞(Louis-Armand Champion de Cicé,1648—1727),将该文翻译成法文在巴黎出版。该文对"中国礼仪之争"的升温和欧洲人(如莱布尼茨)对中国的认识都产生了重大影响。参阅李文潮:《龙华民及其〈论中国宗教的几个问题〉》,《国际汉学》第二十五辑,第61—78页。

③ Domingo Fernandez Navarrete, *Tratados históricos, políticos, éticos y religiosos de la monarquia de China*, Madrid, 1676, pp.245 – 289.参阅肖霄:《龙华民"关于上帝、天神、灵魂等名词争议的简单回答"初论》,北京外国语大学硕士学位论文,2010年。

④ 本文对龙华民文章的引用参考法文版:Nicolas Longobardi, *Traité sur quelques points de la religion des Chinois*, Paris, 1701。

为四类,其中主要的是第一类"经"(如"五经"等),第二类为对"经"的注疏和诠释。龙华民尤其重视明朝的学者们编辑出版的《性理大全书》,将其列为他所说的四类"儒家经典书籍"中的第三类。①他基于对《性理大全书》卷二十六(理气一)、卷二十七(理气二)、卷二十八(鬼神)的理解和分析,认为宋明理学是无神论和唯物主义。利玛窦也指出宋明理学有着无神论和唯物主义的危险,但他借着"经典"与"注疏"的区分将儒家也区分为"古儒"和"近儒"。近儒由于受到"偶像崇拜"——佛教的污染和败坏,而走向无神论和唯物主义,因而应该回到古儒那里,从"经"当中去寻找古人的有神信仰。龙华民则反对这种区分,他将"经"和后来的注疏、《性理大全书》等皆视为"儒家经典书籍",因此儒家思想就是一个整体。如果宋明理学有着无神论和唯物主义的危险,那么古代的"经"一样有着无神论和唯物主义的危险。也就是说,整个儒家学说都是无神论和唯物主义的。以无神论和唯物主义的词汇去翻译基督教的"Deus"和其他教义,这就破坏了基督教教义的"纯正性"。

龙华民还有另一个重要观点,认为儒家是无神论。他从对儒家经典中一些特殊符号的分析得出结论,认为儒家经典存在"两种教义":一种是隐性的,被认为是真理,"只有学者们通过种种象征意象来解释和传授";另一种则是表面的、大众化的,"仅仅用来表述前者的各种意象,被学者们视为错误理解了先哲的真正意思"。但是,这后一种"被用来服务于国家政策、宗教、世俗与神化信仰,让人们多做善事,远离恶行"。②也就是说,儒家士大夫自己不信神、不相信宗教,他们让民众信教,利用宗教来服务于政治统治。

---

① 第四类则是在焚书坑儒后涌现的著名作家的作品,这类作家起到的作用部分在于解释原儒的教理,部分在于将不同的早年材料整合起来。

② Nicolas Longobardi, *Traité sur quelques points de la religion des Chinois*, 第 21 页。同时参阅张西平:《儒学西传欧洲研究导论:16—18 世纪中学西传的轨迹与影响》,第 73 页。

二、《孔子》的宗旨

"广州会议"之后,耶稣会士们改变了他们对中国经典的翻译方法,由过去与原文相对应的简单翻译变为对原文做大量注释的学术性翻译。①耶稣会士们花了三年时间来从事新的翻译工作。1671年译稿完成后被寄到罗马,但并未马上出版,而是被搁置在耶稣会的"罗马学院"里。所幸的是,1685年回到欧洲的柏应理在"罗马学院"发现了译稿。如前文所述,闵明我早在1676年就出版了其反对中国礼仪的书籍,并将龙华民的文稿收入其中。有鉴于此,柏应理从1686年开始,花了近一年时间对原译文手稿做了大量编辑工作,其中主要的工作就是在殷铎泽所写的《前言》基础上做了补充,将原本只有八章的《前言》补充了十二章作为第二部分。②同时,为了不在欧洲激化"中国礼仪之争",他删去部分文稿中对耶稣会士的对手的指责,例如删去了对手的名字,语气也有所缓和。③

《孔子》全书主要由以下部分构成:首先是柏应理致路易十四的献词,其次是一篇长长的说明性《前言》(*Proëmialis Declaratio*),然后是《孔子传》和孔子画像,接着才是题为"中国知识"(*Scientia Sinica*)的《大学》《中庸》《论语》译文,后面是《中国君主制年表》和《中华帝国及其大事记》,最后是一幅中国地图及中国现状概要。④

---

① 关于"广州会议"耶稣会士翻译方法的改变,参阅梅谦立:《〈孔夫子〉:最初西文翻译的儒家经典》。在华耶稣会士从一开始就对中国经典很重视,尤其是"四书",并一直致力于"四书"的翻译。最近发现了罗明坚翻译《大学》《中庸》和《论语》第一卷的西班牙文手稿。利玛窦也翻译了"四书",遗憾的是,译稿早已佚失。

② 梅谦立教授对照 *Confucius Sinarum Philosophus* 的手稿笔迹,认为《前言》的第一部分出自殷铎泽之手,第二部分则是柏应理在编辑时加上去的。

③ 关于柏应理对手稿的删减,可参阅梅谦立英译本注释。

④ 具体介绍可参阅[美]孟德卫著,陈怡译:《奇异的国度:耶稣会适应政策及汉学的起源》,第282—283页。

《前言》部分实乃"解释全书的核心"①,长达 108 页,占全书 522 页的五分之一强。《前言》还有一篇《导言》,从《导言》标题上看,《前言》部分要介绍这本书的缘起和目的、中国经典及其诠释、中国的教派和自然哲学。②

《导言》的开篇,耶稣会士们就表明了他们的目的:"不是为了满足欧洲人的消遣和好奇,而是为那些从欧洲坐船去往遥远的地方传播福音之光的人提供有用的东西。"③耶稣会士们的目的真的只是为了给传教士提供帮助? 他们提供的又是怎样的帮助呢?

接下来《导言》里介绍了耶稣会士为何补儒易佛、与士大夫们交往(x-xi),不仅学习中国语言和文字(xi),而且还要阅读中国经典与士大夫们交流、讨论(xii),最后落在了孔子和中国经典"四书"上——通过这位"中国的爱比克泰德"(xiv)和儒家经典去了解中国。而这正是耶稣会士们在中国的经历和他们采用的文化适应策略形成的过程。《导言》借徐光启这位"新生教会之柱"(nascentis Ecclesiae columen)之口,概括了利玛窦的传教策略——"补儒易佛"(Pu ju çive fe)。

《导言》的最后说:

> 基于这些原因,我们把自己的精神作品公之于众,不是为了向欧洲人展示中国的智慧,而是为了给那些想来东方的传教士一些建议,为战士们提供武器;在统帅基督的指导之下,凭着这武器,这些外邦人不仅可以被征服,而且他们还会因这征服而欣喜。这样,那些"渔人的渔夫"可以用一个新的诱饵,将那些吞饵的中国人吸引到网中。最终,一百多年的经验教会我

---

① [美]孟德卫著,陈怡译:《奇异的国度:耶稣会适应政策及汉学的起源》,第 282 页。

② 《前言》标题为:"Operis origo et scopus nec-non sinensium librorum, interpretum, sectarum, et philosophiae, quam naturalem vocant。"

③ *Confucius Sinarum Philosophus*, ix.

们,那些"神圣的商人"知道要给中国人怎样的货物——通过这些货物,那个民族会受到吸引并被牢牢地抓住。①

这里所说的"战士""渔夫""商人"都指传教士,"武器""诱饵"和"商品"则是耶稣会士们将在《孔子》中为他们提供的建议,它们是耶稣会士们"一百多年"的经验总结。这些建议也就是如何对待中国儒家经典,如何对待中国礼仪,实即利玛窦的传教策略。毫无疑问,《孔子》自身是利玛窦传教策略和耶稣会士们努力的成果,可以说其宗旨则是试图通过展示儒家经典和作为哲学家的孔子的思想,让欧洲的传教士和世俗读者们了解,从而认可耶稣会士的传教策略。

《前言》又分为两个部分,第一部分详细介绍了儒家经典和它们的作者、经典的解释者、道教和佛教、被称为"新解释者"的宋明理学以及《易经》和八卦图;第二部分则以宏大的历史视角,将中国古代史纳入了"《圣经》历史",从而说明中国古人早就认识了真神,并以恰当的名称称呼真神。我们可以从这两个部分来看其对利玛窦传教策略的辩护。

三、儒 家 经 典

"广州会议"上关于"中国礼仪"的争论,使得传教士们对于"中国礼仪"的定义难以达成共识,他们试图回到儒家经典,以孔子的思想为标准来定义中国礼仪,从而判断中国礼仪是否属于迷信。②耶稣会士们决定以学术的方式来理解和翻译儒家经典,他们从儒家经典的众多注疏中,仔细挑选注释加入到翻译之中,而且提供了大量的语言和历史材料,以便让欧洲的读者能更好理解。只有这样比较严

---

① *Confucius Sinarum Philosophus*, ix.
② 梅谦立:《耶稣会士与儒家经典:翻译者抑或背叛者?》,《现代哲学》,2014年第6期。

谨的学术性翻译工作,"才能使他们的翻译获得权威性,从而证明他们关于中国礼仪的观念是正确的"①。

(一) 何为经典?

《孔子》延续了利玛窦对待中国儒家经典的态度,将"五经"(Ukim,quinque volumina)和"四书"(Su xu,Tetrabiblion)视为第一类的儒家经典。虽然耶稣会士们知道"五经"更古老、更具有权威,但他们也认识到,在当时"四书"更有用、更有价值,既是当时主流思想的经典著作,又是科举考试的基础。"谁从'四书'中汲取的政治道德知识越多,谁就能越快被提拔到士大夫阶层,享有荣誉,获得官职;因为中国人把源于'四书'的每一条特殊原则都当作永恒真理。"②他们甚至将"四书"作为整体,与前面的"五经"并列称为"六经"(Lo kim,sex volumina),认为这就构成了儒家的"经典"(classici)。③《孔子》给出阅读"四书"的四个理由:

> 第一,这两位哲学家(孔子和孟子)一般是从这些书中挑选"五经"中最实用的部分,使它们变成自己的东西;第二,在祖先发明的东西之上,他们加上了不少自己的东西;第三,他们的教义讲得比以前的更清楚、更明白;第四,他们对粗糙的原文做了润饰,把黄金时代的素朴和简单,以更优雅的风格做了修饰,没有自负和傲慢。④

因此,他们希望通过介绍和翻译"四书"来使欧洲人认识孔子及其思想,理解儒家经典,"使欧洲人能够通过它们来评价整个中国哲

---

① 梅谦立:《〈论语〉在西方的第一个译本(1687年)》,《中国哲学史》,2011年第4期。
② CSP,xii.
③④ CSP,xx.

学"①。遗憾的是,由于时间仓促而《孟子》篇幅较长,最终他们只完成了《大学》《中庸》《论语》的翻译。耶稣会士们知道孔子并非这三本经典的作者,但因它们或是其弟子所作,或是其后人所著,也都代表了孔子的思想,该书因此名之为"中国哲学家孔子"。从标题可以看出,《孔子》跟随利玛窦将孔子称为"哲学家",以自然神学的态度对待儒家思想,认为以孔子为代表的古儒符合自然理性,他们通过自然理性能认识真神。

(二)如何对待解释者?

除了上述经典之外,儒家著作中还有大量的注疏和诠释书籍,这些书籍被《孔子》视为"经典的解释者们"(Librorum Classicorum Interpretes)的著作,与经典区别开来。如前文所言,龙华民则将这些注疏书籍与"五经"一起视为"儒家经典书籍",他认为通过阅读和理解所有这些书籍,就能知道中国人是否对天主、天使和理性灵魂有正确的认识。②龙华民将儒家视为一体,宋明理学的无神论和唯物主义也说明了儒家思想本身就是无神论和唯物主义。

为了使欧洲的读者能理解利玛窦所做的古儒与近儒的区分,《孔子》详细解释了儒家经典的作者与解释者们的区分。其中最重要的一点在于,汉朝之后的解释者们受到了道教和佛教的"腐蚀"和"污染"。《前言》第一部分中分两个章节分别介绍了道教和佛教,前者被认为是迷信和偶像崇拜,后者则是偶像崇拜和无神论。在介绍佛教时,《孔子》采纳龙华民的"双重教义说"③,揭示佛教的"双重教义"(duplex doctrinae):"外在教义"(exterior)是针对大众的,引导他

---

① CSP, xx.

② Nicolas Longobardi, *Traité sur quelques points de la religion des Chinois*, Paris, 1701, pp.10 - 11.同时参阅肖霄前引文第 14—15 页。

③ 第一位解释佛教"双重教义"的西方人是 1577 年在日本的耶稣会传教士加戈(Baltasar Gago, 1515—1583)(《日本各派错误综述》, *Sumario de los errores de Japão de varias seitas*, 1557 年版)。后来,在 1623 年,龙华民采用了"双重教义"的概念来理解中国所有教派,其中包括佛教、儒学和道教。

们去崇拜偶像;"内在教义"(interior)则是针对士大夫和僧侣的,教导的则是无神论。《孔子》指出这两个教派所带来的偶像崇拜和无神论,深深影响了后来的儒家经典解释者们,特别是程朱开启的宋明理学家们,称他们为"新解释者"(neoterici interpretes)。

在《前言》中,殷铎泽和柏应理对"新解释者"做了全面而系统的介绍。中国在宋朝之后兴起的主要解释者是二程和朱熹,他们写作了大量书籍来解释古代经典,受到了士大夫甚至皇帝的认可,宋明理学被士大夫们认为恢复了孔子等古儒的思想。①到了明朝,在永乐皇帝的命令下,四十二位学者遵循程朱的解释编纂了《五经大全》和《四书大全》,确立了程朱的权威,只遵循程朱的解释。尔后他们又撰写了《性理大全书》,这是宋代理学的理论汇编,同样追随程朱理学。②殷铎泽比龙华民走得更远,他没有停留在《性理大全书》上,而是要追溯理学的思想源泉——《易经》。《前言》花了三个章节分别介绍了《易经》,演绎了六十四卦图,并专门解释了第十五卦"谦卦"。③

《易经》在这里有着重要的地位。利玛窦认为中国古人早就认识了真神,其中一条证据就来自《易经》。④在殷铎泽看来,《易经》里的八卦是伏羲画的,文王、周公和孔子都是其解释者。孔子没有否认《易经》有着预言和占卜的作用,但孔子自己没有理会预言和占卜,而是以理性和道德的眼光来看待《易经》。⑤理学家们则放弃了古人的正确理解,歪曲地利用《易经》,特别是他们对《系辞》中的"太

---

① CSP, xxxvi:"宋朝的皇帝曾明确地指出,在孔子、曾子、子思、孟子等古代的解释者去世之后,只有这些宋朝的解释者能够以令人满意又简单的方式来解释这些古书的意义。唯有他们能够以某种方式,恢复被掩埋了几百年的古人的教诲。"

② CSP, xxxv - xxxvii.

③ CSP, xxxviii - liv.

④ "《易》曰:'帝出乎震。'夫帝也者,非天之谓,苍天者抱八方,何能出于一乎?"参见[意]利玛窦著,梅谦立注,谭杰校:《天主实义今注》,第100页。

⑤ CSP, xlvi.

极"所做的错误理解,成了理学的基本概念。利玛窦已经注意到"太极""理"这样的理学基本概念,在先秦的儒家经典中并不重要,并且利玛窦认为"理"及"太极"是虚空,无法作为万物的来源(参见《天主实义》)。后来,龙华民更系统地批判"太极"及"理"。柏应理在《孔子》中同龙华民一样,都认为"太极"是物质的,是一种"原初物质"(materia prima),是"某种囊括一切的物质原料"。① 然而宋明理学在柏应理看来并没有止于此,他们将一切都归为"太极"(lv),甚至将许多神圣的属性也归于"太极",几乎将其视为"至高的神"②,还赋予它另一个名字——"理"。柏应理用亚里士多德的"四因论"来理解理学的"太极"和"理",前者被认为是质料因,后者被认为是形式因(lvii)。理学进一步的错误即在一步步地陷入无神论,歪曲了古代经典,将古儒的有神论引向了唯物主义和无神论:③

> 即便他们在古书中发现了这最高的心灵和天命,他们还是把一切都归于他们的"太极"和"理"……他们坚持认为,一切原来被归于"天"和天的最高统治者"上帝"的东西,现在要归于"理"和"太极",或者归于天和地的自然力量……我们有理由认为他们的学说是有害的,会将人们——特别是那些市井小民和

---

① CSP,xxxix。实际上,耶稣会士们对于"太极"的理解是错误的,而且他们并不是很清晰,在后文中他们又将"太极"视为"包含了灵魂和思想"(xxxix),是一种"精神性的东西"(lv)。

② CSP,lvi:"他们把'太极'称为绝对的开端、最高的、最精致的、最纯洁的、最美的,是最完善的中道,最极致的完美,是善,是一切事物的模范和理想,它无始无终。甚至有人将'太极'与灵魂和精神归为一类,将它看作一种有生命的实体。最终,如果这些新解释者一直坚持自己的立场,读者几乎就会相信他们再三提到的真正的、最初的而且至高的神了。的确,有不少人是如此评判和理解的,他们可以奉'太极'为神圣,为其建造庙宇了。"

③ CSP,lvii:"他们越是更多地阅读这些最著名的古书——尽管这些书如此频繁而且清晰地谈论到了万物的精神统摄和最高智慧的正义和天命(providentia)——就越是以或对或错的方式将它们扭曲为一种唯物主义的和粗鄙的思维方式。"

耽于感官的人们——引向无神论。①

柏应理指出,"太极"成了理学的"解围之神"(Deus ex machina),孔子等古儒将其只看作第一物质,理学家们则视之为万物产生和运转的根基,拥有各种神圣属性;古人所称呼的"上帝",所尊崇的至高神的智慧和天命,所敬拜的神灵,则被理学家们置之不理。柏应理称呼理学家们为"无神论政客"(atheopoliticus)②。

《孔子》严厉地批判了宋明理学,尤其是朱熹,指责理学家们将古儒对"天"和"上帝"的敬拜引向了无神论的深渊。《孔子》对《大学》《中庸》《论语》的翻译和注释,就是要跳过宋明理学的唯物主义和无神论影响,回到古儒那里去了解儒家经典的真义,并让欧洲人认识到儒家经典中的有神论。

然而,《孔子》并不能无视龙华民所提出来的问题:要想正确地理解"五经""四书"这样的古代经典,必须借助注疏和解释者们的诠释,对于当时的文人士大夫如此,对于外来的传教士更应该如此。③于是《孔子》的参与者们模仿利玛窦,对宋明理学的诠释也持策略性的态度:首先,在《前言》及后面的译文注释中义正词严地批评朱熹,但在对《大学》《中庸》《论语》诸多字句的注释上偷偷地采纳朱熹的理解;其次,在文本中他们赞颂并且大量使用张居正的解释,认为张居正没有受到程朱理学的唯物主义和无神论的影响,在他的《四书直解》中肯定"敬天"和"天人感应"等思想,保留了古儒的信仰,有着

---

① CSP, lviii.
② 这是耶稣会士创造的词,由"atheos"和"politicus"构成。这个词来源于西班牙耶稣会士胡安·尤西比奥·尼伦伯格-奥廷(Juan Eusebio Nieremberg y Otin, 1595—1658),在 Theopoliticus sive brevis illucidatio et rationale divinorum operum atque providentia humanorum(Amberes,1641)中,他把马基雅维利作为"无神论政客"的肇始。《孔子》的译者之一鲁日满用过这个词,柏应理在《前言》中多次使用该词。
③ 龙华民对于注疏和诠释的重视或许与他的经历有关,他曾在与士大夫的讨论中,没有按照注疏和诠释来理解古代经典,遭到了文人们的讽刺和嘲笑。

浓郁的宗教色彩。①于是,《孔子》给欧洲的读者们塑造了一个有着自然理性又充满宗教感的哲学家的孔子形象,正是这样的孔子对"上帝"有着正确的认识。

四、"上帝"之名

利玛窦指出中国古书中有"上帝"这个观念,但他并没有明确说明中国古人如何认识了"上帝",可以猜测,他相信中国古人凭自然理性推理到上帝的存在,并且去朝拜他。多明我会士及方济各会士对人的自然理性持比较悲观的态度(奥古斯丁主义的影响),否定中国古人能够认识上帝。因此,为了拯救利玛窦"中国古人已经认识了上帝"这种观念,柏应理必须在理性之外寻找其他的论据。于是,他试图从历史的角度去证明中国古人已经认识了上帝:伏羲是诺亚的孙子,从中东移民中国,把诺亚家族的信仰带到了中国。因此,在厘清了中国"经典"的范围,区分了古儒和近儒,并证明以孔子为代表的古儒的思想并非无神论和唯物主义之后,柏应理在《前言》的第二部分中从历史的角度直接回应龙华民的"译名之争",为"上帝"正名。

柏应理谨慎地采用七十子《圣经》的年代推算,将中国古代历史纳入《圣经》历史中。柏应理自己编纂了一份中国历史年表,作为《孔子》的附录,其中明确提出尧开始统治的年份在公元前 2356 年,更早的伏羲则在公元前 2952 年就开始统治了。他甚至认为,伏羲就是诺亚之子闪(Sem)的儿子,中国人都是诺亚的后裔(lxxiv)。按七十子《圣经》,大洪水发生在公元前 2957 年,因此,中国古代的奠

---

① 虽然张居正《四书直解》有天人感应论的宗教色彩,但他主要还是遵循朱熹的理学。因此,耶稣会士试图把《四书直解》与宋明理学分开,其实并不符合事实。关于《孔子》对朱熹和张居正的注疏的不同态度及其策略性意义,请参阅梅谦立《耶稣会士与儒家经典:翻译者抑或背叛者?》一文。

基者、统治者们生活在大洪水时期,这个时候中国古人就已经认识了真正的"上帝",拥有关于真神的知识及崇拜真天主(lxxvii)。另外,中国古人与其他民族没有往来,内部也没有出现偶像崇拜,直到汉明帝时期从印度传入了偶像崇拜,在这之前中国人都是纯洁的,保持着对真天主的知识。因此,中国古人不仅是诺亚的后裔从而拥有上帝的启示和恩宠,而且一直没有受到偶像崇拜等罪恶的影响,从而一直保留着对上帝的真知识,其中重要的一点就是中国古人用恰当的名称来称呼真天主——"上帝"(Xam ti)。

为了在译名问题上更好地反驳龙华民和其他反对者,柏应理还仔细考察了"上帝"的起源、字义和特征。①柏应理将"上帝"这一名称同样追溯到伏羲那里,认为伏羲是第一个制作牺牲并敬拜上帝的人,并指出黄帝曾为上帝建造庙宇。这比《圣经》里记载的亚伯拉罕的出生还要早 600 年。关于"上帝"的文字记载也可以追溯到《书经》中(lxxxix)。②因此"上帝"这一名称不仅是正确恰当的称呼,而且历史要远比罗马人用的"Deus",甚至希腊人用的"Θεός"悠久。

在《前言》第二部分中,柏应理还简要介绍了中国传教团的创立者们在中国所面临的困境:身处有着悠久历史、富有理性和权威的"儒教"(Ju Kiao)和其他的一些宗教教派之间,一个异域的面孔如何在这样的一个国度里宣传完全新颖的宗教信仰呢?柏应理指出,利玛窦是在危险的处境中,经过长期观察、深入思考和对中国典籍的考察基础上才确立了文化适应的传教策略。柏应理将利玛窦与古代的使徒和教父们相比拟,提醒那些利玛窦的反对者,基督教在兴起之时在罗马社会和文化当中,经历了长期的调整和适应的过程。当同样要面对一个高度发展的文化时,利玛窦从使徒那里学来了适应策略。③

---

① 《前言》第二部分第八章详细考察了"上帝"和"天"的词源和意义。
② 柏应理依据《尚书·舜典》"肆类于上帝,禋于六宗,望于山川,遍于群神"描述了舜祭天的场景。
③ 邓恩在其著作中考察了文化适应政策在早期教会中的应用,并指出在大航海时代之后反对文化适应政策的欧洲传教士陷入的危险。参考氏著《一代巨人:明末耶稣会士在中国的故事·著者前言》(余三乐、石蓉译)。

现在，如果我们要效仿保禄——当他在亚略巴古山（Areopagus）传道时，他毫不犹豫地从诗人们晦涩的作品中描绘出一缕黎明的曙光——那么同样，让我们从中国哲学更古老的记载中为那喜悦的黎明和正义的太阳（即基督）寻找一线曙光吧。①

首先，中国传教团的创立者们（主要指利玛窦）采用中国古代词语"上帝"来表达"Deus"，实际上是在效法使徒和早期教父们。当使徒在雅典人和罗马人之间传播福音时，他们使用的"Θεός"和"Deus"不也是从异教徒当中来的吗？这些名称曾被异教徒们用于"物质的天、大地、元素、行星甚至最邪恶的人身上"，"他们的错误比中国人更大、更可耻"(xcviii)。

因此，在雅典人和罗马人当中，保禄可以安全地使用"Θεός"或"Deus"，难道在中国使用"上帝"就真的不安全么？尤其是这个名称在字面上从一开始就意味着"至高君王"，而且根据中国的解释者们"天主主宰"的意思就是"天的统治者和主人"。②

其次，不仅在使用像"上帝"这样的名称上利玛窦效法了使徒和教父们，在对待中国儒家教派的教义上也是以古代的教父们为榜样。当哲罗姆（Jerome，347—420）写到基督教与斯多葛学派有很多类似之处时，当奥古斯丁（Augustine，354—430）说他在柏拉图主义哲学家的著作中找到了"起初已有圣言"时，谁会谴责他们呢？教父们都认可了异教哲学已经触及了真理，为何面对中国古人的哲学时就不能认可它们包含着真理呢？"实际上，我们与文人学派的共同点越多，他们就越容易选择改信基督宗教。"(xcix)

---

① CSP，lxiv. 亚略巴古山是古雅典的最高法庭，名称取自召开会议的阿瑞斯山。在《宗徒大事录》17:15—34中，保禄在那里以推理和引用古希腊诗人的方式来说服雅典人。柏应理以此来为利玛窦辩护。

② CSP，xcviii.

结 论

闵明我在其著作中向欧洲学术界公布龙华民的文章,指出耶稣会内部的争议,并批评耶稣会在中国的传教策略,从而在欧洲点燃了"中国礼仪之争"的"战火"。耶稣会士们不得不向欧洲学术界为利玛窦在中国的传教策略进行辩护,这就是柏应理在出版《中国哲学家孔子》时要进行大量的编辑工作的目的所在。

毋庸置疑,《孔子》第一次向欧洲提供了具有较高学术价值的中国经典的翻译与注释,它为向往到中国传教的传教士们提供了更好、更深入地了解中国的途径,也向欧洲的学者和读者们展示了中国的经典与思想。如孟德卫指出的那样,"《中国哲学家孔子》代表了17世纪耶稣会适应中国文化的转折点"[①],它是利玛窦适应策略的最高成果,毫无疑问它本身也是为利玛窦适应策略辩护的最有力的证据。柏应理在殷铎泽的基础上撰写的《前言》,则更是针对龙华民对于利玛窦传教策略和"上帝"译名的质疑,一方面从哲学的视角肯定了以孔子为代表的古儒思想中的有神论,另一方面从历史的视角肯定了"上帝"等译名的纯正和正确,同时简要回顾了利玛窦等早期耶稣会士在中国传教的艰难处境和适应策略产生的过程,为利玛窦及其传教策略提供了有力的辩护。

从17世纪的最后十年到18世纪初,在欧洲愈演愈烈的"中国礼仪之争"以耶稣会士失败告终,因而柏应理和殷铎泽在《前言》中所做的辩护并未取得理想的效果。但这并不能否定柏应理和殷铎泽等耶稣会士们所做出的努力。他们在这一时期所撰写的包括《孔子》在内的译著和著述,其历史价值和学术价值还有待我们更深入地研究。

---

① [美]孟德卫著,陈怡译:《奇异的国度:耶稣会适应政策及汉学的起源》,第326页。

认同与诠释:康熙特使艾若瑟在广州之墓及其时代意义的变换*

中山大学哲学系、广州与中外文化交流研究中心　梅谦立

1708年,康熙派遣意大利耶稣会士艾若瑟(Antonio Giuseppe Provana, 1662—1720)往欧洲,向教宗解释"中国礼仪"。然而,艾若瑟未能完成他的使命,1719年,他和助手山西人耶稣会士樊守义从欧洲出发返回中国,不幸在海路中病逝,他的尸体被带回广州。1722年,康熙下令将艾若瑟隆重安葬在广州,建立墓碑及纪念碑。康熙利用艾若瑟之墓来表示西方人在中国必须接受中国教化。鸦片战争之后,天主教广州教区首任宗座监牧(apostolic vicar)明稽章(Zéphyrin Guillemin, 1814—1886)获得了墓园的所有权,把艾若瑟墓园作为中国天主教在广州的重大标志。20世纪,墓园拆毁了,墓碑碎片收藏于广州博物馆镇海楼。最近二十年关于艾若瑟墓园的研究,以下列三位学者的研究为代表:1994年,文德泉(Manuel Texeira)通过西文的历史材料介绍了艾若瑟的使命及死亡,并且介绍了碑文的内容,强调艾若瑟坚持"中国礼仪"的合理性,虽然受到了罗马的排斥,然而康熙赐葬纪念他。①2008年,刘清华分析了艾若瑟的生平,并介绍了墓园在1722年如何建立,19世纪如何被明稽章

---

* 澳门利氏学社研究员刘晶晶及肇庆学院汪聂才博士对这篇文章提供了宝贵的意见。中山大学哲学系李蓬云及祝海林博士帮助梳理了文字,在此表示谢意。这篇文章曾在中山大学广州与中外文化交流研究中心、西学东渐文献馆2017年6月17—18日举办的"广州与明清的中外文化交流"国际会议上发表。

① Manuel Texeira, "Giuseppe Provana: The tomb of a Jesuit," in *Review of Culture*(1994), pp.259-269.

重修;他在广州做了田野调查,找到了墓园的最后见证者。①2009年,陈静依靠1919年的《明稽章传》,对明稽章的生平进行研究,在其博士论文中设专章考证明稽章如何获得墓园,如何重修它。②今天笔者得到了广州教区档案新材料,并且重新审视史料,分析艾若瑟墓在历史中所承载的中西文化的不同意义,以帮助我们反思历史。

一、康熙借墓传意——天主教应适应本土文化

康熙因为没有他所派遣的四位耶稣会士的消息,1716年10月31日写了著名的红票:"旨于康熙四十五年已曾差西洋人龙安国、薄贤士,四十七年差西洋人艾若瑟、陆若瑟奉旨往西洋去了,至今数年不但没有信来,所以难辨真假……"③罗马梵蒂冈知悉康熙红票之后,被困在欧洲的艾若瑟最终得到了回中国的许可。1720年3月15日,他在海路中病故。当年6月30日,船抵达澳门。士大夫在澳门访问耶稣会士樊守义,向朝廷报告艾若瑟之死,也提及了那位陪伴了艾若瑟25年的樊守义。④

---

① 刘清华:《康熙时期艾若瑟出使罗马始末考察》,暨南大学硕士学位论文,2008年;汤开建、刘清华:《康熙时期艾若瑟出使罗马始末考察》,收入李向玉及李长森主编:《明清时期的中国与西班牙》,澳门理工学院,2009年,第233—280页。

② 陈静:《〈黄埔条约〉签订后法国教会在粤活动研究1844—1885》,中山大学博士学位论文,2008年,第113—117页。参见 Eudore de Colomban(alias Régis Gervaix, 1873 - 1940), Zéphirin Guillemin, évêque de Cybista, préfet apostoloque de Canton (1814 - 1886), Macao: Imprimerie de l'Orphelinat de l'Immaculée Conception, 1919.

③ http://www.ricci.usfca.edu/collection/exhibits/manifesto/index.htm; 2017年6月15日。

④ 《康熙朝汉文朱批奏折汇编》第八卷2873文件,档案出版社,1985年,第702页;也参见 Paul Rule, "Louis Fan Shouyi and Macao," in Review of Culture, 1994, pp.249 - 258.

樊守义把艾若瑟的棺材带到了广州。确实,如果没有樊守义,艾若瑟很可能在澳门就被安葬。樊守义把艾若瑟的遗体放在"我们西门外的教堂"①。据荣振华(Joseph Dehergne,1903—1990)考证,广州当时有两个耶稣会教堂,即葡萄牙耶稣会教堂(西门外第六埔,也称锦云堂)及法国耶稣会教堂(新城清水濠)。②按纪念碑的记载,艾若瑟的遗体放在锦云堂两年时间(参见下文)。

按照樊守义的《身见录》,他"于康熙五十九年六月十三日至广东广州府。于是年八月二十八日至京。于九月初五日到热河,九月十一日于波罗湖同北三十里,叩见皇上,赐见赐问良久,此乃余往大西洋之略志也"③。其实,康熙很愿意透过一位中国人了解罗马的情况;而樊守义虽然没有得到教宗的任命,他愿意完成艾若瑟所奉康熙之命,向康熙汇报;教宗坚持禁止中国礼仪,没有委托艾若瑟向康熙传达任何官方答复,而是选择嘉乐(Carlo Ambrogio Mezzabarba,1685—1741)作为梵蒂冈的特使。四个月之后,嘉乐到达了北京,在礼仪方面与康熙发生了巨大的冲突。此后,康熙对天主教会失去信心,不再欢迎任何传教士来访,而只允许那些接受利玛窦规矩的传教士留在中国。1721年3月1日,嘉乐离开了北京;同年12月,离开了澳门,把铎罗(Tournon de Maillard,1668—1710)的遗体带回了欧洲。

由此可见,通过樊守义,康熙了解到艾若瑟一直支持中国礼仪。值得注意的是,樊守义向康熙汇报情况时,康熙并没有马上决定处理艾若瑟的葬礼。与嘉乐发生冲突之后,康熙才决定要给艾若瑟葬礼的抚恤,如同他曾给在北京去世的耶稣会士定了葬礼"恤典",表

---

① Giovanni Laureati al Generale Tamburrini, Pechino, 15 Marzo 1721; ARSI: Jap. Sin. 174, ff. 038r: corpus P. Provanae honorifice delatum est ad nostrum Templum extra portam occidentalem.

② Joseph Dehergne, "La Chine du Sud-Est: Guangxi (Kwangsi) et Guangdong (Kwangtung); études de géographie missionnaire," Roma: Archivum Historicum Societatis Iesu XLV, 1976, pp.22 - 23.

③ 参见阎宗临:《中西交通史》,广西师范大学出版社,2007年,第213页。

示哀悼,如1688年去世的南怀仁(Ferdinand Verbiest)、1708年去世的徐日昇(Tomás Pereira)、1709年去世的安多(Antoine Thomas)等。按照萨安东(António Vasconcelos de Saldanha)的说法,康熙给艾若瑟很特别的葬礼,派遣两名特使到广州。①总之,艾若瑟的葬礼被赋予一个特殊的含义:在梵蒂冈禁止中国礼仪的时刻,康熙以这些被梵蒂冈禁止的中国礼仪向艾若瑟表示哀悼,说明天主教会须适应本土文化,遵守中国礼仪风俗。

1722年5月18日,康熙派遣两名特使,即养心殿内务府满人陈所社(生卒时间不详)及葡萄牙耶稣会士穆敬远(João Mourão, 1681—1726),随从百余人,到广州安排艾若瑟的葬礼。②7月30日,他们到达广州。8月,陈所社及穆敬远在锦云堂举行追思礼仪。又经过几个月准备之后,1722年12月17日,艾若瑟被隆重地安葬。

参加葬礼的有暂居广州(1722年6月27日—12月31日)的法国耶稣会士宋君荣(Antoine Gaubil,1689—1759)。他在12月19日的书信里提及了"前天他们安葬了艾若瑟",说明了康熙负担费用,并且艾若瑟的葬礼获得了皇帝特使的待遇。③宋君荣也提到了参加葬礼的人:康熙的两名特使、传教士及中国基督徒,还有"法国船长 de la Bretèche"(即法国东印度公司广州主任 Bretesche-Litoust,布雷特舍-利图斯特)、英国船长 Naches(纳奇斯)、西班牙船长

---

① António Vasconcelos de Saldanha, "The Last Imperial Honours", in *In the Light and Shadow of an Emperor: Tomás Pereira, SJ (1645 – 1708)*, Cambridge: Cambridge Scholars, 2012, pp.144 – 226; p.178.

② António Vasconcelos de Saldanha, "De Kangxi para o papa pela via de Portugal," in *Instituto Português do Oriente* (2002), pp. 415 – 419; Manuel Texeira, "Giuseppe Provana: The tomb of a Jesuit", in *Review of Culture*, 1994, p.265.

③ Le P. Antoine Gaubil, SJ, "Lettre du 19 décembre 1722 au P. Souciet" in *Correspondance de Pékin, 1722 – 1759*, ed. Renée Simon, Geneva: Librairie Droz, 1970, p.39: "Avant-hier on fit la cérémonie de l'enterrement du Révérend Père Provana, mort au cap de Bonne Espérance. L'empereur a fait les frais des funérailles et on a rendu au mort les honneurs qu'on a accoutumé de rendre aux envoyés de l'empereur."

Raphael(拉斐尔)及其他法国人、英国人、西班牙人。①

关于艾若瑟葬礼的描述,笔者有幸看到了两封意大利文的书信。②按照书信的内容,葬礼游行队伍是从葡萄牙耶稣会"第六埔"教堂出发的,以中国方式为主:康熙的祭文、乐队,也包括天主教的特征:十字架、圣母的画像、圣米格尔的画像。在坟墓面前,安葬礼仪包括了对天主教很敏感的行为,如进行磕头,并且奉献一头猪(porco)及一只羊(pecora),奉献酒;还有按照中国人的习惯,喝了三口酒,然后跪下,把其他酒洒在地上。可以看到,康熙特使陈所社所安排的葬礼容纳了天主教的一些习俗,不过它没有免去奉献牲口。康熙年间的其他耶稣会士在北京的丧礼,并没有提及食品的奉献。③虽然书信没有提及烧纸,然而康熙特使陈所社安排的葬礼很明显告

---

① Antoine Gaubil, SJ, *Correspondance de Pékin, 1722 - 1759*, ed. Renée Simon, Geneva: Librairie Droz, 1970, pp. 43 - 44: "Décembre. Le 17. Aujourd'hui on a enterré avec une grande magnificence le R. P. Provana, Jésuite Piémontais, envoyé de l'Empereur vers le Pape et mort en 1720 en revenant de Rome en Chine. Les Mandarins ont fait les frais de l'enterrement; les Mandarins, les deux envoyés de l'Empereur, les Missionnaires et les principaux chrétiens de la ville et de la campagne ont assisté à la cérémonie. Messieurs de la Bretèche, français, Naches, capitaine de vaisseau, anglais, Raphael, espagnol, avec d'autres Français, Anglais, Espagnols et autres, ont vu de leurs yeux les fameuses cérémonies qu'on fait aux morts dans un enterrement fait par ordre même de l'Empereur."

② 1720年,法国耶稣会士傅圣泽(Jean-François Foucquet, 1665—1741)被命令返回欧洲,1721年在广州待了一年时间,1722年1月初离开了广州,出海,没有参加艾若瑟的葬礼,不过,他得到了两封描述艾若瑟葬礼的书信,在欧洲写了一篇《对中国葬礼的判断》(*Judicium de quibusdam funeribus honoribus Sinensium*),其中他抄了两封书信中关于艾若瑟葬礼的部分。参见梵蒂冈教廷图书馆 Biblioteca apostolica Vaticana, *Borg. lat.* 542, cc. 1 - 74v; http://digi.vatlib.it/yiew/MSS_Borg.lat.542(2017年6月15日)。没有两封信的作者的署名,不过,应该出自传信部的神父之手。从书信文字知作者不认识汉字。

③ 参见[比]钟鸣旦著,张佳译:《礼仪的交织:明末清初中欧文化交流中的丧葬礼》,上海古籍出版社,2009年,第199—226页。傅圣泽抓住了艾若瑟葬礼的食品奉献这一点,写了很详细的论文批评中国葬礼;Biblioteca apostolica Vaticana, *Borg. lat.* 542, cc.11 - 74v.

诉外国人,他们必须接受这些礼仪。不过,在艾若瑟的葬礼上,如同这两封书信表示的,耶稣会士及其他修会神父(missionarii)进行了磕头,吃了被奉献的食品,而传信部神父(secolari)并没有这样做。①

今天的墓碑只有碎片,幸运的是还有三份19世纪的记录。第一,广州主教明稽章记录了拉丁及中文碑文,1875年回法国时写了《广州附近耶稣会士艾若瑟的墓》一文,其中有拉丁碑文②;明稽章对碑文的中文记载收藏于巴黎外方传教会③。第二,英国人包腊(Edward Charles MacIntosh Bowra,1841—1874)在香港的《中国评论》(1872—1901)发表了一篇《在广东的基督教传教活动》,其中有艾若瑟的拉丁文碑文。④第三,1875年,英国牧师格雷(John Henry Gray,1828—1890)《行走广州》中包含了墓碑的拉丁文及中文,其中的中文如下⑤:

耶稣会士圣名若瑟系意大理亚国人生于顺治十
六年二月初六日于康熙三十一年进中国蒙
圣恩差往大西洋公干,终于康熙五十九年二月初七
日巳时复蒙
皇恩特赐安葬
钦差[泰西学士]艾公之墓
康熙六十一年十一月初十日立

这与明稽章、包腊所记录的内容几乎一模一样。不过,据明稽章及

---

① BAV, Borg. Lat. 542, ff.9 – 11。
② Zéphirin Guillemin, Tombeau du R. P. Provana de la Compagnie de Jésus aux environs de Canton, 25 Janvier 1875.
③ AMEP, vol.555, f.355.
④ E. C. Bowra, "Christian missions in Kwang-tung", in *The China Review*, vol.2(1873 – 1874), pp.244 – 254.
⑤ John Henry Gray, *Walks in the City of Canton: with an Itinerary*, Hong Kong: De Souza & Co., 1875, p.634.

广州博物馆的碎片才知道,格雷在"钦差艾公之墓"中落下了"泰西学士"四个字。拉丁文没有提供出生日,而中文的出生日(顺治十六年二月初六日,即1659年2月26日)有误,因为艾若瑟生于1662年10月23日。按照格雷的记录,碑文拉丁文如下:

HIC
JACET
P. JOSEPHUS
PROVANA
SOCIETATIS
JESU
PROFESSUS SA
CERDOS, ET
MISSIONARIUS
SINENSIS,
QUI
A SINARUM IMPERATORE
KÂM-HY,
IN EUROPEAM
MISSUS FUERAT
LEGATUS,
REDUX CIRCA CAPUT
BONAE SPEI,
FATIS CESSIT,
ANNO 1720
DIE 7a FEBRUARII
AETATIS ANNO 62,
SOCIETATIS 47,
ET JUSSU IMPERATORIS,

IN HOC LOCO SEPUL-
TUS FUIT,
DIE 17a DE
CEMBRIS 1722

它与明稽章及包腊所记载的内容相近,但明稽章及包腊记载艾若瑟在耶稣会有 24 年。因为明稽章及包腊两位做了独立的记载,笔者认为碑文原来写 24 年。格雷注意到 24 年有很明显的错误,做了这样的假设:如果艾若瑟享年 62 岁,并且 15 岁入耶稣会,可以推理他在耶稣会一共 47 年,如此修正了 24 年的说法。确实,47 这个数字更接近事实,因为艾若瑟在耶稣会一共 42 年。另外,值得注意的是,碑文上的埋葬日子符合上面提及宋君荣在书信中的日子。中文的死亡时间是正确的(康熙五十九年二月初七,即 1720 年 3 月 15 日),不过,拉丁文(ANNO 1720 DIE 7a FEBRUARII)有误,它是用农历日期写的! 另外,拉丁文所说艾若瑟享年 62 岁有误,事实上他享年仅 58 岁。①

墓碑前面有块大理石纪念碑。格雷提供了中文及英译。笔者没有找到明稽章的中文记录,不过,《广州附近耶稣会士艾若瑟的墓》有法译。按照格雷的记录,中文如下:

钦差艾公之墓

艾先生,讳若瑟,号逊爵,乃泰西意大理亚国人也。遥溯先生父祖,世官侯位,翩翩公子,次列雁行,天赋英俊,仁德超凡。幼弃家业婚宦,矢志精修科试。进会未几数载,遍游列国,敷传圣教,劝化钦崇,直抵华粤。钦取进京效五载,于康熙四十六年十月内钦差往大西洋公干,而先生偶染微恙,留居一十三载,于

---

① 关于艾若瑟的信息,参见 Eugenio Menegon,"PROVANA, Antonio Giuseppe Francesco SJ", in *Dizionario Biografico degli Italiani*, Roma: Istituto Treccani, 2016。

康熙五十八年九月,蒙罗马教王另差大人代伊复命,再留优养,而先生苦志不从,怀沐浩荡皇恩,奚虑波涛险幻,坚为复命。遂航海徂东,经由小西大浪山[好望角],偶病而游,备棺殓运。虽先生赴召王楼,实天意隆重巨勋,而为公垂诸不朽也。于康熙五十九年六月内舟抵羊城,舁厝城西锦云堂业已两周。康熙六十一年四月内荷蒙皇上特旨,遣予届粤,着地方官采买山地十亩,备理安葬,以慰励勤劳,置田业二十六亩零,实为春秋拜扫永远之费。今蒙各宪迎于坟前,致祭于墓侧,恩宠荣耀能有几人耶?宁非天心之与圣休,若合符节哉?想先生已登天域,岂不快哉!予因奉命敬述公之懿德,爰勒于石,志不朽云尔。

钦差养心殿内务府陈所社顿拜书
康熙岁次任寅年十一月初十日立

我们注意到,纪念碑与墓碑同一天竖立。信息都很详细,应是由樊守义及其他耶稣会士提供的。另外,文中再进一步强调艾若瑟的中国官方身份:为皇室服务了五年时间;1707年成为康熙的"钦差";虽然教宗派遣了另一个人,即嘉乐,艾若瑟"苦志不从,怀沐浩荡皇恩,奚虑波涛险幻,坚为复命"[①]。

1721年,嘉乐离开中国,刚好一年之后,康熙安排了艾若瑟在广州的隆重葬礼。康熙的安排有政治目的,表示他反对嘉乐那样干涉中国内事的人,赞扬艾若瑟这样忠诚的臣民。外国传教士只有接受儒家的教化,才能被允许居留。

---

① 纪念碑的记载符合康熙六十一年的记载:"上遣养心殿内务府大臣陈所社往广东营葬艾若瑟。先是。康熙三十四年,若瑟奉召来京效用,深孚上意。四十六年十月,奉命赴罗玛,入规教宗,患病留西调养。嗣于五十八年,复航海来东,抵小西洋大浪山,患病逝世,棺框运至广州,五十九年六月,厝于广州城西锦云堂内。至是。六十一年四月,钦遣陈大臣往广东,饬地方官购买山地十一亩,以作坟茔,并置业田二十六亩零,以资永远修扫之费。遂于十一月初十日,陈大臣偕广州各宪,迎柩安葬于城外瑶台乡侧。"参见黄伯禄:《正教奉褒》,《中国天主教史籍汇编》,台湾辅仁大学出版社,2003年,第564—565页。

认同与诠释:康熙特使艾若瑟在广州之墓及其时代意义的变换　　83

关于墓的具体地点,格雷提及了它位于"U-t'oi-heung"①,按照康熙六十一年的文件,应该是瑶台乡②,亦即如今的"美博城"一带。③整个墓园一共有 36 亩,包括坟墓 10 亩及田业 26 亩,后者"实为春秋拜扫永远之费";确实,26 亩租给当地农民,租金用于维修墓园。

关于坟墓的描述,很遗憾笔者没有找到图画或照片(希望将来可以发现),只能依靠 1875 年明稽章的描述:

> 他们选择了一块远离城市的高地,从高地一边会看到附近的山丘,从另一边会看到附近的水塘。这块地被漂亮树林包围着,一座考究的花岗岩坟墓就建在这片开阔地上,墓的形状像是希腊字母 Ω,其三层结构就像圆形露天剧场一样,旁边有柱子和各具意义的雕像。为了彰显建筑的权威性,他们在墓旁边立了两个附有文字的大理石碑,一个用拉丁文记录了他的名字、国家、去世时间;另一个用中文记录了人们对他的赞誉并提及这是皇帝赐葬。④

---

① John Henry Gray, *Walks in the City of Canton: with an Itinerary*, Hong Kong: De Souza & Co., 1875, p.631.
② 参见黄伯禄:《正教奉褒》,《中国天主教史籍汇编》,第 565 页。
③ 刘清华:《康熙时期艾若瑟出使罗马始末考察》,第 85 页。
④ Guillemin, *Tombeau du R. P. Provana*, pp.2-3: "On choisit à quelque distance de la ville un espace élevé duquel la vue s'étend, d'un côté sur les montagnes voisines, et de l'autre, sur les nappes d'eau qui baignent les environs. On l'entoura d'une ceinture de beaux arbres, et au milieu de cette vaste enceinte, on construisit un beau mausolée en granit, ayant la forme de l'oméga grec, avec trois gradins qui s'élevaient en amphithéâtre, le tout environné de colonnes et de sculptures, représentant différents emblèmes. Enfin pour conserver au monument son caractère d'authenticité, on plaça à côté du tombeau deux grandes plaques de marbre avec deux inscriptions: l'une en latin, indiquant le nom, la patrie et l'époque de la mort du missionnaire; l'autre en caractères chinois, contenant son éloge et rappelant ce que l'Empereur lui-même avait fait pour honorer sa mémoire."

艾若瑟的墓并不是西方式的，而是中国式的。除了碑文之外，似乎没有别的信息提示艾若瑟是一位耶稣会传教士。

明稽章于1849年到达广州，很可能看到了在太平天国运动破坏之前的艾若瑟坟墓，他的描述很可能是1852—1853年之前的情况。包腊在1874年的文章里写道："艾若瑟墓破坏得很厉害。"(much dilapidated and in disrepair)①1875年格雷所描述的也很相似：

>　　如果判断没有错误的话，该墓应该由混杂着chunam和红沙的硬水泥制成。外形乍看上去，仿佛是希腊拼音的最后一个字母Omega。在靠近墓的两边，各竖有一根石柱，顶上都刻着狮子的形状。简而言之，这就像是埋葬着中国官员或士大夫的墓。②

这说明，虽然墓园没有维护得特别好，但基本结构没有改变。2008年，刘清华提到他找到了艾若瑟墓最后见证人严有坤老先生：

>　　严老先生小时候经常经过那座墓，通往那座墓的石子小路也是唯一连接瑶台与广州市区的路。他形容那座墓为有两根正六棱石柱，每根的直径大约40公分，近5米高。上面刻有狮子图像，整根石柱有龙雕图形环绕。而中间的墓碑之出土部分有近2米高。此说与亨利的记录基本吻合，并且严老强调石柱

---

① E. C. Bowra, "Christian missions in Kwang-tung," p.254.
② John Henry Gray, *Walks in the City of Canton: with an Itinerary*, Hong Kong: De Souza & Co., 1875, p.632: "The tomb, to which we are now referring to, is large. It is built if we mistake not, of a hard cement, which consists of chunam and red sand. In form, it resembles the Greek letter omega. On each side of the approach to the tomb, there is erected a stone pillar, which is surmounted with the figure of a lion. This tomb is, in short, similar in all respects, to those sepulchers in which the remains of Chinese officials, or gentlemen of hig rank, are interred"；中译：刘清华：《康熙时期艾若瑟出使罗马始末考察》，第81页。

上一定有龙形石雕,不只有狮子图案。据严老讲述,该墓直到解放后,20世纪50年代初期"土改"进行时,才逐渐被毁,彻底被毁时间大概在1955年。①

笔者观察到,明稽章、格雷及严有坤三位的描述都很近似,这证明艾若瑟墓园1850—1950年没有很大变化。今天收藏于广州博物馆(镇海楼)墓碑的碎片,只保留了墓碑的三分之一(图1)。

图1　艾若瑟墓碑碎片(藏于广州市博物馆,祝海林2017年6月6日摄)

二、明稽章以墓园彰显法国天主教会的权利

康熙时期,每年清明节有广州高官去祭祀艾若瑟。雍正及乾隆年间,艾若瑟墓失去了它的意义,广州官员也不太关注。后来,附近的长寿寺接管墓园,向农民收了租金,也没有把墓园保护好。1852—1853年,太平天国的军队到广州。按照明稽章的记录,他们

---

① 刘清华:《康熙时期艾若瑟出使罗马始末考察》,第85页。

破坏了墓园,砍掉了坟墓周围的树,打掉了狮子石柱,不过艾若瑟的棺材、碑文及纪念碑都还保留完整,没有遭受损失。①

1857—1861年,英法联军占领了广州三年多时间。1858年,艾若瑟墓通过明稽章获得了新意义,因为他得到了墓园的所有权,并重修墓园。他在1875年所写的《广州附近耶稣会士艾若瑟的墓》中详细说明了他如何得到了艾若瑟墓园的所有权:1858年,他陪同法军司令与两广总督见面,要求把坟墓交给天主教会,他提出了两个理由:第一,艾若瑟是他的同胞(compatriote),也是天主教会的导师(docteur);第二,艾若瑟墓由和尚去管理,并不合适。②

其实,第一个理由与1848年《黄埔条约》有关,这使法国成为在华天主教会的主要保护者。虽然艾若瑟作为康熙的特使,墓园由清廷负责,但对明稽章而言,因为艾若瑟的主要身份是天主教神父,墓园应该属于天主教会。艾若瑟是意大利人,然而明稽章认为他与法国有关系,因为他是康熙皇帝"派给克来孟十一世及路易十四的使臣"③。同样,明稽章翻译的纪念碑长文透露了这个主教的民族主义倾向,他把艾若瑟"钦差往大西洋公干"翻译成"钦差往或者在位的教宗,或者法国国王路易十四世"④。明稽章的做法值得商榷。虽然从1685年起,康熙与路易十四之间通过法国耶稣会士有联系,然而康熙把艾若瑟派往教宗,艾若瑟回欧洲时,他并没有与路易十四见面,而是获得了葡萄牙国王若奥(João)五世的支持,以特使身份被派到罗马。明稽章试图把法国"保教权"追溯至康熙时期,以此说明从此法国对中国天主教会(包括欧洲各个国家人物及中国天主教徒)有特殊的责任及权利。

---

① Guillemin, Tombeau du R. P. Provana, p.2;1872年给普罗纳侯爵的书信,AMEP, Guillemin, ms.f. 414。
② 在其他文件,明稽章提及了劳崇光作为总督。因为1859年5月劳崇光开始署任,很可能明稽章要求艾若瑟墓的管理权发生于1859年而不是1858年。Eudore de Colomban, Zéphirin Guillemin, p.197.
③ Guillemin, Tombeau du R. P. Provana, p.1.
④ Guillemin, Tombeau du R. P. Provana, p.6.

第二个理由也许更容易理解。对清朝而言,艾若瑟墓已失去它原来的意义,不再有很高的价值,也没有继续落实康熙原来计划的"春秋拜扫永远之费",而把墓园交给长寿寺去管理。从这个角度而言,天主教更重视艾若瑟的墓。不过这样的理由不能使天主教会拥有对墓园的所有权。对总督而言,艾若瑟墓不太重要,况且在广州被英法两军占领的压力之下,他很难拒绝明稽章的要求。

按照明稽章1875年的说法,总督赞扬了天主教那么尊重逝者,第二天便答应,让他成为墓园"合法、唯一的所有权者"(légitime et unique possesseur)①。1858年,明稽章得到了墓园后,进行了第一次维修,花了两千法郎来修葺,经费一部分来自广东省的巴黎外方传教会传教士(missionnaires de la Province),一部分来自住在广州的欧洲人。②

为了参加天主教会在罗马所开的梵蒂冈第一大公会议(1869年12月8日—1870年10月20日),明稽章离开了广州六年时间(1869—1875)。1872年10月12日,他在罗马给居住在都灵(Turin,即Torino)的普罗纳侯爵(marquis de Provana)写信,提及了关于艾若瑟墓园的募款(souscription),并邀请侯爵参加。普罗纳家族很庞大,有许多分支。明稽章提及了他去罗马的路上经过了都灵,看到了城市里的普罗纳侯爵的邸宅(hôtel),可以推测明稽章就是给普罗纳·科莱尼奥(Provana di Collegno)写信。在书信里,明稽章提及随信附有墓园图画,但很遗憾,巴黎外方传教会的档案没有收藏这幅图画。③

1873年春天,明稽章离开了罗马,在回法国的路上与普罗纳侯爵见面,得到了一千法郎的资助。④回到法国之后,明稽章继续执行募款计划。1875年1月25日,他印刷了《广州附近耶稣会士艾若瑟

---

① Guillemin, Tombeau du R. P. Provana, pp.3-4.
②④ Guillemin, Tombeau du R. P. Provana, p.4.
③ 1872年10月12日明稽章给普罗纳侯爵的书信;AMEP, Guillemin, ms.f.413-417。

的墓》,同一天,把一份印刷品发给耶稣会巴黎省省会长,并且写了一封信,提及还需要两三千法郎以修缮墓园①,但不知道法国耶稣会有没有支持。

其实,如同包腊的描述,1860年前后的第一次维修比较简单。1875年,明稽章回到广州,身体衰弱,并且在广州天主教会里面遭到反对。1879年初,他收到必须回欧洲的命令。如此,他没有完成修复艾若瑟墓的计划。一直以来,明稽章没有对墓园的作用提出明确的方案。1879年,他写了一份报告,其中提及在墓园里修建房子,"周四接待孤儿院的孩子或者接待传教士休息,做僻静"②。在报告里,明稽章抱怨其他传教士不愿意在经济上支持这样的项目。这意味着,明稽章不愿意使用墓园的租金来修建建筑物。1882年,他在欧洲向梵蒂冈传信部写了另一份报告,其中提到艾若瑟墓园及其作用:

> 广州城一端有座康熙皇帝下令建造的墓地,为了纪念曾在北京宫廷扮演重要角色的耶稣会传教士艾若瑟神父而建。此墓用花岗岩修建,刻有中文及拉丁文碑文。我们从中国政府手中收回了这座墓地及邻近土地,暂时把它当作神学院学生的一个散步地点,直到日后在那里建起一间小屋,或者更确切地说能建起一个供传教士和学生休憩的场所,在这个烈日炎炎的地区,实属必需。③

由此可以看到,1858—1882年,墓园并没有很明确的用途,只是散步

---

① Provana, Archives de la Province de France, Vanves.
② AMEP: Mémoire 1879 ms.f.868.
③ "Exposé de l'État de la Mission du Kuang-tong à Son Éminence le Cardinal Préfet de la Propagande";参见 Eudore de Colomban, Zéphirin Guillemin, pp.451,459;见陈静:《〈黄埔条约〉签订后法国教会在粤活动研究1844—1885》,第137页。

的地方。其实,当时广州教区已经有一个天主教墓园,没有必要也不便在这里发展墓园。无论如何,明稽章没有获得回中国的许可,1886年,他在法国去世,没有实施关于墓园的计划。陈静认为,明稽章之于艾若瑟墓园的意义在于,这种墓园收复行为与法国的荣耀感相联系。①明稽章把墓园作为法国帝国主义的胜利品,但事实上并没有去发展这块墓园的用途。

三、墓园的经济价值——广州教区的重要经济来源之一

通过广州教区档案,我们可以发现明稽章主要重视墓园在经济方面的用途。他购买了附近的很多土地,土地租金成为当时广州教区的重要经济来源之一。1861年3月1日,他做了笔记:当天一位在艾若瑟墓园耕地的农民交给他半年的租金14元(即法文piastre)。②在1864年的报告中,他说明了他买了附近土地,包括平地、竹林,一共花了1 200元(piastres);另外,从阿庞(arpent)的土地,他每年可以得到50元的租金③,不过没有说明怎么使用租金。

通过广州教区档案,我们可以更详细地了解1860—1865年明稽章在墓园旁边置买土地的过程。④我们列了表格,标明交易的时间及售卖者的名字:

---

① 陈静:《〈黄埔条约〉签订后法国教会在粤活动研究 1844—1885》,第117页。
② AMEP vol.555 - 351,f.391.
③ Guillemin, Mémoire de 1864, folio 424;AMEP.
④ 美国旧金山大学利氏学社(Ricci Institute for Chinese-Western Cultural History):广州教区档案(Archives of the Canton diocese),C12.19;巴黎外方传教会档案馆(Archives des Missions Etrangères de Paris),AMEP v.555。非常感谢马克·米尔(Mark Myr,旧金山)及露西·佩罗(Lucie Perrault,巴黎)的帮助。

	时间：公历/农历	售卖者	面积	描述	价格	档案号
1	1860年9月/咸丰十年八月	严广兵/严进昭		山地	15	013，033d(V)
2	1861年9月17日/咸丰十一年八月十三	罗永章	8尺×80尺	田	13	014，033c(III)
3	1861年9月20日/咸丰十一年八月十六	张尚进	10亩	山，墓右	25	016，017，033b(I)
4	1861年9月20日/咸丰十一年八月十六	蔡仲义	0.4亩	塘角	12	018，020，033b(II)
5	1861年9月23日/咸丰十一年八月十九	蔡荣开		山地	6	019，033c(IV)
6	1861年9月27日/咸丰十一年八月二十三	杨七奶	8尺×40尺	田	14	015，033d-e(VI)
7	1862年4月/同治一年二月十八	张绍昌/蔡允基	145尺×55尺	树林	30	026，027，028，033e-f(VII)，AMEP v.555 f.1999
	1864年9月10日/同治三年八月九	蔡允基			18	
8	1865年3月21日/同治四年二月二十	张尚平/张日华/蔡金佐(中人)		两块地麻园顶	80	021，022，023，033g-h
9	1865年3月25日/同治四年二月二十七	蔡允基/蔡允孚		竹林，麻园顶	18	024，025，033g
10	1877年9月16日/光绪三年八月初十	韩亚帝		岗地，花岗壁	30	033j

  1722年，整个墓园一共有36亩，但1858—1859年，明稽章只得到了其中一小部分，即坟墓本身，还有长寿寺所管理的小块土地。1860—1865年，明稽章有计划地把坟墓周围的土地从农民那里买下来。有一则档案记录了26块耕地。①

  他为什么要买这些土地？其实，他对广州教区有很庞大的发展计划，特别是他要修建主教大教堂。为此，他得到了一些外面的经济资助（法国政府、巴黎外方传教会等），一部分资金被用来购买农地，再把农地租出去，由此每年可以得到租金，拥有固定收入，如同

---

① C12.19_029bc.

1864年报告中说明的那样(每年50元)。但艾若瑟墓地周围土地的租金并不是为了发展这块地方,而主要是为了负担大教堂建筑的开支。这种做法并不是明稽章的发明。1860年,他到了上海,才知道那里耶稣会士每年可以从他们的土地上得到六万法郎的收入。①除了瑶台乡,明稽章还在广州其他地方置地,比如芳村花地。明稽章的经费支出比较特殊,因为他把大部分资金投入到圣心堂的建造。1863年教堂开始动工,1888年才完成,而明稽章所购买的土地长期用来支持广州教区的发展。2008年,刘清华提及了这样的细节:

> 圣心会广州"石室",属巴黎外方传教会的教士委托当地一户蔡氏居民帮其耕作,每年该户居民要去教堂"交租",教堂也会给他们的小孩不少"利是"作为报偿。②

蔡氏在瑶台乡是很大的家族。1861—1865年,明稽章从蔡家买土地,把它们租出去。很可能在蔡氏家族里,有些人皈依了天主教。如此,可以看到信仰与经济交流之间的联系。这样的联系起码延续到1949年之后的土地改革时期;今天也许以新方式延续。③

结论:艾若瑟之墓的中西交流意义

艾若瑟这样一位悲剧人物生时未能完成使命,而其死后坟墓却出乎意料地产生了历史影响。康熙对艾若瑟能接受中国礼仪适应

---

① Eudore de Colomban, Zéphirin Guillemin, p.157.
② 刘清华:《康熙时期艾若瑟出使罗马始末考察》,第85页。
③ 关于广州教区与房地产问题,参见 Hongyan Xiang, *Land Church and Power: French Catholic Mission in Guangzhou, 1840 - 1930*, Doctoral dissertation Pennsylvania University 2014。

中华文化感到满意,故对其厚葬,并给予超凡礼遇,为他修建了一座中国式的坟墓,以永远纪念他的忠诚。他这么做的深层用意在于,借这一事件来表明对梵蒂冈禁止中国礼仪的不满,警醒其他在华活动的耶稣会士。艾若瑟被埋葬三天之后,康熙去世。后来,雍正发布禁教令,艾若瑟墓失去原有的意义,几近荒废。至19世纪中期,清朝受到了西方帝国主义的侵略,昔日受清廷管理的墓园转至西人之手,法国传教士明稽章控制了墓园,并将它视为胜利品,以示西方文明及宗教的"优越"。不过,明稽章的兴趣集中于他的大教堂,他主要使用墓园周围的土地收入来支持修建大教堂的开销。

总之,康熙和明主教都对艾若瑟身份有认同的部分,有诠释的部分。在中国礼仪方面,康熙认同艾若瑟更多,派他为钦差特使,然而忽略了他们宗教、国籍的差异。明主教诠释更多,认同艾若瑟天主教传教士身份,挟法国之威,利用艾若瑟墓园发展教区,然而忽略了艾若瑟对中国礼仪的立场。

从广州到墨西哥阿卡普尔科
——16—19世纪中国艺术品贸易

澳门利氏学社　胡纪伦(Cesar Guillen-Nunez) 撰；
中山大学哲学系、中山大学南方学院　祝海林 译

  本文主要讨论:曾经传奇般的西班牙长途跨太平洋贸易航线，即现在广为人知的"马尼拉大帆船贸易";作为该航线贸易组成部分的艺术品出口;在该贸易发展中广州所扮演的虽不显要但较为重要的角色。

  历史学家过去主要从西班牙船队穿越太平洋的事实观点来研究这条具有开拓性的航线。他们或者以"马尼拉大帆船"，或者用西班牙名称"阿卡普尔科船"(Nao de Acapulco)命名这些船,这两个名称指示了西班牙大帆船出发和抵达的两个主要港口，即墨西哥的阿卡普尔科和菲律宾的马尼拉。[①]然而在16—18世纪这些商船活动的顶峰时期，在墨西哥这些大帆船是以"中国船"(Naos de China)为人所知的。也就是说，他们以认定的商品来源地命名，这些商品多数来源于明清时期的中国。传统研究主要以马尼拉大帆船为研究对象。[②]后来研究者则开始关注贸易海路本身，其中有些学者提

---

  ① 除了几个下面脚注中提到的主要专家著述外,最近一些相关网页也已上线。例如 Johanna Hecht, "The Manila Galleon Trade (1565 – 1815)." In *Heilbrunn Timeline of Art History*, New York: The Metropolitan Museum of Art, 2000. http://www.metmuseum.org/toah/hd/mgtr/hd_mgtr.htm(October 2003)。

  ② William Lytle Schurz, *The Manila Galleon*, New York: E.P.Dutton & Company, Inc., 1939.

出,这条航线在世界历史上首次形成了全球经济。①事实上,两位现代学者对阿卡普尔科到马尼拉的跨太平洋航线赞誉有加,他们宣称这条贸易航线"也标志着整个世界首次由全球贸易和金融网络连为一体,为现代全球化世界奠定基础,开启了延续至今的全球经济"②。

  本文在讨论这段贸易历史的同时,以一些有代表性的艺术品为例,展现亚洲艺术特别是中国艺术在商品交易中所起的作用。所讨论的海路虽然直接相关方为马尼拉、阿卡普尔科和厦门,但广州与此有间接的联系。从历史来看,19世纪"广州贸易"体制时期,广州艺术品的出口产生了更为深远的艺术和历史影响。然而,广州在与"马尼拉大帆船"相关出口艺术品的生产和流通方面所起的作用,与这条贸易航线及其复杂的商业网络的发展紧密相连。

  第一艘载有中国丝绸的马尼拉帆船于1573年驶向阿卡普尔科,自此,中国工艺品在新西班牙和其他西班牙在美洲的殖民地的富裕阶层中日益流行。正是中国提供大批贸易商品,每年大量的商船从广州和厦门出发驶往马尼拉,出售货物以换取银条或银币。因此,正如日本艺术品一样,它们受到西班牙总督们的青睐。广州的艺术品制造如厦门的一样,它们受到美洲西班牙人的追捧,为我们深入研究明清时期各种艺术品提供了良机。

  澳门的历史学家已经展示了这个葡萄牙属地如何在这一时期的全球贸易中主要充当仓储地的作用,但因此它也成为这一地区最重要和最富有的地方。虽然面积偏小,其历史和贸易并不仅限于这

---

  ① 如 Arturo Giráldez, *The Age of Trade: The Manila Galleons and the Dawn of the Global Economy*, Lanham, Maryland: Rowman & Littlefield, Lanham, Maryland, 2015. 最近: Peter Gordon, Juan José Morales, *The Silver Way: China, Spanish America and the birth of globalization, 1565 - 1815*, London: Penguin Books, 2017。

  ② Peter Gordon, Juan José Morales, *The Silver Way: China, Spanish America and the birth of globalization, 1565 - 1815*, p.4.

一地区,甚至与整个中国大陆都有着复杂而密切的联系。[①]此外,由于西班牙与葡萄牙的竞争关系,作为葡萄牙殖民地的澳门不能参与由西班牙控制的马尼拉—阿卡普尔科贸易。整个 16—18 世纪时期,主要有两条世界贸易航线:葡萄牙的印度航线(Carreira de India)和西班牙的跨太平洋帆船贸易航线。

一、跨太平洋大帆船贸易与印度航线

要理解这种复杂的情形以及政治与商业竞争,最佳方法就是审视一系列由葡萄牙国王约翰三世(1502—1577)订制的由金、银、丝绸和木制成的奢侈挂毯。这些挂毯准确的制作时间或目的不得而知,但它们大约可追溯到 16 世纪 30 年代。从主题来看,它们显然是用以纪念和赞美葡萄牙航海家和他们大胆的发现之旅,也赞颂了来自艾维兹(Aviz)王室的约翰国王的祖先们,正是他们资助了这些远洋探索。[②]

这些昂贵而巨大的挂毯是一些古代经典主题的隐喻画,其中一块最精美的,展示了"大力神托起天堂"的场景,另一幅则描绘了"朱

[①] 因此相关话题的文献相对较多,其中一些著作如下:张天泽:《中葡早期通商史》,中华书局,1988 年;葡萄牙文译本:*O Comercio Sino-Português entre 1514 e 1644*, *Uma Síntese de Fontes Portuguesas e Chinesas* (Portuguese translation by Pedro Catalão of Sino-Portuguese Trade from 1514 to 1644, *A Synthesis of Portuguese and Chinese Sources*, Lyden, 1934), Instituto Português do Oriente, 1997, pp.115 – 116, 124 – 144. Cesar Guillen-Nuñez(胡纪伦),"A porcelana, o chá e a arte da 'China Trade'", in *Os Fundamentos da Amizade: Cinco Séculos de Relações Culturaes e Artísticas Luso-Chinesas*, exhibition catalogue, Museum of the Centro Científico e Cultural de Macau, Lisbon(Portugal), December 1999 – July 2000, pp.83 – 84。

[②] J.Clifton, A. D. Ortiz, C. H. Carretero, J. A. Godoy, *Resplendence of the Spanish Monarchy: Renaissance Tapestries and Armor from the Patrimonio Nacional*, New York: The Metropolitan Museum of Art, 1991, pp.55 – 68.

庇特和朱诺庇护下的地球",此画用一些小白旗镶嵌在地球周围,标示着葡萄牙的航海家们登陆之处。西班牙的菲利普二世继承了葡萄牙王位,成为葡国的菲利普一世之后,这些杰出的作品流入西班牙,成为王室艺术珍藏的一部分。具体如何流入,无法做出确切的考证。它们或许是葡萄牙臣民送给新君的礼物。他是否是在首次来到里斯本睹物生爱,而将其带回卡斯提尔(西班牙古国)呢?无论出于何种原因,当时的新局面很明显:菲利普已成为西班牙和葡萄牙海外属地的新统治者,权力覆盖了全球两条最重要的贸易航线。

正如前面提到的现代研究者所述,我们称呼的全球经济始于菲律宾的马尼拉和新西班牙的阿卡普尔科的跨太平洋航线,在此基础上延伸出许多葡萄牙海路所提供的支线,纵使有些是非法的。这是世界贸易的一段独特尝试,新世界生产的银使其成为可能。东亚地区的本土航海历史中存在着一段银作为贸易主要推动者的时期,具体来说就是经由澳门的中日贸易时期,当时日本的银在明代中国需求强劲,而早于卡普尔科帆船航线的日本在规模与远洋能力上都逊于对手西班牙。

由于跨太平洋贸易实际上发端于16世纪墨西哥,阿卡普尔科是主要的出发港,一些历史学家倾向于把其命名为"阿卡普尔科大帆船贸易"。这条更为广泛的航线始于1563年,在西班牙国王菲利普二世直接指令下开创,他命令前西班牙航海家,后在新西班牙(墨西哥)成为奥古斯丁主义修士的乌尔达内塔(Andres de Urdaneta, 1498—1568)绘制一条安全和更为便捷的跨太平洋航线。当时要解决这一航行问题极其困难,由于缺少太平洋的洋流风向知识,多个世纪以来,没有人能够完成这项任务。但是国王和他的顾问们认识到,发现这样一条从马尼拉到新西班牙安全返回的航线可带来巨大利益,马尼拉是西班牙殖民地菲律宾的首府,这里可以采购到香料奢侈品、小古董和其他亚洲商品,尤其是来自明朝中国的工艺品。[①]

[①] E.H.Blair, J. A. Robertson eds., *E.G.Bourne intro*, *The Philippine Islands*, 1493 - 1803 - vol.II 1521 - 1569, Los Angeles: Hardpress Publishing, 2004, pp.64 - 103, 618 - 684, 730, 3291 - 3304.

作为一名经验丰富的航海家,乌尔达内塔的确正确地绘制出了返航路线图,这条他发现的著名航线虽然如葡萄牙人的航线一样危险、颠簸和不卫生,却通行了 250 年之久;由于欧洲进入拿破仑战争时期和墨西哥从西班牙独立,该线止于 1813 年。①

二、阿卡普尔科港

除了那些移民马尼拉并定居于城墙外中国区的华人,在直接从中国来马尼拉的中国船只中,最积极的贸易参与者是厦门和广州商人。由马尼拉返回墨西哥的阿卡普尔科的大帆船载满了各种复杂刺绣装饰的丝绸和布料②,以及其他具有艺术价值和收藏价值的古董和手工艺品。

马尼拉与太平洋另一端的墨西哥目的地相距近两万公里。如今的阿卡普尔科繁华、现代和娱乐气息浓厚,因豪华酒店、摩天大楼和勇敢的悬崖司机而闻名,与当时经历艰辛航行后的马尼拉大帆船抵达之地形成鲜明对比。当初这里被乌尔达内塔选中,仅仅是因为它的安全性,这里是返回和出发的独特天然港口,这是他当时主要和现实的考量。新西班牙总督所辖地区的大城市位于内陆;来自中国、日本和亚洲其他国家的商品抵达后,由非洲奴隶们运往这些内陆城市。那时,这里只是一个沉睡的村庄,一年中唯有在返航的商船组织的市场开市时醒来。

自建立的 150 年后都是如此,意大利旅行家和探险家杰梅里(Giovanni Gemelli-Careri, 1651—1725)在 17 世纪末到访阿卡普尔

---

① 参见 Arturo Giráldez, *The Age of Trade: The Manila Galleons and the Dawn of the Global Economy*(*Exploring World History Series*) *Chapter 5*, Lanham, Maryland: Rowman & Littlefield, 2015。

② Eugene Lyon, "Track of the Manila Galleons", in *National Geographic*, vol.178(1990), p.14.

科,他的《环球旅行记》(*Giro del Mondo*)为我们做了清晰的描述。①杰梅里习惯了17世纪末和18世纪的意大利大城市的繁华生活,从他书里对阿卡普尔科和周边山的描述来看,显然他不仅对这个停泊的港口没有好印象,而且对那个世界的自然也不感兴趣。然而,他对中国商船和其他来自西班牙属地秘鲁的贸易船只却印象深刻,为今天的研究者提供了宝贵的见解。从他和其他人的记述来看,很显然,当时的西班牙殖民者无意开发阿卡普尔科,使其发展成为城镇或城市。杰梅里的描述让我们了解到一些现实的原因。作为天然港的阿卡普尔科由于远离风暴和海盗袭击而较安全,但是周围被高山环绕,一年有七个月是无雨期,各方面来看,这都不可能被西班牙人当成一个城市发展的理想之地。杰梅里的原话如下:

> Quanto alla Città d'Acapulco, a me pare, che se le dovrebbbe più tusto nome d'umil villaggio di pescatori (si basse, e vili sone le sue case, composte di legno, di loto, e di paglia) che lo specioso di primo Emporio del Mar del Sur, e scale della Cina. E'situata … appie d'altissimi monti, che la difendona dalla prte d'Oriente, ma la rendon sogetta a gravi infermità, dal mese di Novembre per tutto Maggio. … Non v'abitano perciò che Neri, e mulati(nati da Neri, e da bianche) e ben di rado vi si vede qualche nativo del luogo … I Mercanti Spanguoli, terminato el negozio, e la fiera, che si fa dalla nave di Cina, e da'vasce; o del Perù(che fogliono veir carichi de Cacao) si ritirano altrove; pertendosi anche gli Officiali Regi. E'l Castellano, a causa della cattiva aria: e così rimane la Città spopolata. … S'entra nel medesimo[i. e., the port] per due

---

① Giovanni Francesco Gemelli-Careri, *Giro del Mondo*, vol. 6, Naples: Giuseppe Roselli printer, 1708.

bocche, una picciola, e l'atra grande … Difende l'entrata el Castello, con 42 pezzi d'artiglieria di bronzo, e sessanta soldati di presidio. Questo porta dà di profitto al Castellano (ch'è anche *Justicia mayor*) non meno di 20.m.pezze d'otto l'anno, e poco meno al Contador, e agli atri Officiali … In fine tutti vivono del porto …

译文为：

  至于阿卡普尔科城，我认为最恰当的名字应该是一个简陋的渔村——房子由木头、符叶和稻草组成，这里被称为"南海商业中心"及"往中国的梯子"。它位于群山之中，这阻挡了东面的风暴，但也使其具有一个明显的弱点，即12月到5月的无雨高温期，西班牙人不住那里，只有黑人或混血人（黑人白人混血）居住，并且本地人极少……西班牙商人一结束与中国商船和秘鲁商船（主要是巧克力）的贸易，就退居别处，包括皇家官员及堡垒军官，因为空气不好也撤离。因此，城市几乎没有人……这里有两个入口，一大一小，可进出港口……堡垒中有42门大炮及60个军人保卫港口。这给堡垒军官（他也是大法官）带来每年八次挣两万硬币的好处。会计及其他官员赚得少一些……总之，他们都依靠港口来谋生。

这段重要文字概括来说，阿卡普尔科并不是城市，而是一个由黑人渔民居住的简陋村庄，他们用骡子运送商品横穿墨西哥直达大西洋，当地的土著居民中却几乎看不到墨西哥印第安人。然而西班牙人从中获利丰厚，他也提到，即使是教区牧师也从中受益，他们常常从葬礼和商人们慷慨的捐献中获利，这些财物分发到各个宗教修道院和传教士手中。他也指出，这个港口七个月的难以忍受的热浪，从12月到5月，此时期停止下雨。之所以无雨，是由于该港口四面被高山包围,这些山也困住了泊于此处的帆船。但周围的山也带来了大量的狩猎乐趣,如捕捉鹿、鸟以及其他动物。我们可以想象,在港口的近海中有大量优良的新鲜鱼。在他的记述中,最吸引人的一段就是对大阿卡普尔科集市场景的描述,秘鲁银和当地墨西哥商人纷纷涌入集市。

有别于阿卡普尔科,西班牙人早就对殖民城市马尼拉进行开发和城市化,使其成为菲律宾的首府。菲律宾(Philippines)以西班牙王室姓氏命名,具有组成新西班牙属地即墨西哥一员的特性,因此也证明其在西班牙殖民地管理中的重要地位。与阿卡普尔科不同,马尼拉是一个有魅力的城镇,这里有令人印象深刻的宗教、市民和军事结构,城市许多地区在第二次世界大战中遭到巨大的破坏,但也有一部分得以幸存。这正是中国商船和其他亚洲船只抵达的地方。它们载满了各种手工艺品和货物,等着换取高价值而令人垂涎的墨西哥钱币、比索或其他来自阿卡普尔科的银币。而且,马尼拉还有一个中国人区,有许多中国艺术家在此制作一些更为精美的宗教和非宗教艺术品及家具。许多装载着艺术品的中国船只来自福建,其他的船只则始发于广州。

三、近代广州描述

大多数现代西方历史学家常常依赖欧洲人对广州城的文字记载和影像,特别是英国商人和旅行家。这些记录从广州设立商行的18世纪后期开始,到19世纪鸦片战争前后为止。与此相反的是,比这更早的欧洲人的记录通常被认为不可信。然而,有一则可靠记录可追溯到16世纪"马尼拉大帆船"开创初期,西班牙方济会修士迭戈·德·奥罗佩萨(Diego de Oropesa,约1555—1590)为后人留下了一次亲历的可靠记录,描述了16世纪的广州城。他最初不为人知的手稿用西班牙语写于1583年,现保存在罗马梵蒂冈的一个限制性图书馆内,后在 1993 年被翻译并出版。① 他首先指出,广州已是一座世界知名的城市,部分内容陈述如下(G. 詹姆斯和 D. 摩根的英译本):

> 广州城很大,位于并修建于一条又宽又深且可自由航行的河岸……据我所知,广州城可能是中国最好、最繁忙和人口最多的城市,尽管有一些记述与此相反……至少至今为止,葡萄牙的城市并不比这更好。我走上城墙,似乎城墙内面积并不比塞维利亚(西班牙南部城市)大,但其周边区域则比城内要大得多。房子矮小,挤了很多人,因此我估计这里至少有六万名居民。城里由坚固的石墙环绕,外加周围分布着河流,所以非常安全。河的一侧有两座城墙,因为几年前在河附近区域又圈了一大块地,当地人称为新广州。广州河上有许多大小不一的船只,上面有各种琳琅满目的工艺品……你可以与船上的居民完成一大笔交易,他们长年居住在河面的船上,陆地上没有家。这里的街道宽阔笔直,特别是旧广州城,里面充满了石制和木制凯旋门……各行各业的贸易商集合在一些特定的街道——有的街道销售精制陶瓷,有的街道出售普通陶器,有的街道进行丝绸交易,这里是金条交易,那里是银两交易……到处都是餐馆……街上一直都是一派热闹景象。②

令人吃惊的是,迭戈修士记录的广州经历几个世纪几乎没有变化,不仅体现在文字记载上,而且在影像记录中也是如此。这可以从现存的中国贸易画作中得到印证,我们后来看到广州城与当时这

---

① Gregory James ed., translated by Gregory James and David Morgan, *Through Spanish Eyes*, *Five Accounts of a Missionary Experience in Sixteenth-Century China*, Hong Kong: Hong Kong University of Science and Technology, 2003, p.221.

② Gregory James ed., translated by Gregory James and David Morgan, *Through Spanish Eyes*, *Five Accounts of a Missionary Experience in Sixteenth-Century China*, pp.317–319.

位西班牙传教士描绘的城市几乎一模一样，特别是18世纪与19世纪中记录的那些场景。

这表明，除了人口的增加和其他社会方面的变化，自"马尼拉大帆船"航线开通到1815年结束，广州的城市规划与最能凸显广州独特魅力的典型特征在前三个世纪没有发生太大变化。直到英国和其他欧洲商人在18世纪末和19世纪来到广州，他们引入一些后来欧洲流行的新古典主义的建筑风格。他们在澳门、广州及其他地区的商行给这一时期的建筑赋予独特的西式风格。19世纪售予欧洲买家的中国艺术品贸易达到顶峰，广州艺术家们在陶瓷街和其他地方的作坊中留下的画作也令人震惊。这些水彩画让我们可以初步判断，各式蓝白瓷器、陶瓷器和其他工艺品种类繁多，它们将要由船只从马尼拉运往阿卡普尔科销售。

四、出口至阿卡普尔科帆船贸易的艺术品代表

如前所述，各种手工艺品和装饰艺术品的主要需求来自美洲西班牙属地和欧洲，原产地则是中国与日本。最受追捧的中国商品是各式各样的陶瓷制品、丝绸和其他纺织品，不同风格的出口油画、银器、家具和象牙与其他材质的工艺品。大受欢迎的陶器和油画多数源于广州，后来在19世纪受到英国商人和其他欧洲商人的青睐。

数百年后从海底打捞起来的一艘那时期的沉船残骸向我们展示了许多真相（不幸的是，多为陶瓷碎片），不仅有许多陶器，特别是明朝的蓝白瓷器，而且有一些象牙雕制而成的祭拜用的圣人像，这赋予阿卡普尔科大帆船贸易本身一种具象性和独特性。打捞出来的物品多出自中国福建地区的技艺精湛的工匠或者是在马尼拉中国城常住的艺人之手。日本折叠屏风在墨西哥克里奥尔人和西班牙贵族中需求量也很大，它们与中国陶瓷和纺织品成为最重要的三

种亚洲工艺品,这三种物品经阿卡普尔科航线到达美洲大陆。西班牙帝国和西班牙美洲殖民地的伟大学者 J. H. 艾略特(J. H. Elliott)爵士曾挑选了日本折叠屏风中最壮观、最具代表性的一个,它是一幅 17 世纪末殖民地墨西哥城的全景图,很显然是一位日本画家参照该城的原画绘制而成的,然后与亚洲珍宝一起,从马尼拉出发,由"阿卡普尔科帆船"带回墨西哥。①

现代对"马尼拉大帆船"贸易的批评声音也并非没有,特别是造成墨西哥、玻利维亚、秘鲁银矿产区的当地村民遭受诸多苦难和付出生命代价。然而,至少这些昔日的艺术作品清楚地表明,西班牙舰队从新世界载着数量惊人的银条,驶向明清时期的中国。此外,当时的贸易不仅首次建立了行之有效的现代全球海洋商业系统,让许多国家和地区受惠,而且同样有着更加精神、文雅和文化的一面。

瓷器(其中的耶稣会标志 IHS 为澳门圣保禄学院)

---

① J. H. Elliott, *Empires of the Atlantic World*, *Britain and Spain in America 1492 – 1830*, New Haven and London: Yale University Press, 2006, p.246 and figure 23. Patricia Justiniani McReynolds, "Asian Ivories in Mexico and the Galleon Trade", in *Arts of Asia*, July-August, 1983, Hong Kong: C & C Joint Printing Co.(HK) Ltd, pp.100 – 103.

中法战争期间的清政府与在穗法国教会

广东省社会科学院 陈 静

自 1848 年 5 月 11 日罗马教廷将天主教在广东的管理权交给法国巴黎外方传教会（Mission Étrangère de Paris）起，广东与广西两省的教会就组成了两广教区，主教常驻广州，后来主教座堂——广州石室教堂也竣工。鉴于广州的中心位置，这个教区又可简称为广州或广东传教会。至 1884 年中法战争爆发前，教会的势力得到迅速扩张。清政府向法国宣战后，清中央政府和地方政府对该教会采取了相应措施，教会方面也做出了反应。但总体来说，广东地方政府对教会财产和传教士采取的措施以保护为主，教会未受到大的损失。

一、中法战争开始后教会方面的态度

（一）接受两广总督命令撤离广州

1884 年中法战争打响，鉴于中法成为交战国，两广总督命令广东省各地官员驱逐在粤的法国传教士，封闭各地的教堂和小教堂。两广总督的本意是用官府的名义先行查封，以防止各地群众袭击法国传教士。时任两广教区主教的邵斯得知这些命令后，让传教士在住处等候当地官员的查封。

法国传教士受命撤离广东省，广州教区的主教和传教士也被迫离开,避至香港。邵斯主教在致巴黎外方传教会总部领导的信件中,详细叙述了传教士撤离广东的经过,他认为中法之间的交战导致了教区的撤离,广东地方政府直接下达了驱逐令,而且两广总督的命令非常紧急,同时也指出清地方政府向他们保证会保护教产:

> 我心中充满痛苦地向诸位报告远东的最新事件给我们造成的处境。法国与中国的谈判决裂后,法国人接受总督的命令撤离该省。我们希望能不受这项措施的约束。总督大人的一项新命令使我们的命运再也无法令人怀疑了。我们必须在48小时内离开我们的房产,地方官吏负责为我们完整无损地保护这些机构。①

(二) 面见法国和英国领事,要求提供保护

撤离前,邵斯主教面见法国驻广州领事,英国领事也为传教士们的撤离提供了保护和便利:

> 这一天是(1884年)8月27日。我正在沙面同法国领事师克勤(Sherxer)先生讨论形势的严重程度,当时收到了留在传教区的教友给我送来的这封短信:
> "大批人入侵了我们的住院,应该怎么办?"
> 我立即回答他们:"在遇到危险的情况下,前来沙面,我将报告当局。"
> 就在同时,英国领事(法国领事很快便赶赴其府上)派出了一艘小艇和一批水兵,前去保护传教士的撤退。②

---

①② L'Éditeur des Annales, *Annales de la Propagation de la Foi*, tome cinquante-septième, 1885, p.258.

(三) 对清地方政府不信任

中法战争引发广东全省范围内的民众针对法国教会的反教运动,让邵斯主教非常不安,最终确定运动得到了平息:

> 我处于一种极大的不安之中,特别是由于我未在那里分担教友的命运。
> 最后,两个小时的等待之后,我又收到了这样一封新的短笺:
> "骚动已被平息,住宅已经恢复自由,再没有危险了。"①

广州民众的反应也比较强烈。他们进入了以往不能随意进出的天主教堂——广州石室大教堂。邵斯描述道:

> 其经过大致是这样的:当我们的教友正在从事日常工作时,从上午9点钟左右,一支由仅着一条普通裤子的平民组成的队伍突然间闯入了大教堂的堂前广场,入侵了教堂并登上了塔楼,他们在做所有这些事时都带着一种很不友好的神情。然而,由于传教士的忍耐和克制,这支大约五六百人的队伍在开始时仅在花园和孤儿院间做好奇性的散步。……从开始动乱起,人群中又加入了一大批攀上了我们内院那高大围墙的工匠。……②

最终,广州教会的主教和传教士们被迫离开广州,但他们表示了对清政府的不信任,宁愿相信英国等西方国家驻华领事,甚至是

---

① L'Éditeur des Annales, *Annales de la Propagation de la Foi*, tome cinquante-septième, p.258.

② L'Éditeur des Annales, *Annales de la Propagation de la Foi*, tome cinquante-septième, pp.258-259.

一些教徒。

> 根据总督的命令及主要官员的指示,我们现在已不可能再留在这里了。我们必须听任自己的不幸命运。次日,也就是8月28日的圣奥古斯丁节,我们告别了我们那漂亮的教堂和已经变旧的房屋,把它们交给我们的那些朋友来保护,他们要比中国士兵更可靠。①

传教士离开广东,一部分教徒也惧怕民众的反教活动,逃至香港和澳门。但更多的天主教徒仍留下,邵斯表达了对中国教徒们遭遇的担心,担心他们被迫放弃信仰天主教。

> 我们的小教堂和堂区几乎完全被仇教之风吹得无踪影了。共有3 000多名不幸的新入教的教徒逃往香港,余者则逃到澳门。据说有数目很大的一批人遭到异教徒扣留,这些异教徒希望在抢劫和痛打他们之后能迫使其放弃信仰。每天都会给我们造成新的受害者,我们无法安慰如此多的痛苦。
> 在广州本地,现在连一名天主教徒也没剩下,那些曾居于我们房产中的及城内的教徒都被迫放弃了他们的住宅,受到了街坊头目、邻居和强盗的骚扰。大部分人甚至在我们之前就已经搬迁,允许他们带走自己所拥有的很少一点东西,那也是比较容易在其他地方找到定居谋生的方式。②

邵斯主观地认为这是中国地方官员利用战争,蛊惑中国民众冲击天主教徒:

---

①② L'Éditeur des Annales, *Annales de la Propagation de la Foi*, tome cinquante-septième, pp.259 - 260.

在我们离开广州后,那位凶神恶煞般的两广总督发表了一项粗野的声明,向所有中国人悬赏求获一名法国官员和一名士兵的人头。再也不需做更多的事去蛊惑那些凶狠的民众了,他们很早以前就已为东京(Tong-king)事件所激怒,却很少有能赚到总督之钱的便利条件。总督的全部愤怒已经转移到我们的教徒身上,因为他们早在战争之前就已经被告发与"洋鬼子"相勾结。①

广东地方政府查封了广州石室教堂,实施了保护,教堂主体未损坏,教堂附属的孤儿院遭到抢劫,传教士住所被焚烧,另外有小教堂和埋葬法国人及法国士兵的墓地被毁坏,一些天主教徒的住处遭到冲击。

在这片空旷之地的中央,至今还矗立着我们那座用花岗岩砌成的教堂,有清朝士兵把守并被世俗当局查封。我们的女童孤儿院原与我们的住院有一墙之隔,已遭人抢劫。我们的住院已在夜间被焚烧。

在靠近东门一带,也就是在距城市有20分钟行程的地方,新修的墓地小教堂已经连同天主教徒村被毁坏了。原法国公使的妻子达布瑞夫人的墓地已遭盗掘,其沉重的带铅棺椁已被挖出,骸骨被抛撒在地。法国士兵墓地上矗立的巨大天使像已被推倒并砸成碎片,最后以金属价格出售给了铸造匠。它共值18 000法郎。②

总体而言,天主教教产的损失并不大,广州的天主教堂主要是

---

① L'Éditeur des Annales, *Annales de la Propagation de la Foi*, tome cinquante-septième, pp.258 – 259.

② L'Éditeur des Annales, *Annales de la Propagation de la Foi*, tome cinquante-septième, p.260.

被关闭,并未严重毁坏;在远离广州的地区,小教堂也得以保存:

> 直到目前为止,东部和西部尚未遭到灾难,但总督那道查封全省所有小教堂的命令不会也产生同样的效果吗?我希望这道命令只在广州附近地区执行。我获悉位于内地的意大利神父的传教区也经受了同样的考验,他们的小教堂已被关闭。但距离省城越远,民众的群情激荡的程度越小。我们应将距中心地区较远的小教堂能保存下来的原因归功于此,如果说战后尚保留下一些小教堂的话。①

法国教会在两国交战中暂时受挫的状况,让一向习惯在华占据优势的邵斯主教很不满,寄希望于法国对清政府采取军事打击来改变这种状况:

> 这就是现时的恐怖局面。我们在自己的眼皮底下看到了最优秀的教徒们死去了,而又无法帮助他们。唯有一种迅速和强有力的行动才可能吓退我们的敌人。②

二、清政府的处理方式

邵斯认为,清朝政府未提供保护,这并不符合实际情况。广东地方政府按照中央政府命令采取保护措施,驱除法籍传教士和查封教堂实为保护之举,否则传教士不离去,教堂不封闭,在粤法人无法幸存;从维护社会治安的角度,对安分守己的教民也实施了保护;至

---

① L'Éditeur des Annales, *Annales de la Propagation de la Foi*, tome cinquante-septième, p.260.

② L'Éditeur des Annales, *Annales de la Propagation de la Foi*, tome cinquante-septième, pp.258 – 260.

于悬赏法国官员和士兵的命令则是战时政策,不应谴责。光绪十一年八月十五日(1885年9月13日),两广总督张之洞将这些举措上奏总理衙门,并解释了其原因:

> 本部堂遵旨保卫法国教士。粤省办理详细情形,暨抚战教民各缘由一片。相应抄录片稿咨呈,为此咨呈贵衙门,谨请查照施行,照录抄片。再上年七月初三日闽江开战,法领事师克勤盘踞省城,殊无行意,窃思界限不清,则军心疑惑,奸细公行,内外通连,防务无从下手。当即于初四日照会该领事,责该国于鸡笼(基隆)马尾两次先开兵端,令其率同法国商民教士即行出境。该领事包藏祸心,不愿令教士离粤,复书不允,始行相随而去。……钦奉七月初六日谕旨,法国商教一律保卫,仰见圣德如天,实为攻心伐谋之上策。查粤民强悍好义,亦喜生事,平日教民倚恃洋符,抗官作恶,士民切齿。若徒加严禁,必更激成众怒,更无保全之法,将又蹈沙面覆辙,波及他邦。先经与在事诸臣商定,一闻战信,立饬地方官出示,将法国教堂概行封禁,谕以法人开衅,扰害地方,所有法国教堂物业均应查封备抵。此与官物无异,不得擅动,凡法国教士出境,密饬地方官妥为防护。若习教民人敢有通敌接济者,立诛杀无赦。其安分者,不准杀害。一面优悬赏格,若法寇犯境,痛加剿除。并谕以粤民卫国同仇,素深嘉尚。惟是诛犯顺之法兵,夺临敌之船驶,则为勇士。害安分之教民,毁封闭之教堂,则为乱民。勇士有赏,乱民有刑,名不相假。其时省内外众怒汹汹,传书集众,意欲尽毁法产,攻击教民。见此示后,众情稍定。复经责成团练绅耆,剀切开导,通省有司营弁多方镇抚。自七月至十月以来,据广州等府各属禀报,查封教堂之案二十余起,计教堂并公署行栈九十五所,什物饬役看管。护送出境两广法教士五起,共十名。其改装潜逃者,无从悉其名数。……综计各教堂物业间有被闲人侵损者,尚未大加残毁。亦有教民自行拆毁者。惟省城卖麻

街教堂于十月二十一日因看街兵棚失慎,延烧数间,旋即扑灭。至于法国商教都无所伤。……法领师克勤彷徨香港,深衔粤省之首倡驱遣,明悬赏格,惭恨万分,因致信孤拔,令其攻粤报复。……而孤茵意在台湾,未听其计。此事探访甚确,不知当时情事,若领事不行,教士不去,教堂不封,则在粤法人早已噍类无遗,而教民之祸亦不可问。现在款局已定,按照公法,事在开战以后,法人断无责问之理。如将来法使妄听该领事所唆,强词追论,伏恳敕下总理衙门严加驳斥,以断妄求。①

邵斯在致巴黎外方传教会总部的信中,也证实了广东地方政府确实履行了保护教会的承诺:

> 有人要求那名负责保护传教区的中国军官把这些不速之客轰出去,但他的30名士兵无力将人群驱赶出去。他本人从一开始就拒绝帮助我们,这或是出于威慑,或是出于其他原因。当这些守卫的官兵发现那群平民队伍时刻都在壮大时,才通知了最近的驻兵哨所。随着一支数十名全副武装的援兵的到达,那名中国军官才成功地将那批人赶出了教堂。②
> 过了一段时间之后,该城中的官吏、道台和知府才来到我们传教区,由一支人数尽可能少的随从陪同。他们命令我们在24小时内离开该城。这个时限一过,他们就不能再对我们的安全负责了。对于我们的家具和房屋,他们许诺负责妥善保护。③

《传教年鉴》杂志也根据邵斯的电报,认为在粤传教士未受到

---

① 张贵永:《教务教案档》(四),台北"中央研究院"近代史研究所,1974—1981年,第1395—1396页。又见苑书义、孙华峰、李秉新主编:《张之洞全集》(第一册),河北人民出版社,1998年,第304—306页。

②③ L'Éditeur des Annales, *Annales de la Propagation de la Foi*, tome cinquante-septième, p.259.

伤害：

> 广东省尊敬的助理主教邵斯大人通过(1884年)9月13日的一封电报报告,他的那些小教堂都被拆毁了,共有6 000多名教徒处于无处栖身的境地。此后的一些书简都包括有关这一灾难性事件最早的具体细节。我们迫不及待地发表它们,深知来自远东的所有新闻恰好都是我们的读者完全有道理期待的内容。他们非常正确地关注我们的那些入华传教士的命运。我们还应该补充说明,直到现在为止,尽管出现了那些无法挽回的战争灾难,但传教士的命运却都受到了中国人的尊重。①

在广州,主教座堂由于受地方官府保护未受损伤,反教民众只得针对其他教产如孤儿院、妇女使用的教堂及淘金坑天主教徒公墓等,行动中一些教民也受到冲击。据邵斯向总理衙门的申诉:

> 广东省城卖麻街天主堂,于七月十一日被官府查封,先被兵差地保及民人将邻近婴堂女教堂与教民房屋等数十家什物,尽行搬抢一空。又七月二十一日,西便巷教民黄酉良被殴身死,地保瞒禀,经官勘验。又十二日,广州府北门外淘金坑天主堂及教民房屋二十余间,俱被拆毁并什物抢去,又连掘领事官夫人坟墓,教士坟墓,法国兵丁坟墓,俱被掘毁。又毁烂铜天神像一位搬去,所有树木俱被斩伐。②

广州的反天主教活动并不激烈,在主教和传教士离开后开始,后者毫发无损,得益于清政府实施的保护政策。

---

① L'Éditeur des Annales, *Annales de la Propagation de la Foi*, tome cinquante-septième, p.257.
② 《教务教案档》(四),第19页。

三、中法战后法国教会和传教士返回

中法战争结束后,传教士和法国领事开始返回广东。法国驻华公使向清政府递照会,要求传教士返回广东,返回教产,地方官员陪同查收。光绪十一年八月十一日(1885年9月19日)法国公使巴特纳向总理衙门递交照会称:

> 兹接(驻粤)师领事秉送其于本年七月初四日致粤督照会抄稿前来。查阅其意,即以教士速将回粤,请筹善法妥办而已。今本大臣将师领事照会原稿及粤督复函,一并抄送贵王大臣查阅。其领事文内提及去岁地方官逼令离粤。……而今教士回粤,请将房屋给还管理,并希派员会同将教士远在他处时,其房屋物件或有损伤查明办理。……其(粤督)述领事以地方官驱逐霸占四字为词,视为越理。……所以本大臣望贵衙门谆嘱两广总督后,则粤督既能勿蹈前辙。否则我两国近修和好岂致有亏损乎? 为此照会。①

法国驻粤领事师克勤于光绪十一年七月初四日(1885年8月12日)照会两广总督张之洞,要求教士教民回粤,地方官查封的教堂、教民房屋及一切物件照旧交回,称:

> ……并领回所封衙门以及广东省各处天主教堂教民房屋,饬令核办此事,贵部堂美意。……非但用心保护教士平安回粤,且保嗣后相安无事。惟逢十日方可请本领事及教士等回粤等语。……相应知照贵部堂,用何善法令教士回粤。希为照

---

① 《教务教案档》(四),第1391页。

复。……查该地方官当日查封教堂及教民房屋之时,业已允许将来教士教民人等回粤,即将所封房屋物件一切照旧交回管理。现在教士教民不日回粤,应请贵部堂饬令地方官,立将占霸教士房屋之人全行逐出,并委员会同主教所差之人查明,所占何处,所毁何屋,所缺何物,详细查明,秉公办理。①

光绪十一年七月二十五日(1885 年 9 月 3 日),两广总督张之洞回复他,认为法领事在照会中措辞失当,误解了广东政府的好意,将"卫送"教士称为"驱逐"教士,把"封守"教产视为"霸占"教产,而战时中国政府的驱逐和没收并不为过,但仍允诺让教士返回,交还教堂,保护传教士:

中法重敦睦谊。贵领事官复来粤东,本部堂亟愿晤语。……自去年七月初间中法已成敌国,而粤省仍肯卫送贵国教士使之行止自由,封守贵国教堂使之稽察易及。是则虽居敌国之日,独存友国之心,相待之情,亦不为不厚矣。来文乃以卫送为驱逐,封守为霸占,岂尚欲追论失和时事乎,况贵国首开衅端,兵连祸结,荼毒人民不可胜计,即使驱逐教士,产业入官,在当时并不为过举。况实系卫送实系封守乎,本部堂以为前此教士无论是驱逐是卫送,教堂无论是封守是霸占,事在开战以后,议和以前,此事皆复问。况自和议定后,粤省各属教堂,先经本部堂通饬撤封交还,教士入境者亦饬按约保护。②

至此,负责管理广东各地教务的传教士纷纷返回自己的教区,并帮教民索回战时被抢财物。

1888 年,《传教年鉴》发表的一篇文章证实了法国传教士在战后

---

① 《教务教案档》(四),第 1392 页。
② 《教务教案档》(四),第 1393 页。

重返中国各地,继续传教,"传教士于一段时间内由于法中战争而被从他们的住院中驱逐出去,近两年来,他们又得以在整个中国重新恢复他们那被中断的事业了"①。

中法战争期间,尽管广东爆发全省范围的反天主教运动,中国民众对长期以来法国传教士为代表的天主教会的活动表达了强烈不满。但由于清政府惧怕西方列强的势力,不仅在中法战争中"不败而败",还始终对法国政府保护下的传教士有所忌惮,多次下令对其进行保护。因此,此次范围如此广泛的反教运动并未对法国传教士造成任何伤亡;广东地方政府奉中央政府命令,对天主教传教士和教产实施了保护措施。在中法战争的特殊时期,广州传教会的传教事业发展并未受到大的不良影响。

---

① 《传教年鉴》1888年,第60卷,中国第一历史档案馆、福建师范大学历史系:《清末教案》(第四册),中华书局,2000年,第489页。

广州圣心大教堂的设计和建造

巴黎外方传教会　马崇义（Matthieu Masson）撰；
广州城建开发设计有限公司　朱志越 译

一、项 目 来 源

（一）项目成因

1848年，罗马教廷传信部在罗马大会上决定把广东、广西和海南省的天主教会托付给法国传教士，在此之前，它们均隶属于澳门葡萄牙主教的管辖。①香港的巴黎外方传教会②总务长李播神父（Father Napoléon Libois）暂时被任命为这些省份的宗座监牧。他派遣了十分之一的传教士到广东、广西和海南省的各个地方任职，并考察未来谁能长期胜任广州宗座监牧。

明稽章神父于1848年抵达香港，他就是这批传教士中的一员。1849年，他第一次来到广州。从他对这座城市的第一印象中可以看出他未来的计划：

在一百万居民中，有多少人信奉真正的上帝？几乎不到150

---

① 马主教，本名 Jerónimo José da Mata(1845—1862)。
② 17世纪成立的总务处负责巴黎外方传教会在亚洲的财务、行政和物资方面的管理工作。第一个为中国传教活动而设的总务处1685年在广州成立，于1732年迁至澳门。1847年，总务长李播神父把它迁移到香港。

或200人？此外，他们无法彰显自己的与众不同，没有一个信仰中心，也没有聚会的地方。许多以前用于聚集虔诚者的……已经被非教友毁坏或卖掉。其中一座现在被作为法庭使用，还有一座被改造成寺庙。①

明稽章于1851年被李播神父选为宗座监牧，但这并没有马上得到罗马方面的授权。②在1852年的一封信中，他首次阐明了他的教堂建造计划。③根据这封信件的内容以及更进一步的解读，明稽章的主要论点是：

第一，在广东建造一座教堂将明示基督教在中国不再受禁。1846年18日或19日下达的圣旨承认了基督教的合法性，并要求归还从基督徒手里没收的教堂，除非这些教堂已经被用作佛塔或私宅。实际上，法国大使拉萼尼（Lagrené）拿到的这道圣旨，签署后没有公开发布，没有人知道这是否有效。④明稽章相信，经两广总督的许可，依法在广州建立一座大型教堂将在公共场合宣示基督教的合法性。他在广州找回了七座前天主教堂，其中有两座教堂根据圣旨可收回，但有一座已经成为法庭，另一座则被改造成军营。明稽章认为，或许可以获得一块地，以作为这两个教堂的赔偿。

第二，教堂可为教会建立和确保一个固定场所。昔日基督教被

---

① Guillemin, *Lettre de Zéphyrin Guillemin à sa mère*, 12 February 1850, AMEP, vol.551, p.352.（此封"致母亲的信"并不是私人信件，而是用于发表的，但最终并没有发表。）

② Colomban, op. cit. p.38.

③ Guillemin to Césaire Mathieu, Guangzhou, 16 July 1852. AMEP, vol.551, pp.697-706.

④ Louis Wei Tsing-Sing, *La politique Missionnaire de la France en Chine, 1842-1856*. Paris: Nouvelles Editions Latines, 1960, pp.332-384.（中译本：卫青心译：《法国对华传教政策》，中国社会科学出版社，1991年，第316页）参见：Jean Charbonnier, *Histoire des chrétiens de Chine*, Paris: Les Indes Savantes, 2002, p.202（中译本：沙百里：《中国基督徒史》，光启文化出版社，2005年，第479页）。

官方禁止,传教士只能在中国各地秘密活动。自 1842 年始,传教士们像所有其他外国人一样,获准在包括广州在内的五个通商口岸附近活动。然而,李播神父已向广东、广西和海南各地派遣了传教士。明稽章则更明智地认为,传教士向偏远地区传教前,应首先在广州设立一个基地,与其让传教士置身于排外情绪中,不如多让中国本土传教士开展工作。

第三,一座引人入胜的宏伟教堂立于广州,会给穿梭于广州城的中国人留下对于基督教的第一印象。因此,这座建筑不应仅仅为了满足广州小规模的天主教社区的需求,相反,为了更实用,应尽可能建得更加宏大和令人瞩目。

第四,不仅如此,教堂还代表着法国的荣耀。明稽章强调,广州从来没有天主教丰碑性建筑,但有许多佛塔和一座大型清真寺。他也指出,城内没有可以代表法国的建筑,但是英国人、西班牙人和其他西方人却拥有大型的"洋行"。法国人之所以没有这样的建筑,是因为广州只有法国传教士而没有法国商人。因此,在广州若有一座由法国人建造的大教堂,将为法国和天主教带来荣耀。

1853 年 11 月 16 日,罗马方面任命明稽章为广东、广西和海南省的宗座监牧。①这项任命于 1855 年对外公布,明稽章也马上开始启动他的教堂修建计划。

(二) 风格的选择

一开始,明稽章希望建造一座新古典主义的教堂,他委托一位来自他家乡的建筑师弗朗索瓦·庞贝②绘制了一份草图:

---

① Colomban, op.cit. p.66.

② Eudore de Colomban, *Zéphyrin Guillemin*, *évêque de Cybistra*, *préfet apostolique de Canton*(1814 - 1886), Macao, 1919, p.73.在明稽章写给他兄弟的信中,我们认定"Pompée"是"François Pompée"(弗朗索瓦·庞贝),一名来自明稽章家乡地区蓬塔利耶(Pontarlier)的建筑师。他在 19 世纪 30 年代到 40 年代建造了蓬塔利耶市政厅和附近一些乡村的教堂。

(教堂)应该是希腊或罗马式的,有三个大殿,每边六或七根柱子并可以容纳2 000人。我喜欢有恰当的高度配上漂亮的高窗,有列柱廊以及相匹配的外立面。它不用太过华丽,以免带来支付上的麻烦。但最好还是足够气派,能给法国带来荣耀。①

弗朗索瓦·庞贝在法国东部(杜河省)已经建造过几座新古典主义风格的教堂②,但是他在1855年就停止工作了。此外,1848年,明稽章已经离开了法国,并没留意到当时出现的拜占庭和哥特复兴风格建筑思潮。由于未得到庞贝的答复,明稽章开始联系一位叫阿尔弗雷德·杜卡(Alfred Ducat)的年轻建筑师,由贝桑松(Besancon)的总主教塞泽尔·马蒂厄(Césaire Mathieu)推荐——明稽章在离开法国之前曾担任总主教的秘书。

阿尔弗雷德·杜卡(1827—1898)因此成为明稽章的主要建筑顾问。在给主教的第一封信中,这位建筑师提出一些疑问,以明确进一步的需求。他提出以下观点:

教堂的风格必须带有我们的基督教特色,并且适应这个国家的气候和材料性质。在其他国家一味地模仿和复制我国历史建筑是毫无意义的。③

对杜卡来说,教堂应该是古典的、罗马式、哥特式或拜占庭式,即属于基督教历史建筑的一种。古典式或希腊—罗马式风格是根据普遍的美学和比例来实施的,而忽略材料和建造地点。相反,19世

---

① Colomban, op.cit. p.73.
② Arçon, Les Combes, Boujailles, Remoray, Les Gras, Saint-Point-du-Lac 等。
③ Alfred Ducat to Guillemin, 15 April 1856, AMEP, vol.552, pp.1379 - 1378.

纪对于古拜占庭和哥特式风格的研究和重新探索却受"气候理论"①的影响。这些风格会根据当地的气候、建筑材料和相关的建筑技术,考虑在不同区域的变化。因此,杜卡认为拜占庭式或哥特式教堂会比希腊—罗马式更加适合广东的气候。此后,杜卡便和明稽章商量建造一座拜占庭式教堂,但明稽章最后选择了哥特式风格。

(三)在欧洲的募款

1856年,法国人在广州的教堂建造工程遇到的最主要阻力是澳门主教权力的收回,以及罗马方面迟迟未能决定是继续把广东教区委托给法国传教士管理,还是交回到澳门的葡萄牙主教。因此,明稽章决定去罗马请求教皇庇护九世来解决这一争端。这段从1856年底到1858年底长达两年的欧洲之旅,对于他的教堂项目及其经费筹集是决定性的。一位年仅16岁的中国青年一直跟随他同行②,他的粤语名字叫阿海或阿凯(A-hoi),他的教名为伯努瓦·谢(Benoît Tsié),他的中文名字很有可能叫谢海(Xie Hai)或者谢凯(Xie Kai)。

明稽章于1856年9月13日乘船前往欧洲。由于要等候罗马方面的任命,他就在法国老家待了约一个月的时间。在那里,

---

① "气候理论"通常被认为来源于孟德斯鸠(Montesquieu)的《论法的精神》14,2。"气候"一词,在被现代科学定义为"平均大气条件"之前,被理解为每个国家的生活自然条件(亮度、湿度、温度)的特征,可决定人类的性情和传统。对于建筑学来说,"气候理论"可追溯到维特鲁威(Vitruve)《建筑十书》第六书。从古典文献到19世纪的理论著作中,以及维奥莱-勒-杜克(Viollet-le-Duc)的著作中,到处可看到对建筑与气候相适应的思考。

② 关于 Xie Hai(谢海/Benoît Tsié/A-Hoi)在欧洲的旅程,参见 Henri Perreyve, *Lettres*, 1850 – 1865, 3rd ed., Paris, 1875, pp.259 – 262. 参见 Colomban, op.cit. pp.76, 79, 100 – 118. 巴黎外方传教会档案馆收藏一封伯努瓦·谢致李播(Libois)的书信;可能是明稽章让伯努瓦·谢写的。Benoît Tsié to Libois, Paris, 9 February 1858, AMEP, vol.553 – 1, pp.113 – 115.

他见到了阿尔弗雷德·杜卡并和他讨论了拜占庭风格教堂的方案。①在那之后,明稽章前往罗马,并于1857年1月25日由教皇庇护九世任命为主教。这项任命确保了他在广东、广西和海南省的权威,同时也回绝了澳门主教收回权力的要求。随后,他怀着向拿破仑三世(Emperor Napoleon III)介绍教堂建造计划的目标返回法国。

新任主教明稽章与拿破仑三世见了两次面,第一次是在1857年5月25日星期一。皇帝问他"要花多少钱?"明稽章一时没有做好准备,就回答他大概需要二十万至三十万法郎。②拿破仑三世让他下周带上书面请求再来。③因此,在1858年6月1日,明稽章得到皇帝的承诺,说可以提供二十万至三十万法郎经费,如果需要的话甚至可以提供更多。实际上,这个数额相当于建造一座中等的教区教堂所需的常规公共费用。④很快,明稽章就后悔申请得太少。根据他的说法,拿破仑本来鼓励他通过后续的募款来增补资金。⑤

1857年,巴黎有一座非常大型的新哥特式教堂——巴黎圣克罗蒂德堂(Church St. Clotilde)刚刚落成(图1),仅仅是建筑框架和外立面就花费了约560万法郎。⑥而直到1857年6月,明稽章只拿到了这个花费的5%的资金,想要在广州实现类似的项目是荒谬的。

---

① Ducat to Guillemin, Besançon, 14 September 1862, AMEP, vol. 554-4, pp. 2435-2437. 杜卡的方案没有在广州实现,但杜卡在19世纪80年代于贝桑松建造了一座拜占庭式教堂——圣费尔热(St. Ferjeux)大教堂。这个方案很有可能与他为广州设计的方案有几分相似。

②⑤ Colomban, op. cit. p.88.

③ Guillemin to Napoléon III, Paris, 1 June 1857. AMEP, vol. 552, pp. 2771-2778.

④ 关于19世纪法国政府拨款改建教堂,参见 Jean-Michel Leniaud, *Les cathédrales au XIXe siècle*, Paris: Economica, CNMHS, 1993, pp. 482-483.

⑥ 巴黎市政府为圣克罗蒂德堂的建设支付了5 619 464法郎。其中包括用于支付装饰工程(绘画、雕塑、彩色玻璃、管风琴等)费用的捐款,大约花了1 100万法郎。

尽管如此,明稽章还是参观了这座教堂,随后又把它与要建造在广州的教堂做对比。①

图1 巴黎圣克罗蒂德堂,建筑师弗朗索瓦-克里斯蒂安·古(François-Christian Gau)和狄奥多尔·巴鲁(Théodore Ballu)
(马克斯·贝特兰(Max Berthelin)于1857年在巴黎绘制)

当明稽章在洛林区(位于法国东部)拜访同事神父雅果明(Jacquemin,1826—1895)一家时,恰好有机会去参观位于布拉蒙(Blâmont)的圣莫里斯(St. Maurice)教堂(图2),教堂于1852年竣工。他还会见了这座教堂的建筑师莱昂·沃特兰(Léon Vautrin)。这座新哥特式教堂有三个大殿和两座塔楼,大小规模合适。当得知

---

① 我们发现,1863年第一次出现把圣克罗蒂德堂和广州圣心大教堂做对比的文献(明稽章1863年8月23日写给李播的信件)。1858年,明稽章说,在广州建造一座和圣克罗蒂德堂相似的教堂的想法来自黎峨(Rigault de Genouilly),不过这可能只来源于他模糊的记忆。因为实际上,黎峨表达过要在广州建造一座和圣克罗蒂德堂明显不同的教堂,只有一个塔楼,并在尖顶设置十字架。(黎峨1858年2月22日写给李播的信件,另外也可以从1858年4月23日《普世报》上关于建造一个这样的教堂的假新闻得知。L'Univers, 23 April 1858, p.3, coll.3.http://gallica.bnf.fr/ark:/12148/bpt6k696649p/f3.image)

圣莫里斯教堂花费了二十万法郎后,他便考虑要建造一座类似的教堂,最好再大一点。

图 2　圣莫里斯教堂,布拉蒙,建筑师莱昂·沃特兰,1852 年,明信片

(四)对于沃特兰提供的平面图的误解

到 1858 年底,除了拿破仑三世承诺的资金外,明稽章通过募款筹到了 94 万法郎的经费。他可以考虑建造一座更大的教堂,但他并不想把所有钱都投入教堂建设,因为还要考虑其他的建造项目,例如孤儿院、学校、神学院和其他小教堂或礼拜堂。正当他要返回广州之际,他想起了他最喜欢的教堂范本——布拉蒙圣莫里斯教堂,便向沃特兰索要了其建筑平面图。

明稽章于 1858 年 10 月 24 日拿到了一份他错以为是圣莫里斯教堂的平面图。①在明稽章看来,这份平面图有助于他了解这个项目,同时他也希望沃特兰可以根据他的要求修改方案。而直到两年后,沃特兰才寄去另一份平面图并向明稽章解释说,1858 年寄去的

---

① Legrégois to Guillemin, Paris, 24 October 1858, AMEP 553 - 1, p.455.

平面图并不是圣莫里斯教堂,而是他后来于南锡(Nancy)①建造的圣莱昂(St.Léon)教堂。(图3)②但在此之前,明稽章已经告诉所有人,说他已经拿到了布拉蒙的教堂平面图。因此,在一些教堂设计早期阶段的资料中会提到布拉蒙的圣莫里斯大教堂,认为它是广州教堂设计的灵感来源。③这个误解是教堂体量扩大的第一个原因,因为圣莱昂教堂的规模比圣莫里斯教堂更大。

图3　圣莱昂教堂,南锡,建筑师莱昂·沃特兰,建造时间:1860—1877年,明信片

二、建筑师们

广州的哥特式天主教堂在当时有不同的建筑方案,最后实施的

---

① Vautrin to Guillemin, Nancy, 24 January 1861, AMEP vol.554 - 1, pp.193 - 195.

② Humbert to Guillemin, Guangzhou, 10 December 1862, AMEP, vol.554 - 4, p.2955.

③ L'Ami de la religion (journal), Tuesday 21 January 1862, new series n°447, pp.170 - 171.

方案先后被不同的建筑师细化和修改过。在本章,我们旨在讲述那些没有实施的方案和实施方案的设计细化过程。这些成果得益于在巴黎外方传教会档案馆(MEP archives)中发现的相关文献和图纸。

(一) 急庇利对于沃特兰的方案的估算

回到广州后,由于建造工程需要法国政府的资金补助,明稽章不得不联系法国大使让-巴蒂斯特·路易·葛罗(Jean-Baptiste Louis Gros),即大家熟悉的"葛罗男爵"。1858 年 12 月,明稽章把平面图拿给他看,葛罗建议明稽章去找香港的测量局长急庇利(Sir Charles Cleverly)估算一下整个工程。[①]当明稽章拿到急庇利的估算报告时,他对其总额感到十分惊讶:一共需要 86 798 墨西哥比索,折合 50 万法郎,这相当于圣莫里斯教堂经费的两倍。对此,急庇利含糊地解释说,材料费和人工费有所上涨。实际上,这个差价更可能是因为这份估算是基于圣莱昂教堂的平面图,而不是圣莫里斯教堂的平面图。为了符合拿破仑三世承诺的资助额度,明稽章让急庇利索做了一份新的报价:约 59 235 墨西哥比索,折合 34 万法郎。明稽章还和葛罗男爵争辩说,他可以在广州教徒的帮助下,以比急庇利在香港更加合理的价格购买到石材。[②]这一点似乎看起来无足轻重,但事实证明,这些中国天主教徒的参与将起决定性作用。事实上,他们在如此低的预算下,使建造一座出人意料的大规模和高质量的天主教堂成为现实。

(二) 维克多·皮亚内的木制模型

1859 年底,沃特兰把一些平面图送到了巴黎的埃理斯·弗约(Elise Veuillot)那里。明稽章此时仍然相信这些平面图是布拉蒙的

[①] Sir Charles Cleverley, Approximate estimate, January 1859, AMEP vol.553-1, pp.408-412.

[②] Guillemin to Baron Gros, Guangzhou, 6 January 1859, AMEP, vol.553-1, p.207.

圣莫里斯教堂,但实际上它们是圣莱昂教堂的图纸。在巴黎,埃理斯·弗约让另一位建筑师(姓名不详)在这个方案的基础上绘制了平面详图。①沃特兰的方案很有可能被这位建筑师修改过。新的图纸在1859年底绘制完成,并于1860年在维克多·皮亚内(Victor Pyanet)②的工作室制作了相应的木模型。维多克·皮亚内是曾经给巴黎圣母院制作著名的滴水兽的雕塑师。弗约建议按照1∶50的比例制作建筑最具代表性部位的模型。③这个计划最后没有完成,但是在后续的工作中有可能保留了其中一些部件。

广州博物馆现收藏的广州圣心大教堂木模型(图4)的下半部分,很有可能是由皮亚内于1860年制作的。南锡圣莱昂教堂、广州圣心大教堂和木制模型三者的入口大门形状十分相似;但木模型的上半部分显然由其他人用另一种木料制作,这部分与赫美德后来绘制的广州圣心大教堂的方案相吻合。

赫美德的建筑项目,约1865年在广州制造的木制模型

莱昂·沃特兰的1859年建筑项目,1860年在巴黎由维克多·皮亚内制造的木制模型

图4 在广州博物馆的圣心大教堂木制模型

① Colomban, op.cit., p.135; Voisin to Guillemin, Paris, 2 January 1859, AMEP 553-2, p.643.

② Elise Veuillot to Guillemin, Paris, 11 February 1860, AMEP 553-2, pp.1315-1318.

③ Victor Pyanet to Elise Veuillot, Paris, 11 February 1860, AMEP 553-2, pp.1319-1320.

(三）布克纳尔和沃特兰 1861 年的方案

1859 年，明稽章在广州接待了一位年轻的英国建筑师本杰明·布克纳尔（Benjamin Bucknall）。然而，这位建筑师在 1859 年还没有开始执业，他从英国来，准备前往澳大利亚寻求工作机会。因此，他在广州落脚，与法国传教士待了几天。明稽章谈及他的教堂计划，布克纳尔便承诺会寄给他一份方案图。到了澳大利亚以后，布克纳尔感到很失望，想着返回英格兰寻找适宜的条件，继续绘制他的教堂方案图。①

此时，明稽章仍在广州设法寻求一块土地来建造教堂。自 1858 年底以来，他已经考虑过几个选址。最后，两广总督劳崇光于 10 月 28 日宣布把前衙门所在地批给他使用。②在此之后，明稽章便可以找人按照这块大场地绘制建筑方案。明稽章请求沃特兰设计一个更大的教堂平面，并请求法军将军库赞·蒙托邦（General Cousin Montauban）派遣一位军事工程师给他。③随后，将军写信给布克纳尔，询问他方案的进展并告知他这块地的消息。

布克纳尔和沃特兰同时绘制了自己的方案图，并于 1861 年 1 月底送到明稽章那里。④沃特兰在他的信中解释道，他根据场地的情况修改了圣莱昂教堂的平面图。他还提到，大门的设计和他之前的方

---

① Bucknall to Guillemin, 13 May 1859, Victoria(Australia), AMEP, vol.553 - 2, pp.1639 - 1642；23 January 1861, Gloucester(England), AMEP, vol.554 - 1, pp.169 - 181.

② 这块地的租借事宜肯定包括在 1863 年 1 月 23 日签署的永久租借法案中。明稽章随后又在第一块地的东面得到了第二块名为"Le Tir"的土地，并购买了 180 栋房子和一小块土地以营造围绕在未来教堂周围的天主教社区。为此明稽章花了 18 968 墨西哥比索（约 110 000 法郎）。（明稽章于广州购买的房屋和土地清单以及购置价格，由文芍理于 1871 年 3 月抄录）AMEP, vol.555D-2, pp.1125 - 1128。

③ Captain Charles Cousin de Montauban(son of the General) to Guillemin, Shanghai, 22 December 1860. AMEP vol.553 - 3, pp.2365 - 2368.

④ 明稽章可能于二月底收到了它们。

案不同。①我们对沃特兰的新方案没有更加明确的概念,但根据明稽章后来要求的所有修改看来,这个方案和最后建成的方案应该差别很大。除了我们没能找到的平面图,本杰明·布克纳尔还寄去了他的方案设计说明手稿和两张小的立面手绘图(图5)。②不管这些图的保存状况怎么样,它们都值得一看。因为这些图纸很可能是对这位后来成为英国哥特复兴主义主要建筑师之一开山之作的唯一见证。

图5 本杰明·布克纳尔的广州圣心大教堂方案图,1861,巴黎外方传教会档案馆,卷631A

1861年2月,明稽章收到了两份方案,他需要一位建筑师开始来实施其中一个方案。根据明稽章的记载,有一位建筑师于1860年底从加来上船出发,但未能到达中国,可能在海难中丧生。③对于更多关于他的个人信息以及他要建造的方案,我们无从知晓。

---

① Vautrin to Guillemin, Nancy, 24 January 1861, AMEP vol. 554 – 1, pp. 193 – 195.

② Benjamin Bucknall, Project for Guangzhou's Cathedral, AMEP, vol. 631A(未编目文件)。

③ Colomban, op. cit. p. 193.

1861年4月,法国将军库赞·蒙托邦途经广州,他参观了教堂的选址,并把古斯塔夫·特雷西上尉(Captain Gustave Dreyssé)①、两位中士和他们工程兵队派给了明稽章管理。②特雷西看了教堂的平面图后,向明稽章声明,说他无法参与建设工程,不过他可以为恤孤院的建设提供帮助。

(四) 安贝尔

由于还要继续寻找建筑师,明稽章向沃特兰请求帮助。在南锡,沃特兰说服了他一位同事的儿子前往中国。这位父亲和儿子名字相同:夏尔·安贝尔(Charles Humbert)。儿子26岁,已婚并育有一女,他在南锡的市政建筑办公室当助理。1861年11月6日,他前往巴黎外方传教会并签署了合同。他被雇用去实施建造沃特兰设计的教堂,年收入9 000法郎。1862年2月15日,他和他的家人抵达中国。对安贝尔的聘用也证明了最后他们选择了沃特兰的方案,而且巴黎外方传教会档案馆里也没有关于布克纳尔的后续消息。

明稽章把沃特兰的图纸交给安贝尔,请他按照自己的要求安排工程计划。地基是根据沃特兰的平面图开挖的,而与此同时,安贝尔开始绘制立面方案。③因此,教堂的大体尺寸、柱子和飞扶壁的数量和位置不会再有改动,但后来飞扶壁有所扩大,在其间加入侧礼拜堂,圣器室的位置的形状也有所修改。安贝尔于1862年绘制的哥特式立面方案可以称为"新哥特式"(图6)。正如"新哥特"这一名

---

① 安德烈、弗朗索瓦、查理、古斯塔夫·特雷西(André, François, Charles, Gustave Dreyssé, 1828—1911) 作为"Capitaine en second du 3ème régiment du Génie"。明稽章将他的名字写为"Dreysset",参见 Romain Cousin de Montauban, *L'expédition de Chine de 1860*, *Souvenirs du général Cousin de Montauban*, Paris: Plon, 1932, p.162。

② Guillemin, Note présentée à M. le Général de Montauban lors de son passage à Canton, 29 April 1861, AMEP, vol.554-1, pp.643-649.

③ Humbert, Plans et dessins, AMEP, vol.631A-1, pp.461-471.

字指中世纪的民俗文化,"新哥特式"指19世纪早期的一种建筑流派,它采用了中世纪建筑的装饰元素,却摒弃掉哥特式的结构和建筑技术。①19世纪40年代和50年代的法国,这种技法是建筑师通过研究12世纪和13世纪的教堂建筑而重新挖掘出来的。安贝尔在1862年仍然在绘制"新哥特式"方案,这证明他并没有接受最新式的建筑学教育。

图6 夏尔·安贝尔,1862年广州大教堂的方案图,AMEP,卷631A

明稽章把安贝尔的图纸寄给阿尔弗雷德·杜卡并征求他的意见。杜卡怀疑安贝尔可能缺乏哥特式建筑的理论知识,建议把维奥莱-勒-杜克的《法国中世纪建筑辞典》(*Dictionnaire raisonné d'architecture médiévale française*)寄给他。②1862年,这套共十卷

---

① Jean-Michel Leniaud, *Les cathédrales au XIXe siècle*, Paris: Economica, CNMHS, 1993, «Le troubadour», pp.494 – 496.

② Ducat to Guillemin, 14 September 1862, pp.2635 – 2637 and Alfred Ducat, Croquis extraits du *Dictionnaire d'Architecture* de Viollet-le-Duc, AMEP, vol.631A, p.454.

的辞典仅出版了其中五卷①,但是这五卷书包含了最重要的哥特式建筑部分,特别是"建筑学"和"天主教堂"这两卷(图7)。剩下的几卷书一经出版,明稽章也马上买下来。这套辞典对广州的教堂方案影响深远。

图7　维奥莱-勒-杜克"理想的天主教堂",《法国中世纪建筑辞典》第2卷,第324页

虽然安贝尔在他父亲的帮助下重新绘制了方案图,但是明稽章更希望沃特兰亲自修改图纸。不过沃特兰未能及时回复他,明稽章只能接受安贝尔在沃特兰方案基础上的修改,但很快他又收到沃特兰寄来的新的一版方案图。随后,安贝尔和明稽章之间的关系开始恶化,因为安贝尔之前被告知他是这个方案的唯一作者。明稽章同意承认他是共同作者,但仍无法满足安贝尔。1862年12月10日,他把明稽章状告到广州的法国领事法庭。广州领事李天嘉(Gilbert de Trenqualye)男爵让一位法国海军专员芒赛尔(Mancel)先生在主

---

① Eugène-Emmanuel Viollet-le-Duc, *Dictionnaire raisonné de l'Architecture Française, du XIe au XVIe siècle*. Paris: Bance et Morel, 1854 (vol. I-IV) and 1861 (vol. V).

教和建筑师之间做调解。芒赛尔意识到,安贝尔和沃特兰两个人的方案除了塔楼不一样,几乎没有其他的区别。于是,他要求安贝尔把他的塔楼方案改成和沃特兰的方案一致,并规定他不可以在其他部分做无关紧要的修改从而索要著作权,此外还可以给安贝尔涨一点薪水。1862年12月18日,双方签署协议。

图8　夏尔·安贝尔,1863年广州天主教堂的方案图,AMEP,卷631A

图8中的这份图纸是由安贝尔绘制的,我们假设他已经把方案按照芒赛尔的要求修改了。我们可以注意到,这个方案中的大门、窗户和塔楼与沃特兰的圣莱昂大教堂是一样的(图3)。

在1863年,安贝尔曾抱怨过工人和承建商,并声称要报销他妻子的旅费,也还不断地索要他的著作权。他曾经在一年内三次把明稽章告到领事法庭,但是每次都被驳回。最终,在1864年1月29日,明稽章和他由于一块石块密合不佳产生了新的争论。①几天后,这位建筑师就离开了。他写信告诉明稽章说,他会把教堂的平面图还给明稽章,但前提是必须承认他是唯一作者。②安贝尔动身前往位于法属印度支那的西贡,去开始另一段建筑师生涯。夏尔·安贝尔和他的父亲关于著作权声明做的最后一件事,就是将过时的消息发送给法国报纸《普世报》,这则"安贝尔的方案"的报道于1865年4月出版,介绍这座正在广州建造的教堂,还附上漂亮的效果图③(图9)。

图9 安贝尔1863年的"广州天主教堂"方案图,《普世报》,
1865年4月8日,第1154号,第223—224页

---

① Guillemin to Consul Gilbert de Trenqualye, 5 February 1864, AMEP, vol. 555 - 2, pp. 1345 - 1348, and: Guillemin, Account of the dispute, 4 February 1864, AMEP, vol.555 - 2, pp.1333 - 1334.

② Humbert to Guillemin, Guangzhou, 4 February 1864, AMEP, vol. pp.1325 - 1326.

③ J.F.de la Blate, *La cathédrale de Canton*, in *L'Illustration*, 8 April 1865. N°1154, pp.223 - 224.

(五) 赫美德

为了找人代替安贝尔,约瑟夫·瓦赞(Joseph Voisin)神父(1797—1877)在明稽章急迫的请求下,在巴黎天主教社区内聘用了一位年轻的建筑学学生阿希尔·赫美德(Achille Hermitte)。①他于1864年5月10日和瓦赞神父签订了合同,于6月15日动身前往中国②,9月10日抵达广州③。他的年薪是6 000法郎,而不是安贝尔之前拿到的9 000法郎。

1864年8月21日,明稽章要求赫美德在他的合同之外再签署一份不寻常的附加条款:赫美德应该修改沃特兰的方案,但不能索要著作权。④这项条款可能没有任何法律效应,但是由于听闻了安贝尔之前的"不良行为",赫美德还是同意并签署了。实际上,赫美德还得益于他被人拿来和前任做对比,大家认为他是"聪明人"。而他的到任立马缓解了工地的压力。他对明稽章的要求言听计从,与中国同事合作无间。曾经陪同明稽章在1857—1858年游历欧洲的谢海(A-hoy/Xie Hai),于1865年4月10日被聘为赫美德的助手和翻译。⑤

1864年10月,根据一个当时在广州的神父的记载:"(赫)美德先生(原文为Mr. Ermitte)认为整个天主教堂的基础都要重建。他说,除非采用其他平面图,不然整个西侧和主立面都必须重做。"⑥明稽章拒绝更改平面图并要求他只对现有的基础做改进。赫美德的

---

① Stephen Davis, "Achille-Antoine Hermitte(1840-1870?)", in *Journal of the Royal Asiatic Society Hong Kong Branch*, vol.54, 2014, pp.201-216. 戴维斯陈述赫美德生平的主要信息,不过有些还要澄清。

② Voisin and Hermitte, Contract, 10 May 1864, Paris, AMEP, vol.555-2, pp.1779-1780.

③ Guillemin, Dépenses pour l'église de Canton, AMEP, vol.631, p.6.

④ Guillemin and Hermitte, Article additionnel au contrat du 10 mai 1864. 21 August 1864. AMEP, vol.555-3, p.2171.

⑤ Guillemin, Dépenses pour l'église de Canton, AMEP, vol.631, p.74.

⑥ Philippe to Ozouf, Guangzhou, 9 October 1864, AMEP, vol.555-1, p.2336.

解决方案包括：在现有的基础砌块周围开挖平均两英尺宽的壕沟，以拓宽基础并矫正其对齐排列。① 这项工作持续了一年，一直到 1865 年底才完成。在此期间，赫美德绘制了新的立面图。我们在巴黎外方传教会档案馆没有找到这些立面图，但只要把现存的建筑（图 11）和以前的方案图做对比，便可以很容易发现赫美德对教堂原方案修改的部位。

赫美德的合同和安贝尔以前的合同类似，都明确了建筑师只要在不影响教堂工程进度的前提下，可以为其他建筑工程工作。因此，赫美德还参加了 1865 年香港市政厅建造项目的建筑竞标并于 1866 年初中标。② 与此同时，明稽章想启动上川岛方济各·沙勿略纪念礼拜堂的建设工程。1866 年，赫美德免费为上川岛上的两座教堂绘制了方案图，一座位于方济各·沙勿略安葬之处，另一座在附近的村子里。这两座教堂在 1867—1869 年建造起来，所需的人力、资金和材料都来源于广州圣心大教堂工地。

由于参与了广州、上川岛和香港等地的工程，赫美德已经小有名气。他被法属印度支那殖民地政府邀请去建造位于西贡的新政府官邸和天主教堂。他绘制的政府大楼方案和巴黎的杜伊勒里宫很相似，不过他得等到香港市政厅项目完工以及 1868 年 7 月 15 日与广州圣心大教堂项目的合同结束后，才可以离开中国前往越南。明稽章希望可以和他续约③，不过由于他在西贡可以获得 35 000 法郎的年薪，而在广州仅有 6 000 法郎，所以他更倾向于去西贡继续执业。不过，在 1868 年 6 月 21 日，就在他离开香港前往西贡的那天，赫美德签署了一份庄重的承诺，保证他会在西贡绘制完成必要的细

---

① Guillemin to Hermitte, Guangzhou, 28 July 1867, AMEP, vol.555B-3, p.1991: reminder of the works for the foundations from 1864 to 1865.

② Stephen Davis, "Achille-Antoine Hermitte(1840–1870?)", op.cit.

③ Guillemin, Two drafts of contracts with Hermitte (unsigned), Guangzhou, 15 July 1868, AMEP vol.555C-1, pp.415, 427–428.

部平面图并寄去广州。①

在西贡的时候,赫美德仍然和明稽章在私人和公务两方面保持联系。除了细部平面图,他还提供并运去了50 000块空心砖用于建造拱顶,这些砖块是从法国经西贡进口来的。②1869年,明稽章寄给他一个印有上川岛新教堂的版画,以感谢他的捐赠。画中的刻字写道:"阿希尔·赫美德,广州圣心大教堂的建筑师。"③这是明稽章唯一一次对赫美德在教堂工程中所承担的重要工作公开致谢。

在广州的工地,赫美德的地位并没有被取代。1868以后,曾经和赫美德合作过4年的工程监理魏义(Wei Yi)按照赫美德的平面图继续完成教堂上半部分的建造工作。1870年,赫美德身体抱恙并暂停工作,他可能于1871年离世。此后,教堂建筑工地一直由魏义和其他经验丰富的中国石匠监理,香港的一位爱尔兰军事工程师麦克纳马拉(Colonel McNamara)上校会按时提供建筑方面的咨询工作,一直持续到教堂的完工。

三、施工人员和承建商

在1862—1879年这长达17年的建造过程中,一家名为"曾泰源"的香港建筑公司承包了1863—1868年这六年间的工程。然而,这段时间的工作是决定性的,因为教堂的基座、柱子和墙体工程均在这段时间完成。这些年也见证了建筑师安贝尔、后来的赫美德以

---

① Hermitte and Guillemin, Contract, 21 June 1868, AMEP, vol.555C-1, pp.439 - 440.

② Hermitte to Guillemin, Saigon, 15 June 1869, AMEP, vol.555C-3, p.1426.

③ Ch. Hermitte, Architecte de la cathédrale de Canton, Tombeau de saint François-Xavier à Sancian (Chine), R. de Moraine lithographe, Imprimerie Janson, 6 rue Antoine-Dubois, Paris, (1869?). AMEP, vol. 555, p. 2127 ("Achille Hermitte"也称作"Charles Hermitte")。

及一位法国石匠弗朗索瓦·万瑟诺(François Vincenot)先后的付出。一开始,在安贝尔要求下,他们已经和这家建筑公司签署了合同,但是明稽章又通过工程监理魏义以非正式渠道雇用了另外的建筑公司和建筑工人。1863—1869年,建筑工地在曾泰源公司和魏义的双重管理下产生了很多问题,必须尽快明确双方各自要承担的角色和责任。随着赫美德的离开以及曾泰源公司合同到期,教堂工程就完全由魏义监管,仅有石块切割工人由主教亲自雇用。

(一)魏义

从1861年开始直到最后竣工,魏义一直跟进教堂的建设工程。[①]他来自东莞农村的一个客家天主教家庭。[②]明稽章早在19世纪50年代就认识他的家人。[③]1861年,魏义一开始只是一个明稽章觉得可靠的人,专门协助明稽章在广州和香港两地以合理的价格购买石材以及资金运转。自1862年开始,他在账本中的身份为"木匠",而在1863年又成为"工程监理"(Surveillant des travaux)。[④]1863—1864

[①] 在档案馆中,很多传教士的信件提及"Agny"这个人。他自己签署的中文名是魏亚义或魏亚二。这两个在粤语中都是发音为"Ngai A-yi"。"亚"字的发音很像英文"car"或者普通话"阿"。在中国南方,经常在男子名字前面加上这样的"亚"字。在本文,我们使用普通话拼音 wèi yì,不使用广东话"亚"字,以免产生歧义。

[②] M. Barrois, in Adrien Launay, *Histoire des Missions de Chine*, *Mission du Kuang-Tong*, Paris, 1917, p.10.巴鲁瓦(M. Barrois)是一位传教士,于1870年抵达广州。由于他是天主的仰慕者,他肯定认识魏义,因为当他抵达时,魏义当时就负责工地的事务。巴鲁瓦在1886年写道,Ngai Yu-shi 是广州圣心大教堂的其中一个承建商。我们假设 Ngai Yu-shi 就是 Ngai A-yi(魏亚义),也就是魏义,但并没有证据。他的姓氏 Ngai 正是"魏"字的粤语发音,但是他的名 Yu-shi 与魏义发音不符。我们找到另一个施工人员,也是魏义的同伴 Wei Shouquan(魏寿全),不过他的名字的粤语发音是 Ngai Sau-chyun,与 Ngai Yu-shi 不一致,而且他似乎并没有担任过很重要的角色。

[③] M. Barrois, in Adrien Launay, *Histoire des Missions de Chine*, *Mission du Kuang-Tong*, Paris, 1917, p.10.

[④] Guillemin, Dépenses pour l'église de Canton, AMEP, vol.631, "Ouvriers", pp.74-77(账本中登记其工作于1862年至1870年)。

年,建筑师安贝尔试图赶他走,但明稽章留住了他。1864—1868年,他成了赫美德最主要的交流对象。在1868年7月赫美德前往西贡之后,他收到了赫美德发来的平面图并继续监管余下的工程。

(二) 万瑟诺

1862年,建筑师安贝尔提出要雇用一位法国石匠来负责后续的工作,明稽章表示同意。弗朗索瓦·万瑟诺来自马尔泽维尔(Malzéville)村,他通过安贝尔的父亲于1862年12月20日在南锡被聘用。①由于还在服兵役,可以推测万瑟诺时年二十岁左右,他被描述为是一个"强壮的人"。他于1863年4月15日抵达广州。我们只找到少量关于他的资料,说他经常出现在广州的教堂工地和九龙的花岗岩采石场,工作能力优异。②

万瑟诺的合同期限是三年,根据账本记录,他最后一次领取工资是在1866年5月12日。③然而,在1872年的一封信件中还提及他,不过不是关于教堂工地的事务。④我们不知道他是否仍然继续在教堂工作。后来,他的名字出现在与1875年始建的越南西贡天主教堂工程相关的文献记载中。⑤

(三) 徐金庸和曾泰源——基础工程的承建商

当施工开始的时候,他们并没有和施工方签署任何的合同。直到1863年,账本还只是一份记录着通过魏义发放的小笔工资的长清单。因此,我们对工地的人和事一无所知,而且建筑师安贝尔似乎也对此不是很清楚。工地委托给魏义后,就像一个承接各项专业

---

① AMEP vol.555-1, pp.337-338.
② Guillemin, Guangzhou, September 1863, AMEP, vol.555-1, p.811.
③ Guillemin, Dépenses pour l'église de Canton, AMEP, vol.631, pp.9-10.
④ Jolly to Ozouf, Guangzhou, 4 March 1872, AMEP, vol.555E-1, pp.59-60.
⑤ 我们知道的最后的关于他的记载是一份1909年的法国本土报纸,一则新闻提到有一位名叫弗朗索瓦·万瑟诺的石匠住在马尔泽维尔(法国)的寄宿公寓内(《东部共和报》1909年2月22日,第5卷第2页)。

的工程和材料交付的家族生意网一样。安贝尔很想采用另一套管理方式和业务方法。

当安贝尔于 1862 年 2 月到达广州后,立即就提出要修订合同。1862 年 3 月 25 日,他们和徐金庸①签署了一份"协议",以 450 墨西哥比索②的报酬开挖地基的壕沟。这份协议记载在账本里面③,不过此时仍然没有正式的合同。几个月后,安贝尔成了有关合同问题的诉讼律师。他告诉主教,不能只靠口头承诺,应该用书面的形式对每件事情进行详细说明。1862 年 12 月 29 日,他们和徐金庸签署了第一份合同。④这份价值 670 墨西哥比索的合同,包含了 9 个月前已经完成的价值 450 墨西哥比索的那份"协议"。这份合同并非一个起点,它覆盖了壕沟的扩大工程和之前已基本完工的工程。

两周之后,1863 年 1 月 14 日,他们与魏义签订了另外一份价值 1 000 墨西哥比索的合同,用于在壕沟上的基础建设工程。⑤然而,在 1 月 15 日,安贝尔再次提出抗议,他认为所有的合同签订之前必须由建筑师审批。他要求加上附加条款以强调建筑师的权利,并改正工地上存在的一些问题。他认为要雇用"正经"的承建商,暗示魏义并不是。

1863 年 1 月 17 日,明稽章与香港的一家公司在广州签订了另一份合同。⑥这家公司名字叫"泰源曾二"或者"曾二泰源",由曾氏两兄弟持有。这份合同与三天前与魏义签订的类似,包含两条符合建

---

① 这个承建商签了两个不同的中国名字:徐金庸和徐金容,但其粤语发音相同(普通话拼音为 xú jīn yōng 与 xú jīn yóng)。明稽章按照粤语发音"Tsoy Gam youn"记录下了他们的名字。

② 建设过程中使用的货币是墨西哥比索,中国人也称之为"大元",1 个墨西哥比索由 25 克银制作。在账本中(AMEP, vol.631),我们可以发现 1859 年的汇率是 1 个墨西哥比索换 6 法郎,1861 年可以换 5.76 法郎,1864 年可以换 6.15 法郎。

③ Guillemin, Dépenses pour l'église de Canton, AMEP, vol.631, p.13.

④ AMEP, vol.554 - 4, p.3069.

⑤ AMPE, vol.555 - 1, pp.63 - 64(French) and 67 - 68(Chinese).

⑥ AMPE, vol.555 - 1, pp.65 - 66(French) and 69 - 70(Chinese).

筑要求的附加条款，一条是要求必须有一位可以传达建筑师命令的人在场，另一条要求必须由同样的工人来备制混凝土。我们推断，1月17日与曾泰源签订的合同代替了1月14日与魏义签订的合同，曾泰源很可能是魏义的转包商，后来成为承建商。

此后，安贝尔还要求材料的购买必须由曾泰源经手，而不是由魏义来操办。但是这项请求被明稽章拒绝了。之后，安贝尔又把这位主教告上领事馆，然而芒赛尔于1月23日驳回了安贝尔的诉求。

两天后，即1863年1月25日，教堂的第一块石头落地。①正如曾泰源的合同条文所描述的，地基的建造始于将长石块放置于壕沟。墙砌在壕沟的两侧，让土壤在其背后紧紧压实。然后，用混凝土和石材逐步填满壕沟。这项工程进行期间，1863年12月8日举行了庄严的仪式，对即将放置在主立面两侧的奠基石进行祈福。

（四）与曾泰源签订的合同和1865年的施工说明书

在安贝尔辞职之后，1864年间他们又雇用了赫美德，并加固了地基，准备根据赫美德重画的方案开始建造。1865年5月26日，明稽章、赫美德和曾泰源签订了一份价值67 000墨西哥比索（约400 000法郎）的新合同。②这份涉及整栋建筑工程的合同为期四年，包括拱顶（玫瑰花窗除外）、屋顶和塔楼的修建。合同中不包括建筑材料的购买（石材、石灰、沙、钢材等）。

合同中附的施工说明书（*Cahier des Charges*）是中法双语的③，其中包括49项条款，描述工程项目、教堂的模式、建筑材料和建筑技艺、建造工序、工地的组织架构、工人的生活状况、工人的雇用和

---

① Guillemin to Voisin, Guangzhou, 30 January 1863, AMEP, vol. 555A-1, pp. 151–154.

② Convention au sujet de la construction de l'église de Canton, AMEP, vol. 555A-1, pp. 638–644.

③ Cahier des Charges et Devis relatif à la construction de l'église, AMEP, vol. 555A-1, pp. 614–638.

解雇、行为规范和工资。其中还描述了一种由一份灰两份瓦碎制成的中国油灰瓦碎。但最重要的目的是解释如何在中国建造一座法式教堂。它还包含了首创的用来描述哥特式建筑的中文词汇:

石室工程使用的词汇	中　文	法　文	英　文
画式师傅/画式者	建筑师	Architecte	Architect
斜拱撑	飞拱	Arc-boutant	flying buttress
大石(在)天花拱之中夹十字拱顶	拱心石	Clé de voûte	Key stone
大圆花窗	玫瑰窗	Rosace	Rose windows
十字拱撑线	肋骨穹顶	Croisée d'ogive	Rib vault
天花拱	拱顶	Voûtes	Vault

(五) 采石工

根据 1865 年的施工说明书,曾泰源必须在广州的工地雇用 300 名工人。实际上,工人的数目从来没有超过 100,另外还有少数的石匠仍然由主教亲自雇用,还有九龙的花岗岩采石场的采石工。

蔡孝是其中一位明稽章雇用的石匠。郑力鹏近期在文章中披露,他曾参与了教堂工程。①蔡孝又被传教士和魏义称呼为"阿孝"(A-hao)。②他来自粤东的揭阳,和魏义一样是客家人,不过没有受洗。从 1863 年开始,账本中记载他为首席石匠之一,1866 年以后又记载他为一位工程监理。蔡孝在 1870 年成为第一位首席石匠。而其他工程监理我们只知道,他们粤语姓名的罗马拼音是:"A-fong"(阿冯),"Tchioung sin sang"(张先生)和"Kam sing sang"(甘先生)。

石匠要求技能和丰富经验,所以人员稳定显得格外重要。1872 年,由于经济紧张,文苟理神父减少了大约 20 位工人,但明稽章认为经验丰富的工人的流失会影响教堂的顺利竣工,他宁愿去贷款也

---

① Zheng Lipeng, "The Sacred Heart Cathedral and Cai Xiao", in *South Architecture*, no.2, 2008, pp.70–73.

② Wei Yi 魏义 to Guillemin 明主教, Hong Kong, 10 February 1881. vol.555G-1, p.47(1–3).

要尽快把他们雇回来。1880年,当教堂竣工后,越南西贡天主教堂的建设也开工了,60位广州圣心大教堂的石匠被雇用参加那里的建造工程。

四、材　　料

(一)砖和花岗岩之间的选择

1860年底,明稽章向沃特兰询问石材的准备情况,因为沃特兰于1861年1月曾回复他说工地可能需要多种尺寸的石材,而任何尺寸的石材他都可以帮忙准备。① 然而,沃特兰的方案主要采用砖砌,只有柱子、窗棂、门框、角位、拱顶和飞扶壁会采用既昂贵又重的石材。1865年,他们打算采用陶瓦制作装饰元素,用钢铁制作玫瑰窗的内分隔。

由于在广州很难购买到工业材料,所以首先要放弃使用工业材料的想法。中国传统的砖块受烧制方式所限呈现蓝色而且较脆。当时要在广州生产"红砖",需要建立一整套产业。进口砖块会增加成本,因此使用砖建造没有优势,明稽章倾向于用石材来建造教堂。

1867年7月,当墙体和柱子刚开始建造时,他们针对这个问题展开了最后的讨论。在赫美德写给明稽章的长信中,他解释了在局部使用砖来建造墙体和塔楼的优点,他认为烧制"红"砖是可能的。② 然而,明稽章却认为,尽管工期会更长、难度更大而且造价更高,但教堂应该整栋都用花岗岩来建造。最终,广州大教堂中只有拱顶使

---

① Vautrin to Guillemin, Nancy, 24 January 1861, AMEP, vol.554-551, pp.193-195.

② Hermitte to Guillemin, Proposal to build the church in bricks and granite, Guangzhou, 19 July 1867, AMEP, vol.555B-3, pp.1981-1984.

用了于 1869 年从法国经西贡进口的空心砖。另外,钢材只用于必不可少的地方,比如中殿墙体里和塔楼里的各两排加固钢筋。这些钢筋是明稽章从他的老家贝桑松附近的弗赖桑(Fraisans)的铸造厂买来的。①

(二) 石材的采购

19 世纪 60 年代早期,花岗岩的开采是香港地区一项发展迅猛的行业,特别是当英国于 1861 年拿下采石岛之后。不过明稽章认为英国人卖的石材太贵了。1861 年,当时仍然可以在香港附近或更远的许多沿海地区找到花岗岩。因此,以合理价格获得石材的最初方案是从海岸边的采石工那里购买石材,再雇用船夫把石材运去广州。第一批从香港运往广州的石材于 1861 年 2 月抵达工地。这项采购是由谢海和魏义操办的。②除了花岗岩,建设教堂地基所采用的混凝土由石灰、沙和碎石制成。压碎并混入混凝土中的碎石至少来源于三个地方:在广州附近珠江边的黄埔、东江边的石龙,还有第三个名为"Lay chan"(今地址不详)的地方。③

(三) 九龙的花岗岩采石场

在决定用花岗岩建造整个教堂之前,他们盘算不去现有的采石场购买石材,而是开设一家自己的花岗岩采石场,可以节省 40 000 法郎。④因此,他们于 1861 年 4 月请求两广总督劳崇光拨给他们一块用于开设采石场的地。这块地位于九龙新安县的牛头角,于 1898 年划入香港行政区域。但由于没有马上获批,魏义只能继续在其他采石场购买石材。

---

① Guillemin quoted by Colomban, op.cit., p.395.
② Jacquemin to Guillemin, Hong Kong, 12 February 1861. AMEP, vol.554 - 1, pp.285 - 287.
③ Guillemin, Dépenses pour l'église de Canton, AMEP, vol.631, pp.28 - 29.
④ Guillemin to his brother, quoted by Colomban, op.cit. p.193.

在商讨了一年多之后,劳崇光于 1862 年 6 月 23 日批了一块使用期三年,200 米(30 丈)长的用地给他们。由于石材要由船只运出,所以采石场必须连续地沿着海岸线而建,200 米的尺寸指的应该是获批的海岸线长度。两位中国官员把用地划成两块,每块 100 米(15 丈)长,位于牛头角村的左侧,朝向附近一个叫长湾官山(另有一说是茶果岭①)的地方。九龙的民众对于采石场的开设很不满,1862 年 10 月,他们还对采石工们发起攻击。②民众还投诉说,用地内还有坟墓、耕地和房屋。③在 1866 年 8 月 10 日,两广总督府的许可证有效期又续了三年,用地还延长了 100 米。1869 年底又续了最后的两年有效期。1872 年前,为建造塔楼的大部分的石材似乎都被开采出来了。

一开始,采石场雇用了 134 名工人。这已经是这个小工作场地可容纳的最大人数。采石场有 10 位主管,每位主管都雇用了自己的一队采石工,大多是自己家里的人,根据送往广州教堂工地的石材数量获得报酬。1863 年内,共有 53 船石材运往广州,地基的建造消耗完了采石场所有产出的石材。1864 年,由于安贝尔的离开以及要花时间对有缺陷的基座进行调整,工地只接收了 6 船的石材。④不

---

① 1862 年九龙地图:"广东广州府新安县牛头角山图形呈",AMEP,vol.631A。

② 台北"中央研究院"近代史研究所编:《中国近代史资料汇编·教务教案档》,第一辑(三)咸丰十年—同治五年(1846—1867),台北"中央研究院"近代史研究所,1974—1981 年,第 1325—1330 页。也见 Guillemin to the Consul Gilbert de Trenqualye, 7 October 1862, AMEP 554 - 4, pp. 1379 - 1380; Colomban, op.cit., p.190; Bao Dai(保岱),The French-born Chinese church: The Evolving Symbolism of the Cathedral of the Sacred Heart of Jesus in Guangzhou. (Thesis) Colombia University, April 2015, p.11。

③ 关于事件的中文档案,见《教务教案档》,第 1325—1330 页。

④ 账本(AMEP, vol.631)记录下了 1862—1870 年从九龙前往广州的运载石材的船只数量。这表明了采石场生产速度的变化。1862 年间,有 9 艘船抵达广州,1863 年有 56 艘,1864 年只有 6 艘,1865 年有 37 艘,1866 年有 34 艘,1867 年有 27 艘,1868 年有 42 艘,1869 年有 23 艘,1870 年有 28 艘。我们没有找到 1871 年和 1872 年的记录。

过,仍然有约 100 名采石工继续在采石场工作并私下卖石材赚钱。两广总督对这种行为很不满,因为采石场是批给圣心大教堂的建设使用的,不是给采石工去做生意的。于是明稽章把每队的人数减少为 6 个,共 60 人,不过还是很难限制他们继续做生意。相反,随着 1865 年教堂墙体工程开始,工地需要更多的石材,但是工程的进度又受其开采速度的限制。这种缓慢的开采速度也证明,虽然他们与曾泰源的合同上要求必须提供 300 名以上的石匠,但实际上广州工地根本不超过 100 位。

(四) 材料的运输

从 1862 年开始,建筑材料的运输和交付便成为一项持续的工作。其费用包括广州建筑工地附近河岸上一个码头的维护。[①] 把花岗岩从九龙运往广州建筑工地的运费(150 千米)占了约 40% 的费用,剩下的 60% 费用用于支付给采石工。另外,碎石、沙和石灰也要运到这个码头,不过这些材料和石材不一样,价格由供应商来确定。[②]

因此,我们可以说广州圣心大教堂整个都是从珠江上运来的、风吹来的、肩扛来的。明稽章提到,石材的陆上运输全由人力完成,就算"小石块"也有 1×1×2 英尺大,重达 200 千克以上。一队苦力工人一个接一个地在肩上扛着绳子捆绑的石头。虽然码头到工地的距离很短(包括绕过城门也不足一公里),但是陆上运输依然是运输过程中最困难的,要花掉整个花岗岩运输费用的 35%。

由于石材必须由人工来运输,这也决定了它们的尺寸,宁可要瘦长型也不要矮胖型的。大部分的石材都有统一的 1×1 英尺

[①] Guillemin, Dépenses pour l'église de Canton, AMEP, vol.631, p.80.

[②] Guillemin, Dépenses pour l'église de Canton, AMEP, vol.631."材料购买价格清单"(pp.25-55)涵盖了 1862 年 3 月到 1870 年 1 月的记录。明稽章在 1870—1875 年返回欧洲参加梵蒂冈大会并到处募款,当 1870 年他离开后,就没有更多的账本能完好地保存下来。

（35×35厘米）截面尺寸和各种各样的长度。不过还是会有一些像1863年放置的两块地基石那样大的巨型石块。这种石块的运输极具挑战性，必须购买长木梁让更多的工人来抬。①1866年运来做柱子的石材也非常重。②这些侧殿庞大的整体柱长超过4米，可能是建筑里最长的柱子，但直径仅有20厘米。当墙体建起来之后，石材就可以在墙顶上用木制起重机吊起来。

（五）砌筑与切割术

石块的几何切割与定位对建筑的稳定性至关重要，1865年的施工说明书对此有详细的描述。石块的砌筑与定位（法语"appareillage"）翻译成"造交准"。"切割术"是对石头进行立体几何绘制和切割的技术，这在说明书中没有提及，但是有这方面问题的记载。例如，按照"切割术"，拱顶的石块必须按照常规的弯曲半径以及在拱两端表面之间的精确角度去切割，而墙体的石块则必须相互间保持严格的平行面。教堂中形状最为复杂的石块是在主柱上，因为它们是由八根带有两种不同半径的柱子围绕着一根更大的柱子组成的，每个石块的上下表面都进行精确切割从而能彼此吻合。他们还采用"鸠尾接合"的方式连接不同角度的石块。这些石块的切割还与定位的规则和连接方式有关，比如石块间的垂直连接必须一排对一排，这种尺寸的石块不可以用两块短石块拼合来代替等。

至1868年，万瑟诺和赫美德已经把这些技术都传授给工人。1868—1870年，赫美德在西贡不断地给魏义寄去标有节点位置的平面详图供建造教堂使用，一直持续到要建造屋面和穹顶为止。此后，教堂的完工依赖魏义和石匠们的经验。

---

① Colomban, op. cit. p. 215 and Guillemin, Dépenses pour l'église de Canton, AMEP, vol.631, pp.33-34.

② Hermitte to Guillemin, 16 September 1866, AMEP, vol. 555B-2, pp.1041-1043.

五、即 将 竣 工

教堂的建造时间一般认为是 1863—1888 年,实际上,工人从 1862 年就开工了,而尖顶工程则建到 1879 年才完工。在这一章中,我们旨在阐明教堂工程的施工日期、环境以及竣工的问题。

(一) 至 1870 年的施工进度

正如上文所述,地基的开挖是从 1862 年 3 月开始的,第一块石头于 1863 年 1 月 25 日放置。1865 年,在地基加固之后,开始建造墙体和柱子。首层的施工从北往南,于 1867 年施工到主立面这边。然后,在未来大门的两侧安放了明稽章从罗马和耶路撒冷带来的两块标志性的奠基石,并于 1863 年 12 月 8 日举行了隆重的祈福仪式。这两块奠基石被放在工地的角落长达 3 年,终于在 1867 年 3 月 25 日被封印在这个位置。

二层(中殿的墙体和窗户)的建造于 1869 年开始。此时,明稽章必须返回罗马参加梵蒂冈的会议。在离开之前,他获得了九龙花岗岩采石场的新一期许可证。文芍理神父(1836—1878)被任命为副宗座监牧,负责在明稽章离开期间管理宗座监牧区和广州的工程。工地此时还是依仗魏义,文芍理则向香港的爱尔兰籍工程师麦克纳马拉定期寻求协助。

梵蒂冈的会议于 1869 年 12 月开始,明稽章于 1870 年 3 月底才迟迟赶到。在一封 1870 年 4 月 17 日的信中,文芍理给明稽章看了一份近期工作的简短记录。上层窗户建造正在进行中,三个玫瑰窗已做完一半。文芍理还提醒明稽章资金短缺,认为他需要去募捐。[1]

---

[1] Jolly to Guillemin, Guangzhou, 19 April 1870, AMEP, vol.555D-1, pp.237 - 240; 25.000 francs were payed immediately.

根据明稽章保留的详细账本,到 1870 年 1 月,已经花掉了 978 940 法郎。①文芍理估计还需要 200 000 法郎。

在罗马,明稽章从法国慈善信托得到了一笔 18 000 法郎资助的承诺,还有主要的一笔费用来自天主教传教团体"传信善会"Œuvre pour la Propagation de la foi）②,用于报销在上川岛建礼拜堂的财政支出,可以在圣心大教堂建造完工之前到位。1870 年 6 月 25 日,外交大臣格拉蒙已经批准了 100 000 法郎的资助,不过明稽章仍希望可以再多筹集 40 000 法郎。③

事情到目前为止都很顺利,但是从 1870 年 9 月开始,在欧洲和中国,远离广州的地方均发生了一系列意外的事情,影响了圣心大教堂的资金募集工作,明稽章不得不在欧洲多待了 5 年去克服这些难题。

（二）法国外交官的否决以及资金的难题

1870 年 6 月,20 位中国天主教徒、10 位法国修女和 2 位外交官在天津的一场骚乱中被杀害。1870 年 9 月 1 日,文芍理收到广州法国领事达尔比（Darby）的建议:北京的参赞署理公使罗淑亚（Julien de Rochechouart）命令,由于广州的局势,决定暂停提供资助。④实际上,广州并没有什么特殊事件发生,于是达尔比向文芍理保证,罗淑亚在收到进一步的消息之后肯定会改变他的决定。⑤然而,罗淑亚却

---

① Guillemin, Dépenses pour l'église de Canton, AMEP, vol.631.
② 传信善会是 1822 年由保林娜·贾里科特（Pauline Jaricot）在法国里昂创立的一个慈善信托,注意不要和罗马传布信仰圣部相混淆。
③ Gramont to Guillemin, 25 June 1870, Paris, AMEP, vol. 555D-1, pp.381–382.
④ Rochechouart to Méjan, Beijing, 1 September 1870.(Copied by Méjan in Shanghai and then in Guangzhou by Darby). AMEP, vol.555D-1, p.613.
⑤ Dabry to Jolly, Guangzhou, 22 September 1870, AMEP, vol.555D-1, pp.653–654.

继续争辩道:由于反对洋人的抗议几乎遍布了整个中国,当然也可能在广州发生。最后,他认为,中国人对于改变风水的担忧是由于教堂建得太高。

目前我们尚不清楚,罗淑亚提到的对风水问题的担忧是否真的来自广州民众的意见,抑或是他由北京民众的反应来推测广州民众也会这样。1860 年北京北堂的塔楼建造之后,可以从故宫内望得到。①尽管如此,罗淑亚还是以风水问题为由,让明稽章保证暂停建造教堂,以换取剩下的 75 000 法郎资助②(共承诺 100 000 法郎,其中 25 000 法郎已经发放)。然而,法国大使对于建筑工地的限制只能通过财政方面,75 000 法郎的数目不足以成为决定性因素。不过这一问题会慢慢和其他问题一起积累起来。

1870 年 9 月 4 日,在普法战争期间,拿破仑三世下台,法兰西帝国变成法兰西第三共和国。保护罗马的法军被召回法国,罗马于 1870 年 9 月 20 日被加里波第(Garibaldi)攻克。梵蒂冈的会议被打断,教皇辖境(the Papal States)也缩小到梵蒂冈城内。明稽章回到法国,在国家处于战乱这种最糟糕的环境下到处募捐。

一段时间之后,传信善会通知明稽章说资助已经取消,理由是明稽章把一篇计划在《传信年鉴》(*Annales de la Propagation de la Foi*)上出版的答谢机构资助建造上川岛圣方济各纪念教堂的文章③,又刊登在 1870 年 9 月的天主教报纸《普世报》,并在结尾处附

---

① 明稽章认为外交官对广州时局的推断基于他在北京遇到的事,这正是日意格于 1872 年做的(Prosper Gicquel, La politique française en Chine depuis les traités de 1858 et de 1860, Paris, Guillaume et Cie, 1872, pp.39 - 40)。除此之外,我们不知道怎样和何时广州圣心大教堂的高度会引起关于风水问题的担忧。

② Rochechouart to Jolly, Beijing, 16 July 1871(copy), AMEP, vol.555, pp.1715 - 1716.

③ Guillemin, Lettre aux Directeurs de l'Œuvre pour la Propagande la Foi, Guangzhou, 12 June 1689, in Annales de la Propagande de la foi, 1869, T.41, pp.408 - 425.

上向读者募款的信息。①传信善会的董事们被明稽章的做法惹怒,取消了其资助。

到 1870 年底,文芍理已经没有资金维持工程的建设。他决定保护好整个工地,把易燃的覆盖材料移除,只留下约 20 位工人维持工地的基本运转。②明稽章不同意这样做,他担心那些经验丰富的工人的流失。为了尽快恢复工程,他决定去贷款,并让文芍理也在广州贷款。1871 年 3 月 10 日,文芍理列了一张教会的财产清单给汇丰银行,申请了 15 000 墨西哥比索(90 000 法郎)的抵押贷款。已建到墙顶的教堂工程复工,紧接着是三个山墙面的建造,然后是屋面和穹顶的建造。

1871 年 8 月,广州的街头贴出一张公告,声称广州圣心大教堂将在 8 月 3 日被摧毁。文芍理把这个威胁报告给明稽章,说罗淑亚很可能把这件事当作又一个不发放资助的理由。③一份中文的广州纪事报道了这件事情。与此同时,两广总督瑞麟为防止天主教堂受攻击,逮捕并处决了一个叫冼亚满的男子和其两个同伙。④

1872 年 5 月,新任法国大使热福礼(Louis de Geofroy)来到天主教堂的工地。对于风水以及相关的资助支付问题,他要求文芍理取消塔楼的建造,而且还要把屋顶的高度从 6.8 米降到 3.4 米。⑤

---

① Guillemin, Bénédiction de la chapelle élevée sur le tombeau de Saint-François Xavier dans l'île de Sancian, Guangzhou, 1 June 1869, in *L'Univers*, n° 866, Mardi 14 septembre 1869 pp.1 - 2; and n° 868, Jeudi 16 septembre 1869, pp.1 - 3.

② Jolly to Guillemin, Guangzhou, 1 January 1871, AMEP, vol.555D-2, pp.879 - 883.

③ Jolly to Guillemin, Guangzhou, 2 August 1871, AMEP, vol.555D-2, pp.884 - 888.

④ 中国人民政治协商会议广州市委员会:《广州百年大事记》,广东人民出版社,1984 年:"同治十年(1871)七月。是月广州纷传洋人施放'神仙粉'为害市民,市民仇视洋教,展开反洋教运动,有拆毁教堂之议。两广总督瑞麟将所谓为首滋事之冼亚满等三人'正法'以媚外。"http://www.gzzxws.gov.cn/gzws//gzws/ml/33/200809/t20080918_9351.htm。

⑤ Jolly to Guillemin, Guangzhou, 20 May 1872, AMEP, vol.555E-1, p.153.

(三)屋顶的建造

此时还在巴黎的明稽章从文芍理那得知此事后,认为大使的要求是"荒唐"的。他让文芍理不要理会他的要求,马上开始屋顶的建造。明稽章也因此开始到处征询著名建筑师的建议。尽管发生了这些波折,教堂屋顶建设仍持续进行。虽然资助撤销了,但明稽章却因此事得到了维奥莱-勒-杜克对教堂的称赞。①

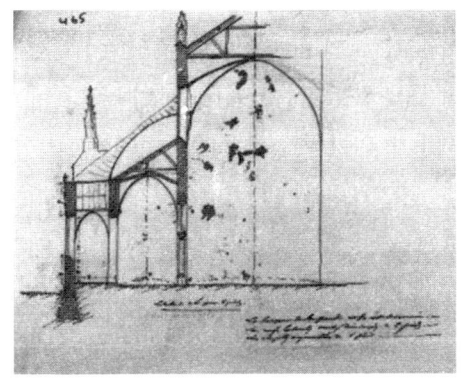

图10 1861—1863年沃特兰(上图)和安贝尔(下左图和下右图)构思的三种屋顶结构的候选图,巴黎外方传教会档案馆,卷631A
(实际按照赫美德的设计而建造的屋顶结构与这些略有不同)

① Viollet-le-Duc to Guillemin, 21st of May 1873, Paris, AMEP, vol. 555E-1, pp.901-903.

在广州,教堂屋顶的建造于1872年6月开始,穹顶的肋拱(图10)也同时在建,屋顶框架结构可用于支撑木制的拱定心以及拱顶石块。这项工程于1873年7月完工。下一步是建造拱上的屋顶。由于资金困难,魏义建议使用抹了石膏面的木材来建造①,后来财政情况有所缓解,便又改用空心砖。

在法国,阿道夫·梯也尔(Adolphe Thiers)的政府于1873年倒台,由更支持天主教的麦克-马洪(Mac-Mahon)政府接替。1873年6月28日,新任法国总理布罗伊公爵阿贝尔(Albert de Broglie)提交了一项财政法案,重新分配了之前承诺的75 000法郎。这项法案于1873年7月7日通过。7月22日,法国总理告诉明稽章,他很快就可以收到这笔钱。②在此期间,明稽章仍继续在法国天主教徒捐助者中筹款。

1847年9月,穹顶完工且已干透,准备拆除木制拱定心。这项工程十分令人担忧,它将检验屋顶是否稳定,会不会倒塌。9月10日,一些连接着拱和拱定心的楔子被拆除后,拱顶有点变形,工程随即中断。在9月10日至17日,文芍理每天都给明稽章写信表达他的担忧。他怀疑魏义是否有"足够的勇气"面对这个问题,同时他也向香港的麦克纳马拉上校征询意见。③后者建议他去购买一种特制的金属钳以便拆除模具,但是去订购和运来这些金属钳需要花费很长时间。麦克纳马拉还检查了墙体的垂直度,看看是否被变形的屋顶压偏,但是他的担心是多余的。9月17日早晨,文芍理写道,魏义不想花那么长时间等金属钳送来,他今天就要尝试拆除更多楔子;下午4点他再次写道,所有的楔子已经全部成功拆除,穹顶很稳定。

---

① Jolly to Guillemin, Guangzhou, 25 March 1873, AMEP, vol.555E-2, pp.749 - 751.

② Albert de Broglie(布罗伊公爵阿尔贝)to Guillemin, 22 July 1873, Versailles, AMEP, vol.555E-1, p.1093.

③ Colomban, *op.cit.*, p.424.

(四）塔楼的建造

1874年9月，塔楼的建造准备开始，工地需要聘请更多的工人。①1877年，除了尖顶之外，塔楼其他部分已经完工。②施工期间由于校准的失误，塔楼的顶部平面并没有做成正方形而是长方形，变形最大的一个方向把6.3米宽做大成了7.4米宽。因此，八角形尖顶的形状和位置也与这不规则形状相契合，不过最后基本看不出来。（图11）

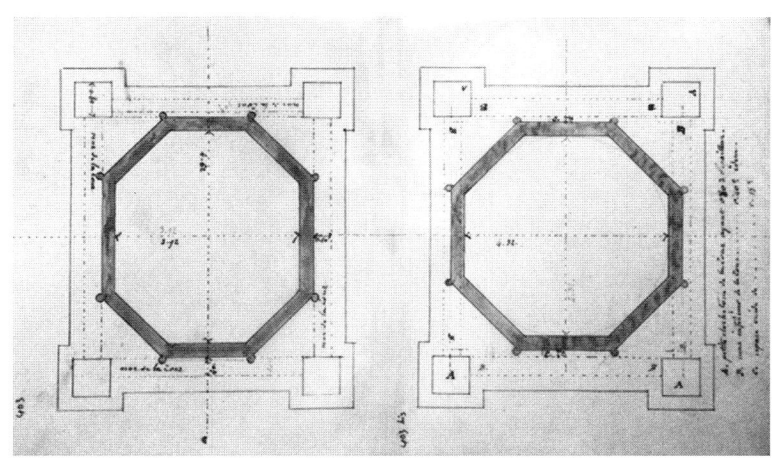

图11 明稽章的手绘图：在长方形的塔楼上建造合适的八角形尖顶的两种方法。左图是最后的实施方案（巴黎外方传教会档案馆，卷631A，第403页）

明稽章让他的兄弟帮忙购买了要放置在尖顶底座的加固钢筋。这些钢筋出产自他家乡法国东部的弗赖桑的铸造厂③，于1877年8月被安放进底座。

---

① Jolly to Ouzouf, Guangzhou, 17 September 1874, AMEP, vol.555E-3, p.2183.

② Colomban, op.cit., pp.396 - 397.

③ Jolly to Guillemin, Guangzhou, 25 March 1873, AMEP, vol.555E-2, pp.749 - 751, 398.

(五)明稽章的离开

1879年1月,当尖顶的工程正有条不紊地进行时,明稽章收到让他前往罗马的正式命令。①官方的理由是新任教皇利奥十三世(Pope Leo XIII)要做关于中国天主教传教工作的决议,需要经验丰富的广州主教向他提供建议。而真正的原因是教皇想找人在广州顶替他的职位,因为明稽章和几位神父之间的关系十分紧张。

在离开中国之前,明稽章指定安托万·贝阿尔(Antoine Béal)神父为代理教长。他还希望可以保证蔡孝继续负责整个工程。他写信说道:"幸运的是,在广州一直有一位信得过的中国石匠师在我身边,尽管有些人告诉我他们很不喜欢他,希望他离开。但是不管怎样,在离开之前,我会把用于建造尖顶以及恤孤院前面两个大门的图纸画好给他,我确信当我回来之后,一切都会按我说的做,像期望中的一样既坚固又有风格。"②

为了确保天主教堂在他离开之后可以顺利竣工,明稽章还往香港的商业银行投资了30 000墨西哥比索。③他计划把这些钱用来购买圣坛、彩色玻璃、西塔楼上的时钟和一个"雅克玛尔",这是一种用撞锤敲钟报时的自动装置,其目的是给教堂增添趣味性和吸引力,尤其是对于孩子们,到时候大家都会因此过来参观。④这一部分资金应该是明稽章自己的钱,他委托贝阿尔神父来处置,不可以被其他人用于其他目的。

1879年3月21日,明稽章离开中国。尖顶工程于同年7月竣工⑤,金属十字架和避雷针在9月安装了上去。9月10日,贝阿尔神

---

① Colomban, *op.cit.*, p.422.
② Colomban, *op.cit.*, p.424.
③ Colomban, *op.cit.*, p.426.
④ Guillemin to Lemonnier, Guangzhou, 21 February 1879, AMEP, vol.555P, p.383.
⑤ Béal to Lemonnier, Guangzhou, 4 July 1879, AMEP, vol.555P, pp.404-406.

父写信给明稽章说,塔楼的脚手架已经拆除,教堂从下到上完全展现出来。①贝阿尔还写道,很多游客前来称赞广州圣心大教堂。不管是否真实,这绝对是明稽章最喜欢听到的消息。

(六) 蔡孝之大过失火

1880年9月15日晚,广州圣心大教堂旁边的棚屋突然起火。当火势开始向附近其他楼房蔓延时,消防队前来灭火,但是在场的石匠与消防员发生了冲突,大火烧毁了教会的一些房子,这场争斗升级成了暴乱。两广总督的军队前来调停,一些暴乱分子被当场击毙。此后的三个月,教会的房产便需要由两广总督保护起来。②

关于这个事件,出现两种不同的报道。中国的报道在火灾几天后在广州的街头贴出(图12),报道解释说,石匠们不让消防队通过前往棚屋,又拒绝提供工地的水泵,还首先挑起了对消防队员的攻击。贝阿尔神父在记载中写道,广州的基督徒是这场非教徒蓄意攻击的受害者。他保证,他们当时已经提供了所有可用的水泵,并否认了所有在天主教徒间引发的冲突。③然而矛盾的是,魏义给明稽章写了另一封信,谴责蔡孝犯了严重的过错而导致失火。④他抱怨说,蔡孝喜欢抽鸦片,还怀疑他售卖给别人。根据魏义的说法,起火当晚,蔡孝正在棚屋里面抽鸦片,是他点鸦片的灯引发了火灾。然后,他还拒绝让消防员进入,宁愿让房子全被烧掉。在这场悲剧之后,

---

① Béal to Guillemin, Guangzhou, 10 September, 1879 AMEP, vol.555F, pp.927 - 929.

② Auguste Chausse, "Préfecture Apostolique du Kuang-tong", in *Annales de la propagande de la foi*, n°326, vol.55, Lyon, 1883, p.17.

③ Missions Catholiques, "Correspondance, Kuang-tong, Chine", T.12, 1880, pp.542 - 543.

④ Wei Yi to Guillemin, (Account of Cai Xiao's serious offense, 蔡孝之大过失火), Hong Kong, 10 February 1881. Vol.555G-1, p.47(1 - 3).关于蔡孝在事件中的作用,也可参见 Zheng Lipeng, "The Sacred Heart Cathedral and Cai Xiao", in *South Architecture*, no.2, 2008, p.72.

蔡孝在众天主教徒面前折断鸦片烟杆以证明他的悔改之心,不过大家都不相信他。实际上,抽鸦片在当时是合法的而且十分普遍,但是没有被天主教徒所接受。

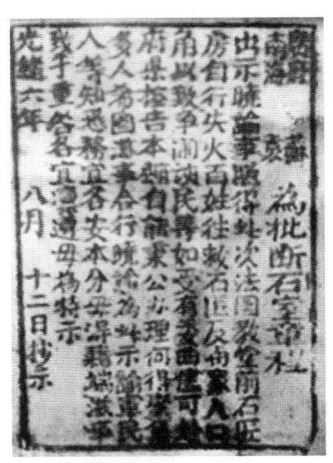

图 12　1881 年 9 月 15 日张贴画(来自巴黎外方传教会档案馆)

(七) 19 世纪 80 年代的广州圣心大教堂

新任命的助理主教邵斯于 1881 年 7 月 25 日被祝圣为主教。作为助理主教,他在明稽章缺席期间担任广东宗座监牧区的负责人。他将在明稽章去世或者退休后接替他的位置。

明稽章先到了罗马,然后又去了法国。别人叫他多休息并推迟返回广州的时间,直到他越来越老,无法再出行。在这些年里,他总是讲起他在广州建了一座"和巴黎圣克罗蒂德堂很像"的教堂,还继续为广东的天主教传教事业募款。

在这段时间里,邵斯一直担任明稽章的辅理主教,而明稽章是否回广州的不确定性也是大教堂落成典礼一再推迟的一个原因。然而,最主要的原因还是 1881—1885 年爆发了中法战争,在这段非常时期内引起对于法国建筑的关注显然是不合时宜的。因此,邵斯故意放慢了一些收尾工程的进度以推迟落成典礼的时间,但是他对外声称是由于资金的短缺导致了工期的延误。①

1883年末,由于中法战争局势的发展,法国驻广州领事馆被洗劫一空,广州圣心大教堂也因此受到威胁,但并未损坏。1884年,法国传教士与广州天主教徒一并逃往香港。同年8月23日,在福州战役中,法国军队摧毁了福建舰队,500—600人入侵了这座废弃的大教堂。两广总督决定借机没收大教堂,作为"法国入侵福州造成损失的补偿"。1886年,广州圣心大教堂原封不动地归还给传教士。②

1886年4月5日,明稽章在贝桑松逝世。邵斯正式接替他担任广州教区主教,他的传教团体也顺理成章地继承了明稽章在银行的储蓄账户,其总金额达40万法郎。③邵斯是一个十分节俭的人,他将大部分资产用于投资④,仅花费2万法郎修建了一座主教府,并着手建造明稽章生前规划的神学院。

最后,在邵斯主教1888年的报告中,他清楚地解释了当年他其实一直在尽可能地延长工程收尾的时间。⑤广州圣心大教堂当时已经完全准备好可用于礼拜,但他继续雇用了2—3名工人假装大教堂仍未完工。据阿德里安·路内透露,直至1890年,大教堂才正式用于礼拜⑥,时钟与大铃钟则到1909年才安装上去⑦。

---

① Auguste Chausse, "Préfecture Apostolique du Kuang-tong", in *Annales de la Propagande de la Foi*, n°326, vol.55, Lyon, 1883, p.18.根据邵斯于1833年的记载,安装中殿两侧的窗户和购买家具和装饰品需要花费超过10万法郎。但就目前而言,他们只能应急处理剩下的工程,希望以后有机会可以做得更好。

② Bao Dai(保岱), *The French-born Chinese church: The evolving symbolism of the cathedral of the Sacred Heart of Jesus in Guangzhou*. (Thesis) Colombia University, April 2015.

③ Colomban, op.cit. p.426.

④ Colomban, op.cit., p.83.香港商业银行的账户里连本带息约有4万墨西哥比索(20万法郎)。他的侄子指出,明稽章另筹集了20万法郎。

⑤ Auguste Chausse to the Directors of the MEP(Annual report of 1888), Guangzhou, 1888, AMEP, vol.555P, p.1241.

⑥ Adrien Launay, *Histoire des Missions de Chine*, *Mission du Kouang-tong*, Paris: Téqui, 1917, p.4.

⑦ Colomban, *op.Cit.*, p.455.

六、广州石室大教堂的价值

关于它的建筑风格,这座广州的教堂(图 13)属于"法国考古新哥特风格",是法国新哥特式的主要流派。它的形成是基于对 13 世纪哥特式教堂的考古研究,在 1848—1870 年,由维奥莱-勒-杜克和一些官方建筑师大力推广。这种流派的佼佼者是一种"理想的天主教堂"。这是一种和科隆大教堂(德国)大体类似,更为规则和整齐的大型新哥特式教堂,集合了最常见和最典型的古典哥特式教堂形式。[①]

图 13　广州石室大教堂,约 1900 年(巴黎外方传教会档案馆)

1857 年巴黎市中心的圣克罗蒂德堂(图 1)建成之后,法国街头随即涌现了一大批以此为模板而修建的建筑,它们同时也受到了维奥莱-勒-杜克理论学说的影响。[②]1861—1865 年经沃特兰、安贝尔和

---

① Jean-Michel Leniaud, *Les cathédrales au XIXe siècle*, op. cit., *La cathédrale idéale*, pp.503 - 504.

② 例如穆兰大教堂的塔楼圣心穆兰(Sacré-Coeur of Moulins, 1850—1869)、绍莱圣母堂(Notre-Dame of Cholet, 1854—1887)、马赛圣文森特教堂(St. Vincent of Marseille, 1855—1886)、尼斯圣母堂(Notre-Dame of Nice, 1864—1868)、瓦隆圣布鲁诺教堂(St. Bruno of Voiron, 1864—1872)、沙托鲁圣安德烈教堂(St. André of Châteauroux, 1869—1876)等。

赫美德这几位建筑师反复多次设计而成的广州圣心大教堂,其很明显就属于这股新哥特式建筑的独特风潮,它是当时唯一一座在法国以外修建的此类教堂。

在它建成之际,这座耗资130万法郎①的天主教堂俨然成为当时中国最大和最昂贵的教堂。不过,这座天主教堂的造价比一座与它同等体量和质量的建筑要低许多。②在19世纪,成本控制是推广建造新哥特式建筑的建筑师们关心的首要问题。一方面,全石砌的教堂更真实、朴素和更有价值,但造价不菲。另一方面,哥特式被认为是中世纪的建筑潮流,要尽可能用更少的材料营造更高、更明亮的空间,并不断地提高施工技艺来达到这个目标。因此,19世纪的建筑师们重新发掘了13世纪哥特式建筑的精髓,并结合他们那个时代最高效的施工技艺来应对,特别是选用了更多的金属和混凝土作为建筑材料。③在1848—1857年修建于巴黎的圣克罗蒂德堂是介于哥特式与法国哥特复兴式两种流派间的一种折中风格。它的外观看上去全是石砌的,但建筑师弗朗索瓦·古(Francis Gau)承诺,其造价不会很高,因为他将大量使用混凝土和预制拱顶构件,这也是圣克罗蒂德堂不需要侧扶壁和扶拱的原因。然而,最后光是建筑框架和外立面的建造就花了5 619 464法郎(2 000法郎每平方米)。

在广州,现代化的施工技术并不完善。因此,他们不得不建造一个由高强度的侧扶墙(侧面礼拜堂之间的隔墙)、飞扶壁和尖顶组成的完整的哥特式穹顶体系,再加上教堂是用花岗岩建造的,这大

---

① 根据明稽章保留的1852年3月到1870年1月间详细和完整的账本(AMEP, vol.631),到1870年1月已经花掉978 940法郎。我们估计后续的花销在30万法郎左右。

② 1875年,法国政府批了220万法郎用于建造越南西贡天主教堂,它的规模与广州圣心大教堂类似、面积相近、同处一个时期(但不是哥特式),可用做对比。

③ 1855年完工的巴黎圣欧仁(St.Eugène)教堂,被吹捧为工业新哥特建筑的典范。其柱子和屋顶结构用生铁建造,造价是480法郎每平方米。详见:Joseph-Louis Delbrouck, L'église Saint-Eugène à Paris, H.Lebrun et Cie, Paris, 1856. p.11.

大增加了修建穹顶的挑战性。但正因如此,广州圣心大教堂的建造工程才显得尤为卓越,并且在造价上也保持了 470 法郎每平方米的低成本。广东低廉的劳动力成本绝不是这项工程维持低成本的决定性因素①,其他因素包括魏义对工地的管理、材料的合理采购、将施工场地的运转融入本土经济、九龙花岗岩采石场的成功运营,等等。

正如第一部分所提及,19 世纪 50 年代哥特式建筑被认为对于其所处的环境有很好的"适应性",这也正是在中国选择用这种风格来修建大教堂的原因之一。现今,我们可以看到这座新哥特式教堂对场地的适应包括:在山水之间选择合适的朝向、受太阳在北回归线上的运动形成的室内光影效果以及对台风天气的设防。教堂的正立面向南,以便在珠江上能更好地欣赏其身影。在教堂内部,其十字形翼部的玫瑰窗由稀疏的盘状花岗石窗棂结构固定。这些花岗石可减弱玫瑰花窗周围的亮度,使中心的花窗对比显得更加明亮。在教堂的侧厅有一些高达 4 米的庞大柱子,花岗岩的坚硬度为这些立柱的支撑提供了强有力的保证。然而,这也加大了在花岗岩上雕刻细小花纹的难度。教堂端部的一些花蕾图案雕刻因此被过度简化,变成类似于十字形的纹样。许多雕塑带很平坦不够立体,唯一一种雕塑形象是中式狮子滴水兽。经过仔细观察,以上这些便是这座教堂呈现出的对中国本土文化的"适应性"的大部分内容。

---

① 1862—1863 年,采石工周薪为 2 墨西哥比索,一周工作 7 天,包伙食 (1963 年 7 月 19 日,5 221 个工作日共领取了工资 1 491 法郎)。厨师的周薪是 1.5 墨西哥比索、夜间的警卫是 1 墨西哥比索。1865 年之前,魏义的年薪是 148 墨西哥比索,1866 年之后涨到 200 墨西哥比索。最后,他的工资涨到和主教一样高。蔡孝的工资在 1863 年是每月 3.5 墨西哥比索,1868 年涨到月薪 5 墨西哥比索(年薪 60 墨西哥比索),到 1869 年年薪是 120 墨西哥比索。法国牧师和中国传教员的年薪为 100 墨西哥比索。安贝尔年薪为 750 墨西哥比索(9 000 法郎),万瑟诺年薪为 250 墨西哥比索(1 500 法郎),赫美德年薪为 500 墨西哥比索(6 000 法郎)(Guillemin, Dépenses pour l'église de Canton, AMEP, vol.631)。采石工的工资或许不能代表广州的平均工资水平,但它已经接近法国工人最低的工资等级,不过还不至低于这个最低工资。

除却这些东西,实际上它更明显是一座纯粹的法国哥特式教堂。

　　1865年,关于广州圣心大教堂项目对于本土的适应性的描述是被夸大的。①但这也只是一个理论上的观点,即便是在教堂完工前夕,任何一个来到这里的人都能感受到这座教堂建筑与广州本土城市风貌的格格不入。因此在1872年,任期短暂的法国大使热福礼说:"这是一项精致的工程,但遗憾的是这座建筑并没有适应其环境和时代。"②然而,明稽章修建这座教堂的初衷只是单纯地建造一座中国从来没有过的、令人印象深刻的高质量建筑。直至今天,这座屹立于广州的"精致工程"仍然令人惊叹不已。

---

　　① J.F.de la Blate,"La cathédrale de Canton", in *L'Illustration*,8th of April 1865.N° 1154,pp.223 – 224.

　　② Jolly to Guillemin, Guangzhou, 20 May 1872, AMEP, vol. 555E-1, p.153.

掩藏于圣心大教堂的光芒之下

——踏查及认知晚清广州其他基督教建筑

比利时鲁汶大学建筑学院、北京大学人文社会科学研究院客座教授　高曼士（Thomas Coomans）撰；广州城建开发设计院有限公司　朱志越　译

广州作为进入中国南方最重要的大门，吸引了大批前来宣教的传教士。为了驻扎于此，他们需要供起居、工作以及做礼拜的房屋。传教士的空间和建筑"策略"实施是一项长期且步骤繁琐的工程。① 毫无疑问，在这些步骤中最重要的便是修建新教堂，因为教堂是最具标志性的建筑物——"上帝的居所"，其顶部的十字架标志在公共空间备受瞩目。此外，修建工程需要土地、资金以及人力，换言之，需要有一定规模的已成型的社区。

1861—1879年，天主教徒在广州修建了耶稣圣心主教座堂（Cathedral of the Sacred Heart of Jesus，下文简称"圣心大教堂"）。这座天主教堂有着特定的历史背景、法国哥特式建筑风格、带两座垂直尖塔的巨大造型、独特的石材以及特殊的地理位置，故在许多出版物中都有所提及。② 魏扬波（Jean-Paul Wiest）将广州圣心大教

---

① Bram Claeys, Bruno De Meulder & Jan De Maeyer（eds）, *Missionary Places: Spatializing the Missionary Encounter: The Interaction between Missionary Work and Space in Colonial Settings*（KADOC Artes）, Leuven: Leuven University Press, 2018.

② Bao Dai（保岱）, *The Chinese-Born French Church: The Evolving Symbolism of the Cathedral of the Sacred Heart of Jesus in Canton*（thesis）, New York: Columbia University, History, 2015.

堂比喻为一场"政治、文化与宗教的交锋"①。马崇义的最新文献研究深化了这一分析,并揭示出许多中国人也参与了这一项目。②这座被中国人称之为"石室"的建筑物,迅速成为中国天主教堂的重要标志。长久以来,它被中国人认为是19世纪法国帝国主义侵略和天主教使团在中国各种纷争的象征物。③

然而本研究主要侧重于晚清广州基督教传教士建造的其他建筑,因为这些建筑仍然处于圣心大教堂的"光芒之下",并没有得到大众的关注。除了教堂和礼拜堂,传教士还修建了学校、孤儿院、医院、养老院、研究所、大学、传教士住所及男修院和女修院等辅助建筑,这些建筑既有助于中西文化交流的发展,又有助于广州早期的现代化进程。

本研究是我对建筑史研究中的初步成果,这项成果也是我在中山大学哲学系主办的"广州与明清的中外文化交流"研究项目中的贡献。④在说明了研究的问题、方法和目的之后,我将着重于讨论地图上标记(除圣心大教堂以外)的基督教建筑。此文将重新考察这些修建于晚清时期特别是1848年后转折期的教堂、沙面岛、天主教建筑群和基督新教使团的相关活动,对于1732年前的教堂与礼拜堂也有所提及。此研究并不包括中华民国时期(1912—1949)的相关建筑——这是下一步的研究范围。

---

① Jean-Paul Wiest, *The Building of the Cathedral of Canton: Political, Cultural and Religious Clashes*. in *Religion and Culture. Past Approaches, Present Globalisation, Futures Challenges* (International Symposium on Religion and Culture, 2002: Macau), Macau: Instituto Ricci de Macau, 2004, pp. 231-252.

② 马崇义:《广州圣心大教堂的设计和建造》,见本书,及"La cathédrale du Sacré-Cœur de Canton", in *Missions étrangères de Paris. Asie et Océan Indien*, 529, 2017, pp. 43-56.

③ 1857年12月的中法广州战争后,法国宣示对教堂的监护权。

④ 在此感谢梅谦立、朱志越、马崇义、狄明德、谭镭、舒畅雪对本研究的关注与帮助,感谢巴黎外方传教会档案馆的支持,特别感谢朱志越对我在广州的实地考察所提供的帮助以及翻译本文。

一、研究问题、思路及目的

本课题对于基督教建筑研究蕴含着两组问题：首先，关于回答建筑物特征的基本问题：是什么建筑？在哪里修建？什么时候修建？谁主持修建？怎样修建？其次，为什么修建？这些用于解释建筑的文化与历史背景的问题，也可以反过来回答详细的研究问题。当然，答案的有效性取决于信息收集的准确度。

建筑物首先是一种与确切地点相关并随着时间的推移而演化的物质资产。因此，研究老建筑需要一个适当的方法，包括实地考察和访谈。此外，还可以从不同地方保存的补充档案、影像和文字资料中获取信息。系统地收集有关广州基督教建筑的信息，应遵循由四个部分组成的模板，分别是基本信息、原貌、演变和资料源（表1）。朱志越在他最新的文献中分析了广州几个教堂的形态及其用途。[1]

表1　系统收集历史建筑资料的模板

A. 基本信息	现　　今
1. 名称和用途	
2. 地点	地址、街区、地籍
3. 现状	现存、拆毁、正在使用、文物保护单位
4. 使用权	联系人
B. 原貌	
5. 名称和用途	
6. 建造日期	
7. 场地	其他相关建筑
8. 参与建造的人员	资助人、建筑师、承建商
9. 建筑的使用者	

---

[1] 朱志越：《岭南近代教堂神圣空间的解读——以广州圣心大教堂和东山堂为例》，见本书。

续表

10. 施工工艺	材料、结构	
11. 风格	中式、西式、现代、混合	
12. 室内元素	设备、装饰、家具	
C. 演变		
13. 名称和用途	日期	
14. 建筑过程	扩张、改造、适应	
15. 场地	扩张、改造、适应	
16. 后期状况	1950年之后的用途、翻新、破坏	
17. 室内元素	设备、装饰、家具	
D. 资料源		
18. 档案资料		
19. 图像资料	平面图、地图、图片	
20. 文字资料	说明	
21. 口述资料	访问	
22. 参考文献	近期作品	
23. 参观	人员、日期、照片	

理想的情况下,这种建筑历史信息应该放入历史地理信息系统(以下简称 HisGIS)进行研究,这个系统包含广州的时空演变。[①] HisGIS 或 Historical GIS 是地理信息科学在历史领域的应用。城市历史领域越来越多的研究表明 HisGIS 具有重要的价值。最关键的是,HisGIS 能够定位历史资源的位置,从而在历史研究中补充了迄今常被忽视的地理维度这一部分。此外,HisGIS 可以利用地理

---

① Alexander von Lunen and Charles Travis (eds), *History and GIS: Epistemologies, Considerations and Reflections*, Dordrecht: Springer, 2013; Ian N. Gregory and Paul Ell, *Historical GIS: Technologies, Methodologies, and Scholarship* (Cambridge Studies in Historical Geography), Cambridge, 2008; Ian N. Gregory, Don DeBats and Don Lafreniere (eds), *The Routledge Companion to Spatial History*, Abingdon: Routlegde, 2018.

位置为核心手法,收集、存储和整合大量包括考古学、历史地理、社会科学以及城市规划学在内其他领域的历史资源。HisGIS 要求使用精确的电子城市地图,如以地籍簿为底层,可以多比例地缩放以显示不同层次的细节。广州市收藏有丰富的历史地图资料①,其中最引人关注的是一本已出版的地图集②,图集中有三张十分重要的地图,可以纳入 HisGIS 系统的使用。丹尼尔·富文(Daniel Vrooman)在 1855 年绘制,并于 1860 年修订的两幅珍贵的地图(Map of the City and Entire Suburbs of Canton,《广州城区和市郊全图》)是最早出现的纯西式广州地图。③图中展示了英法联军 1857 年包围和破坏广州城前后的情况。另一张十分重要的地图是 1933 年绘制的《广州经界图,1∶600》。④此图提供了全城系统化的分区详细测绘数据。我真诚地希望广州市可以启动 HisGIS 系统的定位和绘制工程,并与其他从本地档案馆和全球数据库获取的广州历史资源相互联系起来。⑤

另一组问题将致力于分析广州基督教建筑所体现的历史文化冲突,及其在晚明到清末这段时期的东西方文化交流中所扮演的角色。这项目标远大的研究,目的不仅仅在于基督教的文化认同问题,更探及如空间组织、技术变革、现代化、象征化和视觉文化等许多其他领域的问题(见表 2)。

---

① 藏广州市城市建设档案馆。

② 广州市城市建设档案馆编:《图说城市文脉——广州古今地图集》,广东省地图出版社,2010 年。

③ Daniel Vrooman, *Map of the City and Entire Suburbs of Canton*, 1855, see further:6. Protestant mosaic:map of 1855:https://www.abebooks.co.uk/book-search/title/map-of-the-town-center-and-entire-suburbs-of-canton/Map of 1860:https://upload.wikimedia.org/wikipedia/commons/d/da/Canton1860.jpg [accessed 2017.08.14]。

④ 广州市城市建设档案馆编:《图说城市文脉——广州古今地图集》图七。

⑤ 例如在上海,这样的历史工作产生了准确多样的历史地图。参见:Christian Henriot and Zheng Zu'an, *Atlas de Shanghai. Espaces et representations de 1848 à nos jours*, Paris:CNRS Editions,1999。

表2 广州基督教传教士和华人在城市特殊空间组织和建筑方面之交流的研究问题

主 体 问 题	具 体 问 题
A. 空间组织	
1. 传教士是遍布全城还是只出现在郊区和租界内?	-不平等条约是否影响了选址? -是否有针对特定的华人社会组织? -1912年之后是否有演变?
2. 集中化的天主教徒和分散化的新教徒团体是否产生了不同的空间策略?	-他们是如何选址的? -能否辨别他们聚集的模式? -天主教徒是否有性别相关的空间组织?
3. 基督教传教士和西方外交官、军队和商人,和华人基督徒之间有什么空间上的联系?其联系是否有演变?	-在广州 -在沙面岛 -在郊外 -在墓园
4. 传教士在基督徒和中国非基督徒之间推广的是哪种空间关系?隔离或共居?	-教育 -住房 -医疗保健(医院、药房)、殡葬(墓地)
B. 技术转移	
5. 技术转移的代理人是谁?	-传教士建筑者? -西方建筑师/军方工程师? -出版物和手稿
6. 传教士引进了西方的建筑材料或是推动了新材料的本土化生产?	-钢筋混凝土、砖、屋面顶板等 -与管道、电气、污水、铰链和通风系统相关的材料 -从哪里引进?
7. 这些传教士在中国的承包商是谁?传教士是如何融入本土基督教社区的?	-有自己的建筑工人?(木工、石匠) -广州? -香港?
C. 现代化	
8. 西方建筑师的设计和空间组织是否推动了广州建筑的现代化进程?	-是否对中国南方的亚热带气候和环境(殖民地类型)有针对性的调整? -基督教建筑是否有特别的贡献?
9. 传教士致力于推广哪种西式建筑类型?	-教育(学校、修道院、孤儿院) -医疗(药房、医院) -敬神活动(教堂、礼拜堂)
10. 传教组织的建筑群中是否有中西方造园文化的交融?	-亭子、纪念碑和雕塑 -植物、花卉和水景 -道路、围墙和门

续表

主 体 问 题	具 体 问 题
D. 代表性	
11. 中国人是如何理解不同建筑风格及其国家特色的?	-纯中国式对非中国式? -古典主义对哥特式? -法国对英国等?
12. 基督教传教士是如何将他们不同的特点结合到一种特定的风格并推广开的?	-天主教徒对新教徒? -西式对中式? -美式对欧式?
13. 广州是否有基督教建筑中国化的政策出现?(适应、结合、本土化)	-出现的时间? -新教徒和天主教徒谁先提出?为什么? -华人社区在此进程中扮演什么角色?

二、1582—1732年广州的教会和教堂

1582年,耶稣会传教士罗明坚(1543—1607)获准在肇庆开设教堂,并开放给公众进行礼拜活动。当时的总督在教堂题词:"西来净土。"①在接下来的一百五十年间,传教士们相继在广州建立和使用了七座教堂和一些礼拜堂、祈祷室,直到1732年被驱逐。据我所知,这些建筑都没有保存下来。巴黎外方传教会的南志恒(Adrien Launay, 1853—1927)神父在他的广东天主教传教历史研究中,多处文档资料中提到这七座教堂的名称。②据他所提供的信息,表3中记录了五个不同修会(耶稣会、方济各会、多明我会、奥斯定会和巴黎外方传教会),它们至少来自四个国家(法国、葡萄牙、西班牙、意大利)。

---

① Adrien Launay, *Atlas des missions de la Société des Missions Étrangères de Paris*, Lille, 1890, 第15图。同样: Adrien Launay, *Histoire des missions de Chine. Mission du Kwan-tong*, Paris, 1917, p.1.

② Adrien Launay, *Histoire des missions de Chine. Mission du Kwan-tong*, Paris, 1917, pp.1-2.没有提及文献来源。

掩藏于圣心大教堂的光芒之下   169

表3 1732年以前在广州的教堂和礼拜堂（根据南志恒于1917年的文献整理）

名　称	所述年代	教会组织	1732年之后的用途
礼拜堂（位于怀远驿/暹罗贡馆）	1582	耶稣会（罗明坚）	
礼拜堂①	稍晚一段时间	耶稣会（陆安德）	在陆安德之前，毕方济、曾德昭先后在广州主持教务，毕方济重建了广州的天主堂
Sin-keou-lei 教堂②	1704	油纸巷（Yan-tchi-han），法国巴黎外方传教会（St. Peter）在1732年被提及杨仁里（Yam-gin-li），西班牙方济各会 两个耶稣会教堂（葡萄牙和法国） 两个巴黎外方传教会③ 两个方济各会教堂（其中一个来自西班牙） 一个奥斯定会教堂	
锦云里（Kan-wouan-lei）教堂（葡萄牙耶稣会的教堂，又称第六甫）	1704		
育婴堂教堂（Yoc-yu-tong）（即法国耶稣会教堂，在清水濠，旁边有恤孤院）	1704		
左堂衙门（Tsoc-tong-yamoun）教堂	1704		一个小清朝官员的公堂④
暹罗贡馆/怀远驿（Tsim-lo-kong-koun）教堂	1704		暹罗大使的房屋
提督行台（Tai-toc-hang）教堂	1704		中国海军司令的房屋⑤
大佛寺（Tai-fat-se）教堂	1704		佛教和尚的房屋⑥
女教徒礼拜堂			
麻风病人礼拜堂			

---

① 译者按：即葡萄牙耶稣会士的天主堂锦云堂，位于第六甫，又称在庐排巷。
② 译者按：此可对音为上九里、新桥里，但都没有对应的街道名。根据外文文献记载，这一教堂规模大，与葡萄牙耶稣会锦云堂相连，可能指方济各会在杨仁里的教堂。
③ 译者按：外文文献中所说的杨仁里与油纸巷教堂是同一个地方，实际只有一个。
④ 译者按：指南海县丞衙门，称为南海左堂。
⑤ 译者按：指提督行台，位于天马巷。
⑥ 译者按：此教堂后由大佛寺的僧人接收。

在下一步的研究中，应尝试去确定这些教堂的所在地，从而确定传教士所活动的位置。因为传教士被禁止进入城墙（隔绝老城区和新城）内，所以这些教堂都位于城郊。它们与广州十三行有什么联系？根据南志恒神父的文献，其中的两间教堂并不是沿街而建，而是一个院落和园林建筑群的一部分。很有可能这些是"被隐藏的教堂"，很难在公共空间被发现。此外，另一项非常重要的研究就是去了解是否存在传教士购置或接收现存的中国传统建筑并改造为己用，或者他们获准新建如在澳门的西式巴洛克风格，或中式风格，或是两种风格相结合的教堂。意大利神父杜加禄（Carlo Turcotti S.J., 1643—1706）建造的耶稣会教堂被称为"最美的教堂"，但这其实是一种相当模糊的描述。[1]教堂的选址和建筑风格都有助于公共空间内基督徒辨析度及身份特性的体现。这些建筑通过在屋顶树立基督教十字架来显示其特性。

南志恒神父简要地提到1732年之后一些教堂的命运，这些教堂被改成官员、外交人员或佛教僧侣使用的房屋。这点暗示了这些房子是带有主厅的庭院式房屋。当这些传教士于1844年重返广州时，无法成功地收回他们的旧房产，但是我们会发现1860年之后他们因此获得了一些赔偿金。

三、1848—1860年的转变和明稽章主教的工作

在两次鸦片战争的深远影响下，传教士如何重新在广州定居？他们的建筑活动和空间组织工作是否得益于这些战争的结果？这些问题的答案要追溯到1844—1949年，得益于一些传教士的日志

---

[1] Adrien Launay, *Histoire des missions de Chine. Mission du Kwan-tong*, Paris, 1917, p.1, footnote 1.

和档案馆文献:

1. 巴黎外方传教会社会档案馆(保存于巴黎的档案馆总部)。① 大部分档案都是法语。

2. 巴黎外方传教会的日志:《通信》(Lettres communes,从 1871 年起);《传教士事业年鉴》(Bulletin de l'œuvre des Partants, 1888—1897); Annales M. E. P.(1898—1938); Bulletin M. E. P. (1922—1941; 1948—1961); Échos missionnaires d'Extrême-Orient (1941—1949)。

3. 广州教区档案,保存于旧金山大学专门研究中西文化的利氏学社。② 大部分档案都是法语。

对这些档案,尤其是广州教区的档案,进行系统化地研究势在必行。另外,包括英法联军军事地图在内的现代化测绘地图提供了 19 世纪中叶以来更精确的关于广州的资料。这些地图不仅仅保存在广州国家档案馆,也保存在一些西方的国家图书馆和档案馆中。这些地图可以在网络上找到,但是其精度不足以供 HisGIS 系统使用。

在第一次鸦片战争之后,传教士们回到中国。③ 1844 年 10 月 24 日签署的中法《黄埔条约》授权法国传教士前来中国,在包括广州在内的五个通商口岸进行与宗教相关的建筑活动。④ 传信部 (Propaganda Fide)把广东地区的传教工作委托给了巴黎外方传教会(后文缩写为 M. E. P.)。因此广州在 1848 年成为脱离澳门而自治的一个宗座监牧区。

1848 年,明稽章神父(1814—1886)是当时第一位被派遣到广

---

① http://archives.mepasie.org/fr;2017 年 8 月 15 日。
② Abbreviated: USFCA, Ricci. http://www.ricci.usfca.edu/index.html.
③ 有关天主教与基督教的背景及历史,见 R.Gary Tiedeman(ed.), Handbook of Christianity in China. Volume Two: 1800 to Present, Leiden-Boston: Brill, 2010。
④ 陈静:《〈黄埔条约〉签订后法国教会在粤活动研究 1844—1885》,中山大学博士学位论文,2008 年。

东的天主教传教士。①他在广东的前几年似乎十分艰苦:他住在土三行,在那里改造了一间小祈祷室,又用停泊在黄埔港的旧船只来给小孩教书。巴黎外方传教会吉拉尔神父(Prudence-Séraphi-Barthélemy Girard,1821—1867)于 1851 年在黄埔建造了第一座教堂,长 90 英尺(约 27.5 米)。②1853 年,明稽章神父成为广州宗座监牧。③在第二次鸦片战争之后,外国人可被允许进入广州内城。此外,1858—1860 年签署的不平等条约给传教士担保了更多的财产权。《中法天津条约》第十条允许外国人在通商口岸租赁、购买和修建房屋,以及"大法国人亦一体可以建造礼拜堂、医院、周济院、学房、坟地各项"④。《中法北京条约》第五条规定有义务归还基督徒以往被没收的所有不动产,包括建筑物和墓园。⑤

在这种环境下,明稽章主教实现了他远大的天主教堂计划。⑥首

---

① Eudore de Colomban, *Zéphyrin Guillemin: évêque de Cybistra, préfet apostolique de Canton (1814 - 1886)*, Macau, 1919. http://archives.mepasie.org/fr/notices/notices-biographiques/girard-1;2017 年 8 月 14 日。

② Adrien Launay, *Histoire des missions de Chine. Mission du Kwantong*, Paris, 1917, p.3.

③ http://www.catholic-hierarchy.org/bishop/bguilpfz.html [accessed 2017.08.14].

④ 1858 年《中法天津条约》第十条:"凡大法国人按照第六款至通商各口地方居住,无论人数多寡,听其租赁房屋及行栈存货,或租地自行建屋建行。大法国人亦一体可以建造礼拜堂、医人院、周济院、学房、坟地各项。地方官会同领事官酌定大法国人宜居住、宜建造之地。凡地租、房租多寡之处,彼此在事务须按照地方价值定议。"http://www.chinaforeignrelations.net/node/162;2017 年 8 月 15 日。

⑤ 1860 年《中法北京条约》第六条:"……将前谋害天主教者之时所充之天主堂、学堂、茔坟、田土、房廊等件应赔还,交法国驻扎京师之钦差大臣,转交该处奉教之人,并任法国传教士在各省租买田地,建造自便。"http://www.chinaforeignrelations.net/node/163;2017 年 8 月 14 日。

⑥ 马崇义:《广州圣心大教堂的设计和建造》;Jean-Paul Wiest, "The Building of the Cathedral of Canton: Political, Cultural and Religious Clashes". In *Religion and Culture: Past Approaches, Present Globalisation, Futures Challenges* (International Symposium on Religion and Culture, 2002; Macau), Macau: Instituto Ricci de Macau, 2004, pp.231 - 252.

先,他于 1857 年获得了拿破仑三世本人和经济上的支持。其次,根据《北京条约》第五条,他获得了因 1732 年天主教堂和房屋被没收而产生的赔偿金。因此,在法国外交官和军方的施压下,广州总督于 1861 年 1 月割让了于 1857 年广州战役中被英国人摧毁的叶名琛(1809—1859)总督衙门。①这是广州新城十分显赫的地方,又靠近珠江边。第三,他委托法国建筑师莱昂·沃特兰(1820—1884)设计了哥特式天主教堂的平面,并吸引更多的法国建筑师前往广州指导建设工作。先是夏尔·安贝尔,然后很快被赫美德(1840—1870)接替。②第四,明稽章于 1863 年 12 月 8 日放置了大教堂的奠基石,倾尽全力筹集资金维持建设工程。1879 年,他因健康原因回到法国,1886 年在法国逝世,未能见证他的天主教堂的完工。

在天主教堂的建筑过程中,天主教徒在几个地方聚集而居:在 *Ki-to-ly* 的花塔(Pagoda of *Kin-hoa*),在 *Sen-yen-tsin* 的房子,在邻近育婴堂的一座房子,离东校场不远。(译者按:中文名不详,地名待考)③

广州天主教徒墓园是明稽章主教的另一个成就。在法国外方传教会德西雷·弗鲁罗(Désiré Fleureau, 1845—1910)神父的笔记中,记录了这座墓园演变的一些细节。④明稽章神父引用《天津条约》第十条成功地收回了位于广州东边 *To-kam-hang* 山(在被两座称为"孖鲤鱼山"[*Ma-li-yu*]所夹的小峡谷里)上的旧基督教墓园(现为长洲岛竹岗)。1732 年以后入土的非基督徒墓葬被移走,在

---

① Bao Dai(保岱), *The Chinese-Born French Church: The Evolving Symbolism of the Cathedral of the Sacred Heart of Jesus in Canton*, New York, thesis Columbia University, History, 2015, pp. 9 – 12 ("Bishop's Guillemin abuse of extraterritoriality").

② Stephen Davies, "Achille Antoine Hermitte(1840 – 1870?)", in *Journal of the Royal Asiatic Society Hong Kong Branch*, 54, 2014, pp.201 – 216.

③ Adrien Launay, *Histoire des missions de Chine. Mission du Kwan-tong*, Paris, 1917, p.4.

④ 弗鲁罗神父 1908 年的备注为文献来源:Adrien Launay, *Histoire des missions de Chine.Mission du Kwan-tong*, Paris, 1917, pp.4 – 5.

去往广州城的路边建起了一个纪念碑式的花岗岩大门,高耸的十字架竖立在墓地的最高处。墓地中很快又建起了一座小礼拜堂,第一位法国传教士于1861年被埋葬在那里。①1868年,在1857年广州战役中阵亡的约一百位法国士兵的遗体被迁葬到这个墓园。随后很快又建起了一座纪念碑:那是一座方形平面的哥特式尖碑,带有小尖塔和四个对角的飞扶壁,形成了一个供天使雕塑的华盖,雕塑很有可能是法国守护神圣米迦勒(St. Michel)。②天主教堂和纪念碑均采用相同的法国哥特式,这明确体现了法国民族及宗教特色。

四、天主教堂建筑群
——集中化组织的表达

天主教徒是如何在圣心大教堂周围组织建筑物的?是否存在一种天主教堂传教使团组织空间的模式?广州是否还存有这种有形空间?

天主教大教堂是教区内最富象征性的教堂,主教也置于其中。一座天主教堂永远不会单独存在,一般会被主教府、教区行政办公室、供教区神父学习的修道院所环绕。在集中式结构的罗马天主教堂中,主教是最高等级阶层和教区内天主教信徒团体之间相互交流的关键人物。传教组织的天主教堂常常在同一个建筑群中或在附近的街区中囊括更多的房屋。较为常见的是男女学校和孤儿院,还有一些管理男女学生教育工作的附属宗教机构。根据异性隔离的

---

① 皮埃尔-玛利·勒·图尔都(Pierre-Marie Le Turdu M. E. P.,1821—1861):http://archives.mepasie.org/fr/notices/notices-biographiques/le-turdu;2017年8月15日。

② *Les Missions Catholiques*,11,1879,p.67;24,1902,p.517。

原则,男女机构必须通过围墙或街道隔开。①

圣心大教堂建筑群的空间组织也有类似的模式。在 1860 年初之前,明稽章神父就开始了这些工作,特别是供男女孩使用的两所孤儿院,设立在广州不同的地方。同时还有从香港来的资助,在那里修道院一直留存到 1873 年。香港是法国巴黎外方传教会的中心。巴黎外方传教会在英国殖民地上成立了三个作为华南传教工作基地的重要机构。②第一个是香港巴黎外方传教会总务办公室,负责协调法国和巴黎外方传教会场所之间所有的后勤工作。第二个叫"纳匝肋"(Nazareth),是为所有巴黎外方传教会的出版工作和传信部服务的印刷厂,后来成为中国最早的和最重要的现代出版社之一。第三个叫"伯大尼"(Béthanie),供年老的传教士退休后使用或供患病传教士复职前休养使用。③显然,广州也因其与香港邻近的地理位置而受益。

随后,明稽章主教和他的继任者邵斯主教(1838—1900)④和梅致远主教(Jean-Marie Mérel,1854—1932)⑤吸引了来自法国和加拿大法语区的附属兄弟会和修女传教机构,前来广州的学校和孤儿院帮忙(表 4)。⑥他们大部分都聚集在天主教堂周围(表 5)。然而,巴黎外方传教会的神父是当时仅有的天主教神父,因此可以控制每个宗教机构,因为每个机构都至少要配备一名专职神父。

---

① 上海徐家汇天主教堂和北京遣信会天主教北堂都是这类建筑的典范。
② 巴黎外方传教会中国南部分会管辖广东、广西、贵州、四川和云南。
③ Alain Le Pichon, *Béthanie and Nazareth: French Secrets from a British Colony*, Hong Kong, 2008; Alain Le Pichon, *Béthanie et Nazareth: les pères des Missions Étrangères à Hong Kong*, Hong Kong, 2008.
④ 1886—1900 年的主教见 http://www.catholic-hierarchy.org/bishop/bchausse.html; http://archives.mepasie.org/fr/notices/notices-biographiques/chausse.
⑤ 1901—1904 年的主教见 http://www.catholic-hierarchy.org/bishop/bmerel.html; http://archives.mepasie.org/fr/fiches-individuelles/marel.
⑥ 关于广州的孤儿院请阅: *Les Missions Catholiques*, 35, 1903, p.206; 44, 1912, pp.110 and 112。

表 4　1912 年之前广州的天主教宗教机构（根据狄德满 2009 年的文献）

年　代	名　　称	国家	性别	工作和地点
1844	Foreign Missions of Paris（M. E. P.）巴黎外方传教会	法国	男性	负责天主教整个广东的教区
1866—1870	Sisters of St. Joseph of Cluny（S. J. C.）克吕尼女修会	法国	女性	因为 1870 年发生天津教案，环境不安全而返回法国
1898—1902	Sisters of the Immaculate Conception（C. I. C.）无原罪圣母女修会	中国	女性	在巴黎外方传教会的帮助下在广州成立，于 1902 年解散
1906	Marist Brothers of the Schools（F. M. S.）圣母小昆仲会	法国	男性	在广州圣心书院教书的修士
1909	Missionary Sisters of the Immaculate Conception（M. I. C.）母无原罪传教女修会	加拿大	女性	XXX①

表 5　1912 年之前广州的天主教机构和建筑（根据南志恒 1917 年的文献）

建筑	年代	传教组织	地　点	地　址	现状
圣心大教堂	1863—1886	巴黎外方传教会	圣心大教堂建筑群（1）	在新城，位于总督衙门原址	现存
主教府邸		巴黎外方传教会	Mitraille house Lu-mo-kai street（地名待考）	靠近北门	—
		巴黎外方传教会	cathedral compound（1a）圣心大教堂建筑群（1a）		现存
巴黎外方传教会房屋	？	巴黎外方传教会	cathedral compound（1a）圣心大教堂建筑群（1a）	west of the bishop's house 主教房西侧	现存
修道院	1873	巴黎外方传教会	cathedral compound（1b）圣心大教堂建筑群（1b）	首先在香港修建（1851—1873）	
	1895	巴黎外方传教会	cathedral compound（1b）圣心大教堂建筑群（1b）	1895—1907 年，在男校前面的新建筑（1c）	

---

①　详见狄明德教授的文献。

续表

建筑	年代	传教组织	地　　点	地　　址	现状
男童恤孤院	1859	巴黎外方传教会	*Mitraille* house Lu-mo-kai street	1860 年被台风摧毁	
	1860	巴黎外方传教会	Sin-ou-kai street（地名待考）	租赁的房子	
	1863	巴黎外方传教会	圣心大教堂建筑群(1c)	于 1904 年改建成圣心书院	
男校圣心书院	1904 1906	巴黎外方传教会和圣母小昆仲会	(1c)圣心大教堂建筑群(1c)	建筑原为男童恤孤院	
	1859	中国真女	*San-pin-hong* street（地名待考）		
女童恤孤院	1864		圣心大教堂建筑群,白米巷(12)		
	1866—1870	Cluny sisters and Chinese virgins			
	1890	*Sœurs catéchistes de Marie immaculée* and Chinese virgins			
女校和缝纫工场	?			工场（缝纫工场）的收入维持学校和恤孤院的运作	
2 所女童恤孤院	1900		沙河埔(*Sha-ho-po*),位于市郊(新河浦)		

　　研究和标记圣心大教堂建筑群还必须结合档案研究和田野调查。档案中保存了三张天主教堂建筑群的地图。第一张是一系列由明稽章根据场地所制的手绘图,附在 1861 年 1 月到 1862 年 12 月的信件中。上面绘制了教堂周围四座建筑的位置:一座神学院、一座孤儿院、一座传教士住房和一座经书堂,在教堂前的街对面还有一座男校和供女教徒使用的"耶稣讲堂"。① 第二份文件是一张日期

---

① Sketches annexed to letters of Z.Guillemin, 1861.01.28(Paris, Archives M.E.P., vol.554 - 551, p.213) and 1862.12(Paris, Archives M.E.P., vol.554 - 554, p.3093).感谢马崇义提醒我们这些草图。

不详的中式地图,其中绘有美观的大教堂形象,但是建筑所处地有误。①第三份文件为1913年的西式地籍地图,其中用中文标示了所有的地块、建筑和街道。②圣心大教堂拥有的场地囊括了三个分开的公共空间(图1)。

1. 第一个主要的部分是一个由南边的石室前街,北边的大新街中约,东边的白米巷和西边的玉子巷界定成的完整街区。这就是前衙门所在的场地。天主教堂屹立在场地的中央,呈南北轴方向。天主教堂的前面是一个花园。许多组基督教建筑坐落在圣心大教堂的北面:

a. 圣心大教堂。

b. 主教的行政管理中心,包括:主教府、书馆(图书馆)和工艺场(工场),位于天主堂的西北边(图2)。

c. 为中国神父提供教育的神学院,位于大教堂的东北面。由三座建筑组成:辣丁书院(拉丁书院)、憩室(宿舍)、膳堂(食堂)(图3)。

d. 男校或圣心书院,位于神学院的北边。由三座建筑组成:学校、寄宿舍(宿舍)、膳堂(食堂)。

e. 沿着大新街中约,教会拥有40间房屋;另外,在天主教堂和白米巷之间还有约30间房屋和一些围绕着内街真光巷的建筑。

2. 第二部分在白米巷东边,是专供女性、修女和孤儿生活的区域。包括了一个花园和:

a. 女学堂(图3)。

b. 婴院(孤儿院)。

c. 工艺场(工场)。③

---

① USFCA, Ricci, Canton Archdiocese Archives, F2.1-052.相应文本可追溯至1853年,但地图显然更晚:展示了完整的教堂样貌,但除了附近的房子外,教堂位置似乎不准确,这份文献需要上下文的语境分析。

② USFCA, Ricci, Canton Archdiocese Archives, F2.1-053:广州石室天主堂及屋宇地段图,scale: 1 inch for 40 chi, dated 1 August 1913.

③ 南志恒提到的法语词"ouvroir",意思是工作坊、工场和商店。孤儿们事实上做一些手工活(针织、缝纫等)来补贴孤儿院和学校的日常生活开支。教区的一些妇女也参与这类工作。

d. 沿着白米巷东侧,教会拥有 40 间房屋和一些围绕着名为"三眼井"的内部小空间而建的建筑。

3. 第三部分是在石室前街南边,包括一个被 60 间房屋围绕的公共广场和其他建筑形成的名为"吉多里"的街区。

这种空间组织基于特定的围墙和使用权。男性和女性被白米巷分隔。男校和修道院被围墙隔开。最重要的区域包括圣心大教堂、主教府、行政管理用房和工场,由两个门进出:一个开向在大教堂前面的石室前街,另一个开向位于大教堂北面的大新街中。为了举行祝圣仪式,圣心大教堂可让受洗礼的天主教徒进入,但是分别从两边进入;学校的男孩、神学院学生、修女及女孤儿和教区内的华人教徒都有单独的入口,与他们在教堂中获许使用的那片区域相对应。因此,比如神学院学生,是从教堂东面的耳堂进入。就如中国所有的教堂一样,天主教堂内有着严格的性别分隔。天主教堂不仅仅是主教座位所在地,还是广州最重要的教区教堂,包括教区神父的居住之地、传授经文之地以及教区工作之地。

为了巩固在这个区域的所有权,法国传教士似乎买下了一部分沿着白米巷的房屋。应该对这些保存下来的合同加以更深入地分析。①天主教堂前面的广场和吉多里社区已经完全被破坏,并于 1923—1924 年在巍主教(Antoine Fourquet M.E.P.,1872—1952)任内重建。②法国工程师廖京(L. Gain)设计了 13 座钢筋混凝土建筑:两座位于天主教堂建筑群入口两侧,两座沿着新广场(今靖海路)旁,两座沿着长堤大马路,还有七座附属的居民平房位于这些建筑后。③这些建筑物仍然保存至今并有助于提升天主教堂立面的纪念性。

---

① USFCA, Ricci, Canton Archdiocese Archives, C1.12-025(1860) to C1.12-031(1898), C1.12-041-045, etc.

② 1921—1947 年主教见 http://www.catholic-hierarchy.org/bishop/bfour.html; http://archives.mepasie.org/fr/notices/notices-biographiques/fourquet。

③ USFCA, Ricci, Canton Archdiocese Archives, C1.12-006 to C1.12-023。

因此,圣心大教堂在广州不仅仅是天际线的新地标和天主教建筑群的中心点,它还以理性和现代的方式完全重新组织了前总督衙门的场地。

五、沙面的教堂和风水朝向

教堂和其他基督教建筑是如何凸显沙面英法租界的西方殖民地特色? 我们可以从它们的选址、建筑类型和风格了解到什么? 谁是这些沙面教堂的使用者?

广州十三行在经历了第二次鸦片战争的破坏之后并没有重建,由于中国通商口岸的开放,它已经失去了其功能。英国人和法国人通过把广州西南边的沙滩改造成城市化的岛屿,从而建立起租界。从1861年至1942—1943年,沙面岛享有治外法权并由4/5的英国人和1/5的法国人管理,他们分别控制一座连接岛屿与城市的桥梁(图4)。岛屿占地面积30公顷,相比于上海、天津和武汉等地的外国租界来说规模很小。

英国人和法国人都在他们的租界内建了教堂,其尖塔标志着岛上的天际线。沙面圣公会基督会堂(Anglican Christ Church Shameen)建于1865年,是岛上最早的建筑之一,位于河边显著的位置。① 法国巴黎外方传教会于1890—1893年沿着中间大道旁法国人居住区域边界的一个界址点,修建了露德圣母堂(Notre Dame de Lourdes)。这个13号地块由法租界赠予巴黎外方传教会,前提条件是传教士必须在两年内修建一座公共礼拜堂并向中国政府交税。② 在教堂的东南侧,仍然可以看见刻着"MISSION/堂主天

---

① 此岛面积的扩大和酒店及其他楼房的建设已改变了当前天际线,也使教堂位置没那么显要。

② USFCA, Ricci, Canton Archdiocese Archives, F2.047 (dated May 7 1890), and F2.047-050.

MISS.CATHOLIQUE"的花岗岩界石。这样的空间所有权的标志物在中国十分罕见,因为大部分这种标志物于1950年以后都被移除。

两座教堂的南北朝向均遵循了中国风水法则,讲究要把建筑的主大门开向南边和河边,而背靠北面和山体。广州的整个古代城市设计也是在越秀山和珠江之间,遵循着风水法则来发展的。传教士们显然也适应了中国的空间法则,而不是强行把基督徒遵循太阳的东西轴朝向移植到广州的教堂中。甚至连被中国人指责其双石尖顶破坏风水的圣心大教堂,也是遵循南北朝向布置的。

沙面的两座教堂属于同一种建筑类型但风格不同。它们都是单中殿大厅,开放式塔楼位于南面入口前方,圣坛位于北侧。基督会堂是古典形式,八角形塔楼以圆顶收尾。除了轴向的三个圣坛窗户,所有的门窗的拱均为圆拱。唱诗班的室内立面模仿了罗马胜利拱门。天主教堂则是哥特式风格,它的方形塔楼是以高尖顶来收尾。所有的拱和门都是尖的,外立面是均匀布置的扶壁柱和尖塔,圣坛位于半圆形后殿。根据不同宗教共存而产生的典型的视觉空间冲突,这些建筑风格的区别表达了两个不同团体的特征对比——英国圣公会古典风格对比法国天主教哥特式风格。①

因为都市人口高度集中在一小块地上,中国的这些外国人租界区使自身置于富有宗教性视觉特征的氛围中。在上海、天津、武汉和哈尔滨等地,法国天主教堂、英国圣公会教堂和俄罗斯东正教堂、德国式路德教堂和罗马式犹太会堂等肩并肩而建。沙面的两座教堂是供给生活在岛上的外国人礼拜和社交的场所,因此并不是给中国人使用的。只有一些中国人获得有限的权限可进入租界。此外,一幅绘于1920年的地图还标示出沙面岛上的卫斯理循道公会(Wesleyan Methodist Mission)和共济会堂(Masonic Hall)。②

---

① 样式的选择有多种,如英国哥特式对比经典哥特式(香港、蒙特利尔、伦敦等)。

② https://en.wikipedia.org/wiki/Shamian#/media/File:Shameen_Canton.jpg.

六、基督新教徒的马赛克分布式传教的表达

新教徒传教团关于殖民地和建筑的策略是什么？他们在多大程度上和天主教徒的策略有差异？广州的中国人如何看待和理解天主教徒和新教徒之间的差异、不同新教使团之间的差异，是否从其不同的建筑去解读？是否有特定的方法在地图上定位在广州的新教传教团体？这些在广州的使团有什么遗址吗？

相比于集中化和等级制、由罗马指挥并得到法国外交官及军方支持的天主教使团，新教徒开展了分散化的传教策略，这也产生了一些小居住区以及更多专业化的机构，例如医院、学院和后来的大学。为了对比研究，这种传教社会体系的档案遍布欧洲和美国。而在现阶段，对于广州的新教使团的研究并不十分深入，只能给地图的定位工作提供大体的指示。

至少有来自6个欧美国家的18个不同教派的新教团体来到广州（表6）。[1]大多数的使团也在香港活动，并把广州当作它们入华的第一站。由于数量和规模大，很难将这些新教使团全部在历史地图上定位出来。有些使团租用了一间房屋并经常搬迁。有些使团修建了教堂、学校、大学和医院。似乎在第二次鸦片战争之后，新教使团已经获准在城内活动。至少，必须提及关于外国人和中国新教徒的埋葬地或墓园的问题。

---

[1] R.Gary Tiedemann, *Reference Guide to Christian Missionary Societies in China from the Sixteenth to the Twentieth Century*, M.E.Sharpe, Armonk, 2009, pp.111 – 240. 此外，新教传教士的名单及生卒年见 https://en.wikipedia.org/wiki/List_of_Protestant_missionaries_in_China#American_Presbyterian_Mission；2017年8月15日访问。

表6　1912年以前在广州的新教教会(根据狄德满2009年的文献)

年代	名称	国家	教派	工作和地点
1807	London Missionary Society (L.M.S.)伦敦会	英国	Congregational 公理会	进入中国的第一站，1843年入驻香港
1833—1916	American Bible Society (A.B.S.)美国圣经会	美国	多教派	广州办公点于1916年和大英圣书公会(British and Foreign Bible Society)合并
1845	American Presbyterians (North)(PN)美国长老会长老会(美北)	美国	Presbyterian 长老会	华南传教的中心
1847?	Basel Mission (B. M.)/Basel 巴色会	瑞士	Evangelical/福音派 Interdenominational/多教派	首次入驻中国，于1843年入驻香港
1850	Southern Baptist Convention (S.B.C.)浸信会	美国	Baptist 浸信会	
1853	Wesleyan Methodist Missionary Society (W.M.M.S.)大英循道会	英国	Methodist 卫理公会	进入中国的第一站
1860—1877	United Presbyterian Church of North America(UCP) 北美长老教会/ Board of Foreign Missions 美国外方差会	美国	Presbyterian 长老会	只有一对夫妇在广州
1887	Berlin Missionary Society (B.M.G.)/Berliner Missionsgesellschaft 巴陵信义会	德国	Lutheran 路德宗	
1888	The American Presbyterian 美国长老会 Board of Foreign Missions 外方差会	美国		岭南大学，1900—1904年在澳门，1927年归入岭南大学
1898	Church Missionary Society (C.M.S.)大英教会/英行教会/中华圣公会	英国	Anglican 圣公会	华南传教会的一支(在1862年之后的香港成立)
1899	United Brethren in Christ Mission(U.B.C.) 基督同基寅会	美国	Methodist 卫理公会	只在广州和广东省活动

续表

年代	名称	国家	教派	工作和地点
1899	Evangelical United Brethren Church(E.U.B.) 福音派联合弟兄	美国	Evangelical 福音派教会	进入中国的第一站
1901	Presbyterian Church of New Zealand(P.C.N.Z.) 纽西兰长老公会	新西兰	Presbyterian 长老会	进入中国的第一站
1902	Assemblies of God Mission(A.G.) 上帝教会	美国	Pentecostal 五旬宗	和柔济医院一起为妇女和儿童服务
1902	Seventh-Day Advent Mission(SDA) 基督复会	美国	Adventist 来复会	华南传教会的第一站
1903	United Church of Canada (UCC) 加拿大联合会	加拿大	Union 多教派	
1903	Hackett Medical College for Women 夏葛女子医学院	美国	Presbyterian 长老会	
1903—1929	South China Holiness Mission(S.C.H.M.) 华南圣洁会	美国		1929年和远东宣教会合并
1911	South China Boat Mission (S.C.B.M.) 海面布道会	美国		第一条给船民宣教的福音船
?	Christian Faith Mission (C.F.M.) 辅道福音会	美国		鲜为人知,只提及其曾在广州活动

美国长老会传教士丹尼尔·富文以他高超的地图绘制工作而闻名。① 他于1852—1878年受美国外交使团委员会(American Board of Commissioners of Foreign Missions)的派遣来到广州。抵达不久便发明了绘制广州城内地图的方法。内城在当时禁止外国人入内。他于1855年出版了广州的第一幅现代地图《广州城区和市郊全图》(Map of the City and Entire Suburbs of Canton,修订于1860年)。《中国丛报》(The Chinese Repository)是广州新教使团于1831—1852年出版的另一份早期的科学期刊,第一份主要的汉

---

① https://en.wikipedia.org/wiki/Daniel_Vrooman;2017年8月14日。

学杂志由裨治文(Elijah Coleman Bridgman,1801—1861)创办。他于1830年来到广州,是美国派往中国的第一位传教士。①1872年,美国长老会女传教士那夏理(Harriet Newell Noyes,1844—1924)在荔湾区沙基创办了真光书院(True Light School),是广东省最早的女子学校,并培养了广东第一代职业女性。②这所学校于1913年迁往白鹤洞街。

美国新教徒不仅在教育领域扮演了先锋角色,还在广州开展了公共健康和医疗教育。他们创立了一些著名的医院。1835年,医学传教士伯驾(Peter Parker,1804—1888)在中国开办了第一家西式医院,并从1838年开始一直得到中国医务传道会(Medical Missionary Society in China)的支持。广州博济医院(The Canton Hospital)成为华南最具影响力的医院之一。伯驾的继任者、长老会医学传教士嘉约翰(John Glasgow Kerr,1824—1901)于1898年开办了中国第一家精神病院,名为"广州精神病人庇护所"(Canton Refuge for the Insane)。孙中山(1866—1925)于1886年开始了他在广州医院的学习。晚清时期,美国长老会教徒创办了广州格致书院(Canton Christian College)和广州医科大学(University Medical School of Canton),后来于1927年并入岭南大学(Lingnan University)。③1903年,长老会的外方传教委员会(Foreign Missions Board of the Presbyterian Church)建立了夏葛女子医学院(Hackett Medical

---

① https://en.wikipedia.org/wiki/The_Chinese_Repository[accessed 2017.08.15]。

② https://en.wikipedia.org/wiki/Guangzhou_True_Light_Middle_School; https://en.wikipedia.org/wiki/Harriet_Newell_Noyes;2017年8月15日。

③ 关于1908年广州格致书院的占地及办学情况,见 http://commons.ln.edu.hk/cgi/viewcontent.cgi?article=1001&context=lingnan_trustees_records 2017年8月15日;Wiliam W. Cadbury, "The University Medical School of Canton", in *Journal of the American Medical Association*, 57, 1911, p.293. https://en.wikisource.org/wiki/The_University_Medical_School_of_Canton; 2017年8月15日。

College for Women),后来合并为广州医院和岭南大学的一部分。

一张来自1878年以前的德国地图标记了在广州的七个新教传教团体,它们都落脚于城墙外。①圣公会教堂和教区的房屋位于沙面。美国长老会的房屋和学校、卫理公会的房屋和礼拜堂、伦敦传道会的中国教堂则位于沙面北侧的江边。美国长老会的房屋和医院,礼贤会的房屋、礼拜堂和学校则位于圣心大教堂建筑群和珠江之间的郊区。最后,卫理公会的房屋和教堂也是在相同的郊区并一直延续到东边。

一幅来自1870—1890年更小的地图显示了所有的寺庙、教堂、清真寺和慈善机构。它标记了不少于15座新教教堂和福音堂的位置,不过没有给出新教教派具体的名字。②有5座位于城内,3座位于南城墙和珠江之间的长条片区,5座位于城外的西边,1座位于沙面,还有1座位于河南(今海珠区)。这幅地图清晰地表明新教与天主教在居住上的差异,新教徒散布于整座城市,天主教徒则聚居于一个主要区域。(图5)

七、后 续 研 究

如何在本文描述的研究成果基础上进行下一步的研究？将研究范围扩大到民国时期具有怎样的潜力？

---

① J. Nacken, Originalkarte der Provinz Kwang Tung (Canton) zur Übersicht der Deutschen Missions-Stationen. from Mittheilungen aus Justus Perthes' Geographischer Anstalt uber Wichtige Neue Erforschungen auf dem Gesammtgebiete der Geographie von Dr. A. Petermann, vol. 24, 1878年,图二十二。http://www.lib.utexas.edu/maps/historical/kwang_tung_1878.jpg; 2017年8月15日。

② 广州市城市建设档案馆编:《图说城市文脉——广州古今地图集》图二八。

在这篇文章中,我试图勾勒出广州传教士空间和建筑这一研究项目的潜力与难点。因此,我的研究成果也是基于文章开头提到的两组研究问题所得出的:第一,基督教在广州传教的历史地图;第二,基督教建筑对广州东西方文化交流和城市现代化的贡献。

绘制广州的基督教使团的分布地图至少应分为三个不同时期:1582—1732年(明末清初时期)、1844—1911年(晚清时期)、1912—1949年(民国时期)。基础地图集最理想是采用HisGIS测绘系统——该测绘系统的技术可行性基于1933年的地籍图。① HisGIS的优点有:管理时空分层及演变;从整幅地图到具体地块的缩放;与档案、考古、口述资料等各种元数据相联系;把同样的结构体系用于开发其他研究项目。

地图集绘制的研究工作需要更多的田野调查与档案研究,包括所有新教传教协会的档案。其他如共济会以及基督教青年会这样在广州的出现过的组织,也应该在概述中提到。② 同时,我们还需要明确研究中包括的地理边界,如基督教墓地和19世纪位于广州市郊和岛屿的传教点等场所均可以包括在内,因为它们在现今的城区范围以内。

民国时期对于后续研究来说是一个非常重要的方面,因为1911—1912年的转折是中国基督教传教历史连续性与非连续性的关键时刻。第一次世界大战对殖民主义的西方世界观将产生更多决定性的影响,包括天主教和其他基督教使团。在1914—1932年,至少有八处新的传教机构进入广州。

---

① 广州市城市建设档案馆编:《图说城市文脉——广州古今地图集》,图七十。
② Arthur Waite, *A New Encyclopaedia of Freemasonry*, New York, 1996, p. 105. http://www.freemasons-freemasonry.com/freemasons_china.html;2017年8月15日。(援引一份权威共济会德语手册认为,圣·伊莉莎旅馆1865年前就存在于广州城,是中国最早的旅馆,后来损毁了,原址成为英格兰大酒店的两家区域性大旅店。)

表 7A 1912 年以来在广州的天主教传教机构（根据狄德满 2009 年的文献）

年份	名　称	国家	性别/机构	工作和地点
1914	Little Sisters of the Poor(P.S.d.P.)安贫小姊妹会	法国	女性	麻风病医院
1932	Chinese Sisters of the Immaculate Conception (C.I.C.) 中华无原罪圣母女修会	中国	女性	
1932 (after)	Missionary Sisters of Our Lady of the Angels(M.N.D.A.) Franciscan family,天神之后传教女修会	加拿大（Québec）	女性	1932 年进入中国的第一站——广东肇庆
1933	Discalced Carmelite Nuns (O.C.D.)加尔默罗跣足女修会	比利时	女性	

表 7B 1912 年以来广州的新教使团（根据狄德满 2009 年的文献）

年份	名　称	国家	教派	工作和地点
1916	Salvation Army(S.A.) 救世会	英国	Wesleyan 卫理公会	指挥华南地区的工作
1925	Churches of Christ(C.C.) 基督教会	美国	Evangelical 福音派教会	进入中国的第一站
1928	Oriental Missionary Society (O.M.S.)远东宣教会	美国	Holiness 圣洁派教会	开办圣经学校；1929 年吸纳了华南圣洁派传教会
1932	United Brethren in Christ (U.B.)基督教协基会	美国	联合兄弟会	仅在广州和香港活动

这引出了第二点结论，以及基督教建筑对广州东西方文化交流和现代化的贡献。对跨文化的接触和感知的研究的主要论点是互惠性。互惠性意味着既要考虑外国人和中国人的观点，也要考虑中国基督徒和中国非基督徒的观点，以及在研究过程中其观点的演变。这便要求中国与西方学者合作时能够辩证地在历史环境中理解材料，并且可以从广阔的视角去看待问题。

广州圣心大教堂便是这些对立的典型案例。大多数中国人将其命名为"番鬼石室"[①]——寓意为墓室或为鬼屋,并且表达了对这座无人需要却主宰了他们的天际线的教堂的不满与轻蔑。晚清时期,人们把圣心大教堂与外国帝国主义联系一起,1857年这座城市被一场暴力的洗劫改变了"风水",威胁到了城市的和谐。而西方的看法则是完全相反的。1883年,邵斯主教以一种对殖民时期的怀旧之情写道:"沿着珠江,映入眼帘的是美丽城市的上空我们高耸的教堂尖塔,就像圣母院的双塔或万神殿之于巴黎。"[②]对于同一事物的不同解读之间的矛盾显而易见。值得注意的是,大教堂已于1996成为中华人民共和国的遗产保护单位及国家级纪念性建筑。[③]

然而,圣心大教堂的"文化冲突"也许无法掩盖基督教使团在广州的其他建筑和工作的努力,其中包括孤儿院、医院、麻风病院、男女学校、大学,以及其他小规模的慈善事业。这些也是基督教建筑研究中将进一步展开的工作。

民国期间,这座城市的发展、其城市空间的现代化以及迅猛的建设,都受益于建筑技术的重要转变。例如,钢筋混凝土技术被系统地应用于建筑物中,同时也被传教士们广泛采用。[④]因此,在1933—1934年,教堂的木结构屋顶都被钢筋混凝土屋顶所替代。[⑤]在珠江以南的海珠区,天主教徒(宝岗河南天主堂)和新教徒(基督

[①] 在一份1882年的教堂印刷册中,后再现于 Les Missions étrangères. Trois siècles et demi d'histoire et d'aventure en Asie, Paris: Perrin, 2008, p.304。

[②] "A.Chausse", in Annales de la Propagation de la Foi, 55, 1883, p.22 (quoted in Bao Dai, The Chinese-Born French Church: The Evolving Symbolism of the Cathedral of the Sacred Heart of Jesus in Canton, New York, thesis Columbia University, History, 2015, p.21)。

[③] 中国三大最早的国家级保护教堂之一,另外两座为天津望海楼教堂(1988年列入保护)和北京南堂(1996年列入保护)。

[④] 广东士敏土厂(The Guangdong Shimin Concrete Factory)创建于20世纪初,是中国南方最早、最大的水泥厂。

[⑤] USFCA, Ricci, Canton Archdiocese Archives, C1.12-001-005.

教河南堂）新建的教堂均采用了钢筋混凝土体系。后者修建于1934年，采用了现代中式的建筑风格和钢筋混凝土结构的中式屋顶。基督徒们推动了本土化，并逐渐把他们的建筑"中国化"。①在"番鬼石室"建造后不到六十年的时间内，中国与宗教之间的社会背景、心态和关系都发生了深刻的改变。②通过空间与建筑去理解这些改变与观念的演变是本研究的最终目的。

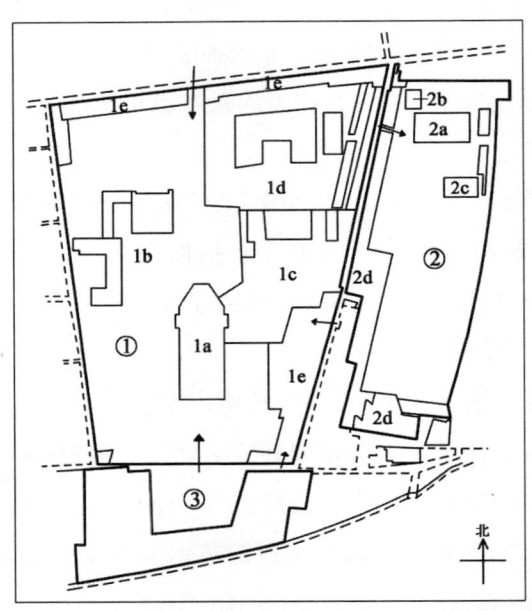

图1　1913年圣心大教堂建筑群平面图（郭威重绘）
（1a.圣心大教堂；1b.主教行政管理中心；1c.神学院；1d.男校或圣心书院；1e.教会房屋；
2a.女学堂；2b.孤儿院；2c.工艺厂；2d.教会房屋；3.吉多里街区）

---

① Thomas Coomans, "The 'Sino-Christian Style': A Major Tool for Architectural Indigenization", in Zheng Yangwen(ed.), *Sinicizing Christianity* (*Studies in Christian Mission 49*), Leiden-Boston: Brill, 2017, pp.197 – 232. ［比］高曼士：《从西式基督教风格到中式基督教风格：作为在华本土化文化适应手段的建筑(1919—1939)》，贾珺编：《建筑史》，中国建筑工业出版社，2016年。
② Shuk-wah Poon, *Negotiating Religion in Modern China: State and Common People in Guangzhou, 1900 – 1937*, Hong Kong: The Chinese University Press, 2011.

掩藏于圣心大教堂的光芒之下　191

图2　主教府,约1900—1917年从圣心大教堂拍摄(Paris, Archives M.E.P.)

图3　培训中国神父的神学院,含辣丁书院、憩室、膳堂
（右侧一幢双层外廊建筑为女学堂,与神学院以白米巷相隔）

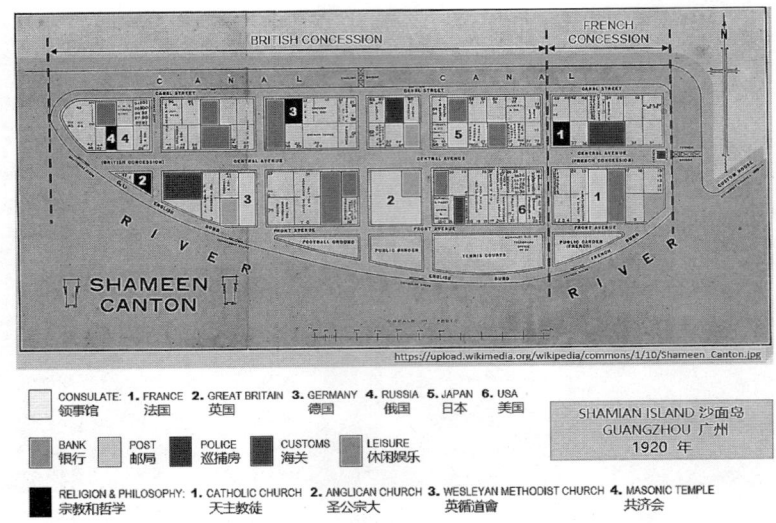

图 4　1920 年沙面岛总平面，图示各国区界及不同公共功能区
（源自 http://nla.gov.au/nla.obj-229820164/view）

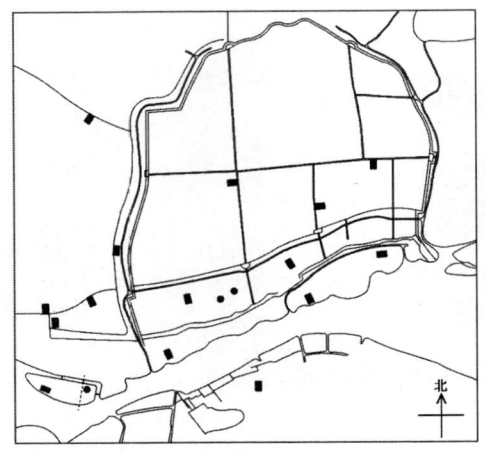

图 5　1870—1890 年广州地图中各新教（方块）和天主教建筑（圆形）位置标示（郭威重绘）

岭南近代教堂神圣空间的解读

——以广州圣心大教堂和东山堂为例

广州城建开发设计院有限公司
中山大学哲学系　朱志越

前　　言

中国岭南地区,作为近代中国基督宗教传入和发展活动的重点地区,为教堂建筑的发展提供了广阔的空间,也是研究基督教教堂建筑的极具代表性的切入点。1583年,天主教传教士利玛窦来到广东肇庆,希望得到一小块地建一座住屋和教堂,在其中祈祷、学习、孤寂冥想,以度时光。[①]利玛窦极具前瞻性地意识到,基督教面临的是以儒释道为核心的强大的中国传统文化,如果以完整的西式建筑直接植入,并未见得可以十分好地得到接受。于是,在建筑教堂时,他也首先放弃了欧式的建筑风格,采用了中西合璧的方式去指导对中国化的教堂神圣空间之营造。由此,也拉开了岭南近代教会建筑在本土发展的大幕。

以往对岭南近代教堂建筑的研究,一是由建筑学的角度,从形式上和风格艺术上对建筑物的布局、装饰和结构等进行讨论。二是多由历史学家,从近代历史发展的角度,讨论其在岭南的建造过程以及其影响。这两种方式多注重于建筑的形式、功能以及历史地

---

① ［美］卫三畏:《中国总论》第二卷,上海古籍出版社,1871年,第169页。

位,而对教堂建筑本身最重要的神圣空间之营造的本质没有过多地探讨,忽略了教义在其中的各种细节体现以及教会要传达的宗教精神,亦较少把信众在这些神圣空间中活动的心理感受作为讨论的重点。

建筑物往往被看成它所建造的特定时代的反映,这种反映长期以来被人类的信念所确定。在近代中国的岭南,便有着其极具本土气息的信念,虽然基督教是外国传入的,但是丝毫不会影响在岭南有独具特色的宗教精神的发展。这种宗教的精神,是通过以教堂为载体,进入普通民众的内心。通过一系列的建筑手法,营造特殊的神圣空间。本文希望更多地从宗教学的角度去切入研究岭南教堂,不拘泥于其建筑形式和风格的分类和总结,而是更多地去关注建筑与人的关系,建筑与本土文化的关系,以及建筑所体现的宗教精神和教会意志。

选取作为重点案例分析的广州圣心大教堂,由巴黎外方传教会在1888年建成,是天主教广州教区的主教座堂。在当时,巴黎外方传教会是岭南传教势力最大的天主教会,管辖着天主教粤桂监牧区(管辖范围两广地区)。近代广州作为岭南广府地区的政治文化中心,又是通商口岸,对于各传教组织来说,一直是从澳门或香港这两个传教基地进入内地传教的首选城市。它们在广州传教工作的起伏,也见证了整个教会真正地融入内地传教之事业的兴衰成败。另一个案例是基督东山堂,它所在地为广州东山口地区,则是美南浸信会19世纪以来在广州开展整个宣教事业的基地,这个以全新传教理念作为支撑的新教教派组织以教堂为中心,建立了一大批社会福利机构,把神圣空间的概念扩展到整个社区。选取这两个处于同时代同地域的案例——分别属于天主教会和基督教在广州建立的教堂作为研究对象,对研究岭南教堂神圣空间有一定的代表性。两所教堂风格截然不同,不仅体现了教会传教理念和方式的不同,通过深入地分析和对比,也可以找到神圣空间在不同教堂空间中的定义和历史演化。

一、神圣空间的定义及其广延解读

神圣空间中的"神圣"总是被作为"世俗"的对立面来讨论。宗教学家伊利亚德(M.Eliade)认为:"每一个神圣空间都意味着一个显圣物,都意味着神圣对空间的切入。这种神圣的切入把一块土地从其他周围的宇宙和环境中分离出来,并使它们有了品质上的不同。"①神圣空间不是自然存在的,而是人通过其文化、经验和欲求,在界定、限制和描绘它时赋予其神圣性。总之,神圣空间是与外部世界完全不同质的空间,凡接近它都必须遵守许多禁忌,并且常常伴随着一种特殊的仪式来规范人们在神圣空间面前的行动举止。而神圣空间的影响力往往呈辐射状,向周围散射并逐渐减弱。②

把神圣空间的概念想象成这种辐射状的系统,在其核心部分,也就其狭义上的意义,我们可以理解为我们最为熟悉的那些祭祀场所的固化。"原先以显圣物为中心的神圣空间的模糊边界,随着人类社会的发展,被人工建筑的围墙廓清,宏伟的宗教建筑把神圣与世俗分开。"③这种狭义的神圣空间是在如教堂、佛寺、清真寺等宗教建筑中呈现的。在近代岭南的教堂中,我们可以看到其神圣空间通过建筑的平面布局、空间和造型设计、内部装饰,配合光影处理和声乐的使用来营造。教会的宗旨和理念通过对宗教活动的组织和神职人员的布道得以在此神圣空间中展现和传播。

对于个人体验而言,从进入教堂前面敞开的广场,面对带有宗教符号装饰的教堂的正门,神圣空间呈现的序列开始展开,穿过作

---

① [罗]米尔恰·伊利亚德著,王建光译:《神圣与世俗》,华夏出版社,2002年,第1—2页。

② 张俊:《神圣空间与信仰》,《福建论坛(人文社会科学版)》,2010年第7期。

③ 张俊:《神圣空间与信仰》。

为过渡的广场空间,进入教堂的内部,也进入了世俗内外分割的围墙。能感受到光线的变化,阳光从穹顶或侧窗射入,照在内部宗教雕塑或装饰上,整个人被严肃静谧的宗教氛围笼罩。十字架竖立于圣坛中央,信徒在座位上祈祷,聆听神职人员的布道和环绕教堂的宗教音乐,配合最神圣的圣餐仪式,把气氛推向最高潮。这一系列实物空间把神圣感植入内心,而内心燃起的神圣感又强化了心理的崇拜,并通过宗教仪式表达出来。

然而,在狭义意义上,那道神圣空间定义的围墙无论是实体的还是精神上的,它既是分割神圣与世俗的门槛,也必须是神圣与世俗世界得以沟通的桥梁,因为神圣空间的使用必须回归和落实到人。我们已经远离百般禁忌的巫术时代,在后世的宗教神圣空间中,信众必须在其中进行日常的宗教活动。如穆斯林在走向圣城麦加的朝拜之路,神圣空间在此时对于信徒个人已经走出围墙,神圣空间存在于这个教徒的心中。这说明,神圣空间还有其广延上的存在意义,存在于核心概念之外的辐射区。而且随着信徒在宗教范畴内的活动,神圣空间脱胎于巫术——宗教意义的概念,还有世俗化的发展脉络,也是人文意义上的神圣空间。在这个角度,神圣空间的概念可以放射到人内心自我认同的有神圣含义的任何空间,包括天地神祇、信众团契,甚至故国家园。当然,"这种神圣空间只是维系于个体情感的,并没有凝固于集体表象,但是它却从侧面揭示了人文意义的神圣空间存在的普遍性,以及人文意义的神圣空间信仰本质上是维系于人类情感的产物"①。

我们可以看到,一个教堂和整个教区的辐射关系也对应着神圣空间概念的定义与广延关系。在岭南教会建筑及其神圣空间的讨论中,本文将从狭义的概念(即基督教堂和天主教堂)出发,然后逐渐探索其概念在世俗化脉络下的定义,如教会世俗功能的建筑,还有信众情感在教会建筑中,甚至在团契氛围中的表达。在这些层面探讨神圣空间存在的可能及其意义。

---

① 张俊:《神圣空间与信仰》。

二、巴黎外方传教会与广州圣心大教堂及其神圣空间的表达

(一) 建造背景

广州圣心大教堂是中国现存最大的花岗岩石构筑的哥特式天主教堂,广州市民喜欢称之为"石室"大教堂。该教堂遵循严格的天主教礼仪,其神圣空间设计综合了平面形制、圣坛布置、红砖十字拱天花、彩色玻璃窗、音乐等要素。在建筑艺术形式上也汇集了几乎所有哥特式教堂的元素,包括指向苍天的双尖塔、大量的石雕、入口透视门,另外还有哥特式建筑典型的尖拱窗,令人惊叹的飞扶壁,优雅的石束柱等。圣心大教堂的建筑风格让其享有"远东巴黎圣母院"之称,该堂的建立对天主教在广州的发展奠定了决定性的基础。教堂的选址在现今海珠广场附近的一德路,是城市的一个重要结点,自古便是广州城的繁华地带,商贾云集;宋朝这条街被称为"卖麻街";清朝时期两广总督府部堂衙门位于此地。

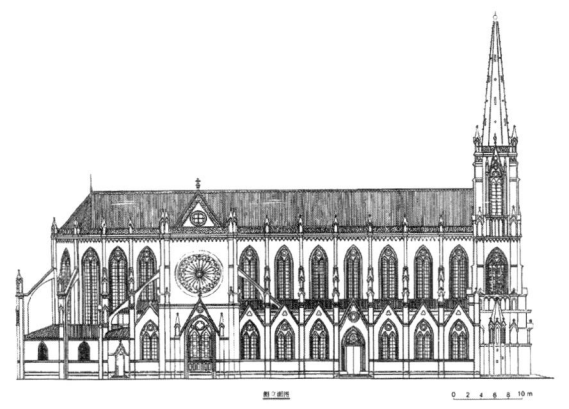

图1 圣心大教堂西立面图
(来自汤国华编著:《岭南历史建筑测绘图集》,华南理工大学出版社,2004年,第206页)

主持建造圣心大教堂的是巴黎外方传教会传教士明稽章（1814—1886），他是当时广州教区的宗座监牧。巴黎外方传教会是法国天主教的男性使徒生活团，1659年成立于巴黎。大批传教士借助法国殖民势力进入岭南传教，于康熙年间进入广州。以后，广州天主教一直由该会管辖，教区历任主教均由罗马教廷任命该会会士担任。巴黎外方传教会也成为岭南传教势力最大的天主教会。1861，法国明稽章看中了1857年刚被英法联军夷为平地的两广总督府行署所在地，要建设圣心大教堂；他依仗法国侵略军势力，由最高长官出面写信威胁两广总督，迫使两广总督劳崇光永久出租两广总督行署基址；在得到拿破仑三世50万法郎专款后，1861年破土动工，聘请两位法国工程师进行建筑设计，1888年建成。该教堂建成后，一直是天主教广州教区的主教座堂。①

（二）神圣空间的营造

圣心大教堂南面正门前布置开阔的广场，便于信众聚拢，对于整个教堂神圣空间的营造十分重要，它既是一种世俗向神圣的过渡，又提升了圣心大教堂神圣的地位和震撼感。教堂的平面采用拉丁十字平面，这种十字平面在等边的希腊十字的教堂平面的基础上改革发展而来，在圣心大教堂中，十字的短边也只是象征性地突出了一点，在形式上隐喻耶稣背负十字架的故事，也表达了天主教的正统观念。左右的两个侧厅相当于两臂；圣坛所在的十字交叉位置，相当于人的胸部，是心脏部分；而中殿及两侧的侧廊，相当于身体的下半部分。后堂则象征人的头部和大脑。后堂代表着天主教圣灵的精神性空间，而教堂的其余部分，则代表着世俗世界的物质性空间。②圣心大教堂的主祭台在正殿的平面交叉处，特别是祭台顶

---

① 广州宗教志编纂委员会：《广州宗教志》，广东省人民出版社，1996年，第184页。

② 郭晓鹭：《圣心大教堂：在一座吃喝之城，有两根天线伸向天堂》，《广州史记》，2007年第60期。

岭南近代教堂神圣空间的解读　199

部的空间,尖拱形穹顶在此处上空交汇,显出腾升向上的气势。按照天主教礼拜的需要,主祭台后面还设有半圆形的宽廊道,称"祭衣房",用作弥撒前的准备。由于天主教同时尊奉圣母,所以分别设有圣母玛利亚和圣约瑟小祭台,呈品字形布局,主祭台和小祭台又构成一个平面十字架,宗教意味非常明显。

图 2、3　圣心大教堂照片
(作者现场拍摄,拍摄时间:2010 年)

石室教堂内部保持了简单朴素的装饰效果,充分显示了石材的天然本色。在一个狭长而高大的中殿空间里,超乎寻常的比例尺度使前来礼拜的教徒感到自己如此渺小。[①]彩色玻璃窗通过阳光的投

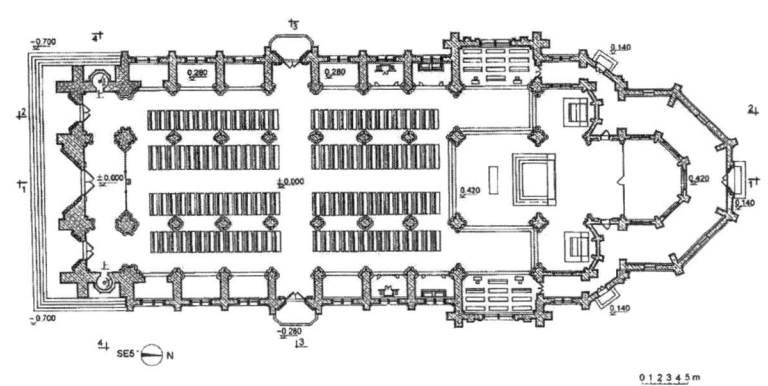

图 4　圣心大教堂首层平面图
(来自汤国华编著:《岭南历史建筑测绘图集》,华南理工大学出版社,2004 年,第 201 页)

---

①　董黎:《岭南近代教会建筑》,中国建筑工业出版社,2005 年,第 152 页。

射和折射,把神秘而多彩的光线布满整个神圣空间,配合唱诗班或宗教音乐的奏起,在高大的神坛空间混响,仿佛是天主的回响。整个神圣空间原汁原味地在远东呈现了和在法国哥特教堂一样的效果,这种效果也是巴黎外方传教会所要追求的,对于广州的信众,它真实地传达了教会正宗的传统,而对于远道而来的传教士,仿佛让他们回归到了熟悉的怀抱。

(三)本土化措施

而这仅仅是圣心大教堂为欧式天主教堂的体现,作为岭南中心的天主教堂,则另有乾坤。石室其实有很多本土化的表现,其中有许多中国元素。真正指挥教堂完成建造的工程师是广东揭阳的石匠蔡孝,这也是教堂施工工艺本土化的原因。蔡孝用岭南传统建筑的桐油灰浆作为石头之间的粘缝剂,用糯米灰浆来砌砖,不但稳固而且节约成本。把穹顶空心砖的双孔用铁枝穿起来,使之更牢固。坡屋顶做法采用中国工匠熟悉的乌烟辘筒盖瓦;还有材料上的本土化,诸如祭衣间铺设了广东大阶砖,其防潮性能比石地面好,更适合广州本地的气候特征;还有门上的广式木雕。[1]关于教堂主正面定位朝南,正好符合两广总督府的用地特征。主持测绘和修复工作的汤国华教授认为:"在巴黎,天主教堂也大多根据选址的马路情况来确定朝向。""当年的珠江一派繁华景象,可谓船来船往,外国船只一进珠江,即可看到教堂,这对天主教的传布大有好处;此外,基于艺术展示,坐北朝南,上下午的阳光均能投射到彩色玻璃窗,光影在石柱上移动,五彩缤纷。"[2]

这一系列的本土化措施让圣心大教堂更好地把营造的神圣空

---

[1] 吴庆洲:《中国最大的哥特式石构教堂——石室》,《建筑学报》,2001年,第62—64页。

[2] 刘鉴:《破解广州石室"密码"》,中国广州网,网址:http://www.guangzhou.gov.cn/node_2382/node_510/node_521/2007-03/1175341991168107.shtml,2007.2015(9.20)。

间融入当地;但是我们也要看到,相比于强大的符号性的植入,这些小改变和利玛窦小心翼翼地用中国文化包裹西方文化的那个时代已经相去甚远。在殖民主义的社会大潮下,巴黎外方传教会可以把巴黎精美绝伦的建筑艺术直接摆在广州而不受排挤。圣心大教堂所呈现的神圣空间更多的是凌空下降到广州本土的,对本土民众内心的震撼是极大的,民众的心情也是复杂的。

(四)巴黎外方传教会营造教堂理念背景分析

在利玛窦时代,明朝或者说文艺复兴时期的中西文化交流,与近代中西文化交流最大的一个区别就是平等。16世纪的中国还处于整体国力比较强大的时代,西方仍盛传着马可·波罗对中国的仰慕。因此,那时的读书人中既没有晚清知识分子的因山河破碎所造成的中西文化关系上的焦虑之感,也没有后来"五四"精英们的那种紧张感,如晚明名士冯应京所说:"东海西海,此心此理同也。"从容自如,大度气象一言尽之。① 早期的传教士在华活动,多少还带有中西文化主动融合的意思,但是"礼仪之争"彻底暴露出在融合背后的某些实质问题。② 有位传教士写道:"全体传教士将会接受这样的心情,即不仅要追求我们的条约权利,而且,如果需要,还要追求条约以外的权利,如果不被容许,我们有权照会中国容许。如果条约过于限制我们,我们可以越过条约,而且必须越过。"③ 虽说传教工作出发点是为了传播福音而不是征服,但是由于处于当时这种特殊的社会背景,本土民众面对西方文化输入时产生的特殊心理,依然值得我们去关注。

建筑符号所隐喻的社会意义极其强大,在当时的社会背景下,巴黎外方传教会没有选择过多的中西合璧的做法,而是直接把最具代表性的西方宗教建筑符号直接放在广州最显眼之处,一方面是维

---

① 雷雨田:《近代来粤传教士评传》,百家出版社,2004年,第49页。
② 董黎:《岭南近代教会建筑》,中国建筑工业出版社,2002年,第20页。
③ 顾长声:《传教士与近代中国》,上海人民出版社,2004年,第68页。

系了教会的传统,另一方面也在某种程度上宣告在中国传教事业的胜利。这放在利玛窦时代是完全无法想象的事情,当年利玛窦在肇庆建的仙花寺,经常遭受当地百姓从旁边崇禧塔上扔来的石头。①如今,在圣心大教堂建造时期,却可以命令把周围所有看得见施工场地的居民窗户全部封死,以体现教堂的尊严。②在面对西方高超的建筑技艺营造的神圣空间的时候,我们必须看到,加入教会的信众除了赞叹其空间的惟妙惟肖,臣服于上帝势力的强大之外,也必有对本土文化在那个时代挥之不去的无奈和不自信。

三、美南浸信会与基督东山堂的演讲堂式神圣空间营造

(一)建造背景

为继续探讨教堂内部神圣空间的感受,引出另一个截然不同的教堂——基督东山堂,以和圣心大教堂作对比。该堂由美南浸信会始建于1909年5月,比圣心大教堂的竣工晚了近二十年。1844年,美国美南浸信会罗孝全(I.J.Roberts)、叔未士(Rev.J.L.Shuck)两牧师相继从香港抵广州,在联兴街鸭栏铺设简易讲堂传道,并组织教会。1906年,他们选择了东山口地区作为传教活动基地。③教会组织连同几所已经建立好的女校,把整个浸信会的首脑机构从长堤搬到东山。基督东山堂也作为服务于整个社区的重要组成部分得以建立。对比于巴黎外方传教会的传统传教观念,在建立基督东山堂时,美南浸信会有着完全不同的考虑。两座教堂在神圣空间营造方式之截然

---

① 雷雨田:《近代来粤传教士评传》,第61页。
② 雷雨田:《近代来粤传教士评传》,第307页。
③ 雷秀民等:《广州市东山六十年来发展概述》,载广州文史资料研究委员会编:《广州文史资料》第十四辑,1965年,第60页。

不同的背后,体现的是整个传教组织理念以及出发点的不同。

1906—1908年,美南浸信会办的传道学校、培道女中、培正学堂和培贤圣经女学校逐渐搬到东山。为了使学校师生及附近的信徒有崇拜的地方,教会便把五仙西的福音堂卖掉,搬到东山,先是在传道学校,后在培道女学内设"祈祷室",1908年在寺贝通津9号现址搭棚崇拜,当时称"广州东山浸信教会"。1908、1909年连续由于遭受台风破坏,便筹建一层砖木结构的礼拜堂,大门朝东,地方狭小;当时的浸礼在培道女中东侧水塘举行。1923年因座位不够,美南浸信会差会和信徒出资将旧堂址拆上去盖,加建一层,增加七百余座位,正门改朝南。1926年建成现今二层楼的东山堂,屋顶为木质结构。1935年为防白蚁,拆除大堂木顶改建为钢架铁皮屋顶。①

(二) 神圣空间分析

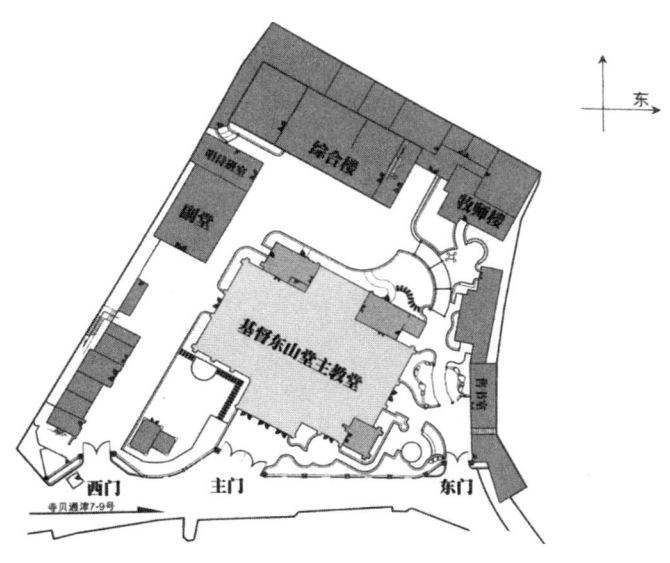

图5 基督东山堂平面图
(来自基督教东山堂正门的告示牌与彩绘)

---

① 广州市基督教东山堂:《广州市基督东山堂复堂廿周年纪念专刊(1979.9—1999.9)》,1999年,第3页。

现时的东山堂主教堂的南正门前并没有很广阔的广场,建筑入口与道路贴得很近,教堂西侧和北侧留有较大的活动空间,教堂东侧和南侧入口被精心设计的园林围绕。西南侧紧贴教堂的墙体则设计了一个开阔的室外仪式空间,可以作为举办教徒婚礼的室外场地。巨大的十字架竖立在场地中央,下方有"耶稣爱你"的标语,十字架旁边加建了一个木结构六角形平面的空中露台,配合场地中央的拱形花圈和整齐的室外座位,把室内神圣空间温馨地延伸出来。教会附属建筑环绕在主教堂西北东三面,包括副堂、牧师楼、售书室等。在近几年的教堂维修过后,基本上将教堂和附属在东面的售书室在二层高度搭建起了空中连廊。教堂主堂除了南面,其他三面也都被新建的连廊环绕,一方面方便信徒在下雨天可以于连廊下避雨行走,另一方面也供婚礼晚宴等仪式可以在二层的空中连廊或露台举行。这条三面连廊虽然一定程度上破坏了立面的连续性和完整性,却反映了教会对教堂的改造有着以人为本的重心。

东山堂的总平面设计和圣心大教堂相比虽少了一份规整和肃穆感,却拉近了与人的距离,教堂本身在这种园林和连廊设计的包裹下不再那么突出,而让人更多地感受到了整个堂址空间的围合,以及给内心带来的亲和感。

图 6、7　基督东山堂照片
(作者现场拍摄,拍摄时间:2015 年)

东山堂原来采用哥特式的建筑风格,经扩建后成为现在的两层楼房,基本上改作了小型讲演堂的形式,只有已变形的钟楼和局部构图元素还保留了原有的宗教建筑形象。①但是从测绘平面图上看，依然可以看到有十字平面的影子。现今演讲堂的位置类似于剧院舞台，比地面抬高几个台阶，延伸进教堂北侧的装饰性尖拱下。布道台在演讲堂正中央，背后是唱诗班的阶梯站台，背景是圆形玫瑰窗下的十字架。正门和大阶梯位于南面，首层和二层的座位全部以演讲堂为中心，以扇形排开布置。

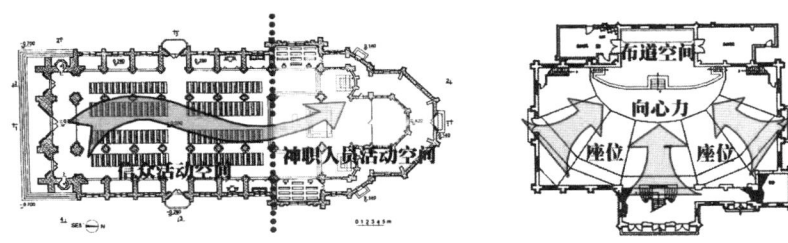

图 8　平面空间分析图（一）
（在测绘图基础上作者自绘。左图为汤国华编著的《岭南历史建筑测绘图集》中圣心大教堂首层平面测绘底图。右图为董黎编著的《岭南近代教会建筑》中基督东山堂二层平面测绘图）

对比于圣心大教堂给人的庄严肃穆的磅礴感所带来内心的渺小和谦虚感，东山堂类似于剧院的座位布置平面是一种温馨的围合感，一种被包裹的舒适感。对比两所教堂的平面图，我们就可以很明显地看出他们在空间表达上的不同之处。石室圣心大教堂是拉丁十字平面，代表着受难的耶稣，十字形的交汇处是教堂最核心的圣坛，信徒在十字的长轴处就座，圣坛分隔了普通信众和神职人员的活动区域，这是一种较为明显的有严格宗教制度的教会的体现，也是天主教堂十分普遍的做法；而东山堂，在一定意义上由于历史的原因，已经演化为一个演讲的空间，这种向心的具有凝聚力的空间模式，让布道和颂歌的氛围容易迅速升温，达到集体的共鸣。

---

①　［罗］米尔恰·伊利亚德著，王建光译：《神圣与世俗》，华夏出版社，2002年，第1—2页。

图 9　垂直空间分析图
（在测绘图基础上作者自绘。左图为汤国华编著的《岭南历史建筑测绘图集》中
圣心大教堂首层平面测绘底图。右图为董黎编著的《岭南近代教会建筑》中
基督东山堂二层平面测绘图）

从垂直的角度来分析对比，圣心大教堂这种经典的哥特式尖顶是一种追求人与上帝联通的向上提升的感觉。在基督教建筑中，穹顶就是代表拉丁文的"Caelum"（天堂），穹顶的高度代表人类可以触摸到天国的高度。这种从世俗世界到上帝之国的超越，也是哥特式教堂极力要表达出来的内容。而在基督东山堂的立面上看，是一种倾向于水平延伸的建筑体量围合而上升的模式，不再是挑战天际线的做法。这种空间带来的是一种注重内心而朴素的个人祈祷模式，这也正印证了马丁·路德对天主教的宗教改革以来，新教教会提倡因信称义的一种内在和上帝交流的模式。它摆脱了教会给予人们的禁锢，把人和神圣的交流归还给个人内心的信仰，导致了从宗教理论、宗教情感、宗教仪式到宗教神圣空间的新变革。

（三）社会福音运动对神圣空间营造方法的影响

当时的美南浸信会，作为美国新教教派中的一支，受到了19世纪90年代在美国发起的"社会福音运动"大潮的影响。"社会福音运动"强调福音既有个人意义也有社会意义，必须像拯救个人一样去拯救社会。①强化了基督教与社会的结合，基督教开始关注到世俗生活的方方面面，比如慈善、教育、医疗和公共卫生等。不仅如此，教会对教堂建筑的改良和对崇拜仪式新的实践也在相应地继续进行。众多演讲堂性质或者剧场化的教堂开始出现，在内部和外部装饰上，更加简洁朴素，对宗教符号和上帝形象的描绘点到即止，没有过多繁复的手法。宗教仪式则摒弃过度神秘和压抑的氛围，设计更加通透和明亮的空间，神父的布道更加生动活泼，和信众的互动更加频繁。教堂中还出现了演唱流行音乐的乐队，取代了严肃的传统唱诗班，整个礼拜过程更加轻松和欢快，使更多的人愿意走进这种摆脱了昏暗和沉闷的教堂。

"社会福音运动"伴随着海外传教运动传入中国，传教士开始有意识地运用"社会福音运动"开展传教工作，他们将"基督教的种种教义与中国民间的社会生活结合起来加以贯通式的理解，使基督福音借助世俗化的手段在中国社会中逐步具备本土化的特征，从而真正在日常生活层面而非精英化的层面对中国人的思想与行为施加影响"。中国基督徒也在此期间经历了由文化取向关怀向社会取向关怀的转变。②

在这样的传教氛围下，美南浸信会对基督东山堂的空间营造走向世俗化也符合当时的理念。当他们把工作中心从当年的五仙西迁到东山时，伴随的实际上是要将学校、医院及孤、老、盲人院等慈善机构集中建设管理，力图建立浸信会东山传教区，是一个整体的考虑。反映回基督东山堂的内部空间，这种演讲堂式的布道场所更加亲民，更加自由活跃，可以和整个教区的使用紧密结合，不过分强调其宗教功能和世俗功能的内外的分割，容易受到当地群众的支持和欢迎，也为其他工作的开展打下良好的基础。对比于巴黎外方传教会，他们

---

① 李颜伟：《美国"社会福音运动"探析》，《天津大学学报（社会科学版）》，2009年第1期。

② 王京强：《社会福音思想在近代中国的传播探析》，《世界宗教研究》，2014年第6期。

通过这种社会取向的关怀在全方位开展传教工作。东山口地区在此环境下,也逐渐吸引了大批华人华侨、达官贵人入住,大大加快了乡村到城区的转变,并逐渐发展成广州的高尚住宅区。由此,我们可以看出他们这种传教模式,对地域环境的影响更加深远和扎实。

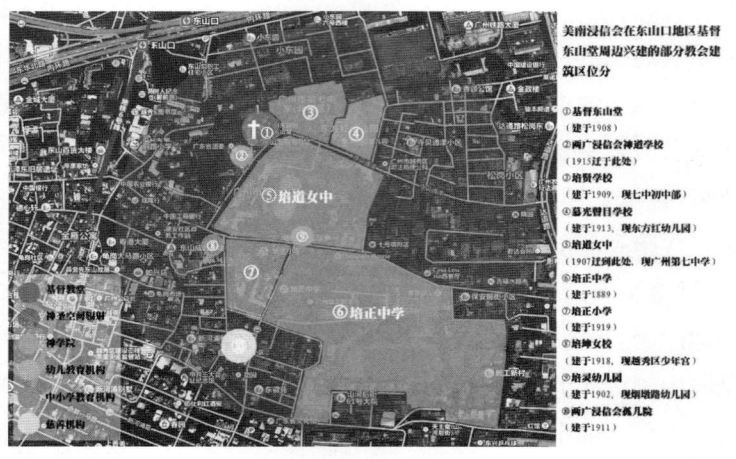

图10　美南浸信会在东山口地区基督教东山堂周边兴建的部分教会建筑区位分析
(自绘,其中历史资料采集自《广州宗教志》)

四、对神圣空间营造形式的选择之争

在宗教层面上,教会建筑的世俗化和人性化是当代基督教变革和宗教世俗化的必然结果。传统的教堂建筑作为一种神圣空间和精神世界的象征,表现的是一种宗教的神秘感和神圣感,在那里人们通过对建筑本身所表达出的这种宗教氛围来感知上帝的存在,这种宗教氛围在哥特教堂中达到了极致,因为教堂"是神的居所,是神的神秘的形态和诸如与虔诚信众传达教堂之间的感应等神奇现象的物质形式"[①]。"教堂不应该是亲切的,具有人情味的,它所应该展

---

① [法]格罗德茨基路易斯著,吕舟、洪勤译:《世界建筑史丛书:哥特建筑》,中国建筑工业出版社,2000年,第223页。

现的是奥托所指的神圣感——宗教体验中最独特的东西,一种既畏惧又向往神圣的情感,也即是敬畏。"①这样我们就不难理解哥特教堂巨大的空间,高耸的尖塔和神秘的气氛的必要性了。但是如基督东山堂这种更近乎世俗化的新教教堂,是对天主教会的一种革命。我们可以从欧洲的宗教改革运动得到解释,在我们身边,也可以从这两座我们熟悉的岭南教会建筑的对比得到切实的体会。

那是否在意味着新教教会在中国所建立的教堂就更加会倾向于世俗化和本土化呢?从历史角度看来,实际上,在本土化方面,天主教走得比新教更早。当1583年利玛窦抵达肇庆的时候,"与其他的传教士粗野而急躁之情绪不同,利玛窦表现出一种沉稳的心态,他所在的耶稣会传教区清楚地认识到首先要赢得统治阶级的好感,于是他们学习中国的儒家文化,一开始更多是以一位哲学家的身份来面对大众。只要得到统治阶级或者是说皇帝的认可,一切以宗法等级社会为基础的中国将会给天主教提供一个绝佳的环境"②。于是在开始阶段,利玛窦提倡不开设任何教堂,而是以讲学堂或是书院的模式来进行文化传播,而弥撒的地点只是开设在另外一间小小的秘密教堂。正是这种谦逊和退让让他进行真正的破冰之旅。

然而随着鸦片战争和对中国沿海地区殖民时代的开始,在礼仪之争的大环境下,许多天主教的传教士逐渐摒弃了这种观念,更直接的建筑符号开始进入中国,更加以西方为主的神圣空间也在主导着教会的工作的展现。这种做法也引来许多争议,第一任罗马天主教宗座驻华代表刚恒毅主教(Cardinal Celso Costantini)提出要从艺术融入中国文化,而不是符号化。他明确指出:"建筑对我们传教的人,不只是美术问题,而是吾人传教的一种方法。我们既在中国传福音,(建筑)理应采用中国艺术,才能表现出吾人尊重和爱好这广

---

① 吴敏:《当代基督教教堂建筑的发展》,《泰州职业技术学院学报》,2005年第1期。
② [法]谢和耐著,耿昇译:《中国与基督教》,上海古籍出版社,2003年,第23页。

大民族的文化、智慧的传统。采用中国艺术也正是肯定了天主教的大公精神。"①这些对立的看法一方面引起了广泛的讨论,另一方面也催生了很多大胆的建筑风格的尝试。然而天主教一直以来都有严密的制度,教会十分强调中心生活,我们更容易看到本土化后的天主教堂依然和西方文化有着密切的联系。

真正通过社会人文关怀进入中国民众社会各个方面,在此基础上再加以宗教的影响,却是在美国福音运动大潮下进行改革的更加世俗化的新教传教团体。相比于天主教会,它们对本土化的建筑形式更加包容,也更加愿意做形式上的妥协。他们一开始的工作重点恰恰不是在以教堂为主的神圣空间中展开,而是在教区其他社会功能建筑中展开,因为形式上的对西方传统的坚持并不利于对环境的融入和发展。

五、神圣空间在心理层面的反响以及在教会世俗化道路上的广延解读

基督教宗教仪式包括布道、礼拜、祈祷、忏悔等内容,核心的部分是圣餐。神圣的仪式进行时,营造的氛围使祈祷者形成极其强烈的心理空间的反响,这种心理空间由外界实体空间的感受和自身的宗教情感共同作用而成,它展现在对空间的归属和认同,也展现在内心感受上帝的蒙恩。这种心灵空间既强化了信徒的心理崇拜,又会通过宗教行为表达出来。

比利时籍天主教传教士格里森在讨论到教堂建筑中国化时,碰到一些中国祭拜仪式和西方的矛盾,而且必须做出妥协和改变,但他说道:"教堂最重要的功能是容纳虔诚的教徒,应使教徒产生某种联想,从而对礼拜仪式的神圣庆典感到亲切。换言之,教堂只是向教徒们提供一个领受圣餐、进行祈祷和听神父宣讲上帝福音的最佳

---

① 刚恒毅:《中国天主教美术》,台湾光启出版社,1968 年,第 21—22 页。

场所。"①教堂神圣空间的实质和关键问题可归结到仪式本身和人的内心,甚至比仪式进行的空间形式和地点更重要。

于是,即使离开了教堂范围内所举行的宗教仪式和信众宗教聚会活动,依然存在神圣空间概念的广延意义。没有固定的建筑物或者空间给予使用,没有与世俗空间明显的分割线,没有特别严格而且充满禁忌的仪式,并不能代表其神圣空间性质的减弱和消逝。近代岭南的新教组织即使在社会条件不利的时期,依然诞生了形式各异的简陋的新教教堂和聚会点,后来还发展了家庭教会。神圣空间在宗教聚会活动进行的那一时、那一刻对个人情感而言其存在感是非常强烈的。我们一开始从形式去讨论和分析教堂建筑,但是到了最后,恰恰必须脱离开这些形式,而去关注教会组织的聚会氛围本身,这也是教义传播和渲染最浓墨重彩和深刻的一幕。

图11 1997年东山堂青龙坊聚会圣诞颂唱

(《广州市基督东山堂复堂廿周年纪念专刊(1979.9—1999.9)》,第31页)

另一方面,神圣空间的广延意义亦定位于整个教会社区。天主教会传入近代岭南地区时,也有一些教区教育福利机构的设置。比如在圣心大教堂周边,1860年由明稽章在大新路创办的圣心书院,1861年创建的广州第一间孤儿院②,于1904创办的

---

① 董黎:《格里森:中国的建筑艺术》,《华中建筑》,1997年第4期。
② 广州市地方志编纂委员会:《广州市志》卷十九,广州出版社,1996年,第401页。

圣心中学(前身是圣心书院)和 1931 年于圣心大教堂西侧创立的明德女子中学①。基督教会的教区福利机构设置则更加广泛深入。从美南浸信会在东山口整个教区的建设和发展来看,教堂在一开始并不是其最核心的部分,也不是教会工作最开始的重点,而更倾向于一种为社区配套服务的功能。由于整个教会工作向世俗化方面发展,我们也看到神圣空间在世俗化层面的一种广延,即神圣空间溢出教堂,随着信众辐射到整个教区。教会开办的医院、学校和其他慈善机构等这些世俗空间,会归属在一种由教会统领的宗教氛围中。这个广义上的神圣空间的概念,既落实到信众内心的归属感,又散布在整个群体性的场所中。没有了原始宗教那种绝对的禁忌和神秘感,但是有了更加广阔的发展空间和更强的生命力。

在当代岭南地区,尽管随着大批岭南基督教堂建筑在历史大流中的消逝,原有的基督教神圣空间已经大面积萎缩。即使狭义上的那些神圣空间已经消失,人文意义上的神圣空间在这种世俗化的大浪潮中,虽不能说不受影响,但是由于它本质上就是世俗化的。故这类神圣空间仍旧广泛存在,其存在的方式和存在的类型都在不断地变化。②

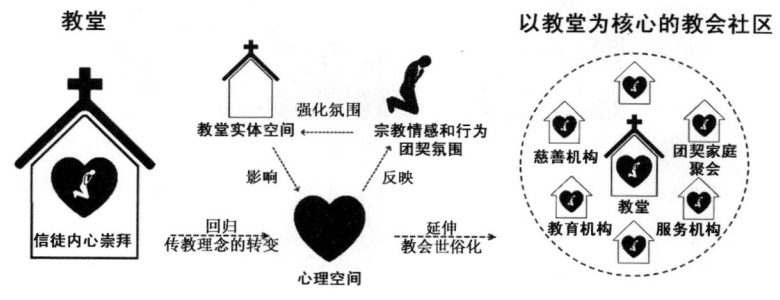

图 12 神圣空间的概念演绎分析(自绘)

---

① 广州宗教志编纂委员会:《广州宗教志》,第 208—209 页。
② 张俊:《神圣空间与信仰》。

结　　语

　　近代岭南地区有着对多元文化十分包容的地域特性，这种特性产生了大量教堂建筑。在此期间，天主教会和基督新教团体都经历了各自对于教会和教会建筑本土化解读的变化和发展的阵痛。从巴黎外方传教会建造的广州圣心大教堂和美南浸信会在东山口建立的基督东山堂的案例分析，我们可以看到，由于复杂的历史原因和地域间文化融合的差异，不同的教会营造神圣空间的出发点和理念不同，导致形式上的风格各异，甚至产生了功能化的转变和世俗化的倾向。特别是基督新教教会，相比于天主教会更多地投入到了世俗教会建筑的建设中，在另一个方向全面打开传教的工作，在更广义的意义上影响着以教堂为核心的地域中的群众。

　　于是，在对教堂建筑形式进行建筑学意义上的分析和探讨基础上，对教堂建筑营造的神圣空间的解读应该从多方面、多维度进行。首先在历史层面，必须寻找建筑建立的历史人文背景和教会思想在国际宗教改革大潮下的变化。其次，在对神圣空间的概念的定义上，也不应该局限于传统意义上的严格的教堂空间，更要从人文意义上的神圣空间进行广延的分析。研究的对象不应该仅仅是建筑艺术和功能本身，更应该去触碰信众群体的组织和个人心理层面。这样，才能真正理解教堂建筑，才能读懂其营造的神圣空间的本质。

1900—1930年广州慈善柴捆

澳门圣若瑟大学　狄明德(Dominique Tyl) 撰；
中山大学哲学系　李蓬云 译

众所周知,新教传教士为19、20世纪中国的医疗事业,特别是广州的医疗事业做出了开拓性的贡献。[①]在此之前,广州政府也一直积极地帮助百姓解决贫困问题。本文旨在通过收集的相关文献资料,介绍和展示20世纪初一些天主教修女会为广州慈善事业所做的努力和贡献。这些文献资料,一部分来自旧金山大学利玛窦中西文化历史研究所收藏的广州教区档案[②];另一部分来自两个相关修会的档案。他们为从19世纪晚期到1930年代的广州慈善事业贡献了绵薄之力,资料中的一些建筑至今还保存着,它们见证了这段被遗忘的历史。

我们先来回顾关于广州慈善事业的研究现状。

一、广州慈善事业的历史背景

中国的慈善事业并非直到基督宗教进入中国时才开始。以乔安娜·汉德林·史密斯(Joanna Handlin Smith)关于晚明中国慈善事业的著作为例,相关学术研究和出版物充分展现了几个世纪以来中国慈善事

[①] 许光秋:《在广州的美国医生们:中国的现代化,1835—1935》,美国交易出版社,2011年。

[②] 感谢旧金山大学利玛窦中西文化历史研究所的马克·密尔(Mark Mir)先生,他非常友好并及时地寄来所询问的广州教区档案文件。

业的诞生,动机及表现。①麦克德莫特(McDemott)对史密斯的书评中特别关注实践的善举(benevolence)概念。②他强调,研究社会的"公德心"(public mindedness)事实上与当时的社会政治环境息息相关。它反映了一种垂直的社群概念。麦克德莫特还指出宗教动机的确驱使人们去关心他人。该文关注慈善事业的多面性、行善的多重动机。

就广州而言,侯彦伯资料翔实的硕士学位论文《清代广州慈善事业之发展演变》③,首先指出晚明的慈善工作是由政府管理的,后来其主要变化在于商人和士绅的加入。侯彦伯细致地说明了慈善机构运作的行政事务安排。此外,穷困者有时会得到一些私人的帮助。尽管社会团体积极性增强,贡献增多,政府仍然积极地监管慈

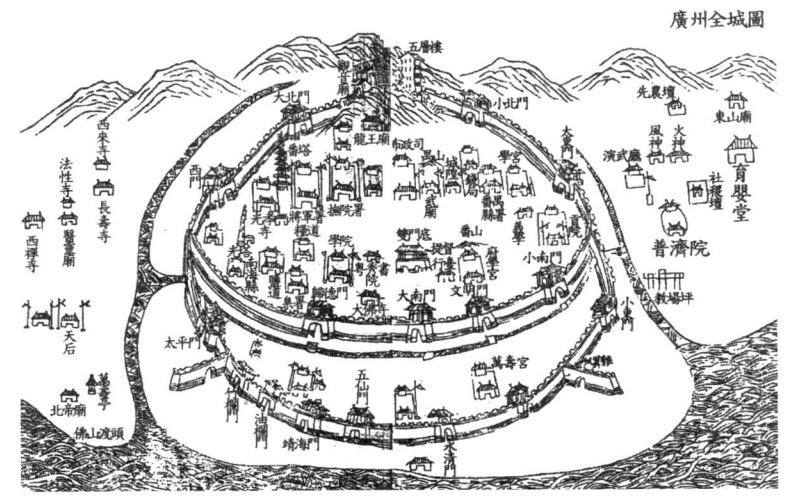

图1 乾隆三十九年(1774)所绘广州育婴堂位置图(任果、檀萃等纂修《番禺县志》卷一)

---

① [美]乔安娜·汉德林·史密斯:《行善的艺术:晚明中国的慈善事业》(*The Art of Doing Good: Charity in Late Ming China*),加州大学出版社,2009年。

② 参阅剑桥大学的约瑟夫·麦克德莫特(Joseph McDermott)对乔安娜·汉德林·史密斯《行善的艺术》的评论[《中国文化研究所学报》(*Journal of Chinese Studies*)第52期]。书评可从 www.cuhk.edu.hk/ics/journal/articles/v52p310.pdf 获得。

③ 侯彦伯:《清代广州慈善事业之发展演变》,台湾中正大学2009年硕士学位论文。非常感谢侯彦伯教授寄来他的学位论文的电子版,并大方地同意我引用其中的图片。

善工作并补贴善款。在该文丰富的图例中,有一幅1774年的图片展示了当时广州城内外孤儿院、老人院、公共援助局等机构(图1)。①

侯教授毫不避讳地指出这些慈善机构的运作模式并不完善,它们定期采取补救措施。总有人会这么问:这些善举的目的和行为背后的动机究竟是什么? 不过这篇文章的贡献并不在此。有人会说,在任何一个社会,慈善工作都是维护稳定和秩序的必要条件,任何一个政府都非常重视它,亦被不同的信仰者和团体所支持和推动。

从许多方面看,19世纪的形势相当严峻,当时一种糟糕的评判态度是否认慈善机构的善举。诚如格雷夫人(Mrs Gray)1880年所记:"我们发现盲人避难所变成一个令人遗憾的、没有得到妥善照管的地方,慈善机构被过度滥用。"②如上所述,新观念和新举措看起来对保持慈善机构的活力是必要的。威廉·洛克特(William Lokhart)的一本题为《中国的医疗传教士》(Medical Missionary in China)的书追溯到了1861年。③历史是许多研究和文献的来源。一个新近的贡献来自许光秋的《在广州的美国医生们:中国的现代化(1835—1935)》,他并未忽略早期的基督徒有时被视为"狭窄的传教主义"(bigoted proselytism),或是向那些主张其意图之正义的人"传播福音"(evangelization),但这些都不是主流。

当政治高层在推动慈善事业时,可能不会那么明显地表露自己的动机。阿尔弗雷德·林(Alfred H.Y.Lin)写了一篇题为《军阀、社会福利与慈善事业:以陈济棠主政的广州为例(1929—1936)》④的好文章,文中论证了陈济棠所管理的慈善事业只是其地方治理策略的一个部分。林先生指出,军阀有必要引起人民的同情,为了他的专制

---

① 侯彦伯:《清代广州慈善事业之发展演变》,第27页。
② [英]约翰·亨利·格雷(John Henry Gray):《在广州的十四个月》(Fourteen months in Canton),麦克米伦出版公司,1880年。https://archive.org/details/fourteenmonthsin00gray.
③ https://archive.org/details/medicalmissionar00lock.
④ 载《近代中国》(Modern China),2004年4月,第151—198页。

权力,使用手段设置这些机构。林先生认为,这并不奇怪,提醒行善的动机千差万别,并引用了一项根据不同的动机划分捐助者的研究。①

综观以上研究可以得出这样的结论:慈善事业背后的确存在着不同的动机,天主教会从事慈善事业可能有其自身的动机,但不可否认其所做的慈善工作。我们且不去揣测其动机,而是去关注他们真真切切做出的慈善工作。在下文中,我也无意去评判他们态度的好坏,我只是提供一些证据,以证明曾有这样一批帮助贫穷、弱势群体的外国修女。

二、克吕尼修女会和无原罪圣母布道修女会

法国的克吕尼圣约瑟修女会(Sisters of Saint Joseph of Cluny)②1866年到达广州,1870年离开,停留时间非常短。

1843年11月,修会的女创立人安娜-玛丽·贾沃(Anne-Marie Javouhey)向另一位修女写道:"我将告诉你一个你不期望的消息:我们正在准备和修女们到中国去经营医院,照顾孤儿。"③这是圣婴会(Œuvre de la Sainte Enfance)工作的一部分。④在广州教区档案中,

---

① 第153页;参阅普林斯(Prince)与斐尔(File):《慈善事业与合作伙伴的七副面孔》(Seven faces of Philanthropy and Partnerships),1994年,https://www.ntc.blm.gov/krc/.../39_MbN_seven-faces-philanthropy.pdf。

② 安娜-玛丽·贾沃(Anne-Marie Javouhey,1779—1851)于1807年创立的地方修会,其领域工作有教育、健康、传播福音以及社会活动等。参见 sj-cluny.org/-Soeurs-Saint-Joseph-de-Cluny-。

③ 收集来自可敬的安娜-玛丽·贾沃的信件:https://issuu.com/scduag/docs/fra11152。第463e号信,致嬷嬷拉斐尔·蒙太(RAPHAËL MONTET),比波旁更好……定居中国的项目……,克吕尼,1843年11月29日。

④ 哈里森、亨丽埃塔(Harrison,Henrietta),2008年。《一分钱为中国婴幼儿:法国圣婴会在中国,1843—1951》(A penny for the little Chinese:The French Holy Childhood Association in China,1843-1951),载《美国历史评论》(American Historical Review),第1期,第72—92页。

有两处提及克吕尼圣约瑟修女会。一处是一封没有署名和日期的手写信件草稿，其中提到了一所孤儿院。①另一处出自梅致远主教询问修女们何时返回广州的信，落款日期为 1907 年 11 月 28 日。②早在 1906 年，他便计划与修女会联系。但因天津事件，克吕尼修女会已经离开了，这又如一位老传记作者所言，有"一些困难"，没有缜密的安排便决定离开这个国家。③

继克吕尼修女会之后是另一个法国的女修会——无原罪圣母布道修女会（Sœurs Catéchistes de Marie Immaculée）。她们曾于 1890—1909 年间在广州短暂停留。广州教区档案中有一处 1906 年 9 月 28 日的记录提供了这些数字："孤儿院 75 人，老年女性庇护所 20 人。"④安琪丽可（Angélique）及斯蒂尔茨（Stiltz）两位修女的名字在几份文件中皆有出现。⑤在一份 1904 年 10 月 3 日的长篇报告中，梅致远主教提到她们很热爱圣婴会的工作。⑥1909 年 11 月，由于其他地区更需要修女会，修女们最后决定离开广州。⑦这两个修女会的历史还可以这根据这些档案做出进一步的研究。

三、圣母无沾传教修女会

第三个被派到广州的天主教修女团体隶属圣母无沾传教修女

---

① 广州教区档案编号 F8.4.024，旧金山大学利玛窦中西文化历史研究所。
② 广州教区档案编号 F8.4.042，旧金山大学利玛窦中西文化历史研究所。
③ R. P. 德拉普拉斯（R. P. Delaplace），《安娜-玛丽·贾沃的历史》（*Histoire de la Révérende Mère Javouhey*），巴黎：Victor Lecoffre et Librairie catholique internationale，1886 年，第 390 页。
④ 广州教区档案编号 F4.7-VI.III_026，旧金山大学利玛窦中西文化历史研究所。
⑤ 详见广州教区档案文件夹 F9.4，旧金山大学利玛窦中西文化历史研究所。
⑥ 广州教区档案编号 F8.8 010，旧金山大学利玛窦中西文化历史研究所。
⑦ 广州教区档案编号 F9.4 004，旧金山大学利玛窦中西文化历史研究所，1909 年 12 月 1 日斯蒂尔茨女士写给梅致远主教的信。

会(Sisters Missionaries of the Immaculate Conception,缩写为MIC)。这些说法语的修女来自加拿大魁北克省。①广州教区档案收藏了修会创始人德丽亚·泰特里的许多信件,它们也收录在修会自己的档案中。②下面所引述的几封信、绘图的文件与图纸将呈现那些在1909—1930年到达广州的修女。

首先,早在1909年公布修女会的到达之前,以取代无原罪圣母传教修女会,圣神玛利亚德丽亚·泰特里在1908年10月22日向广州教区梅致远去信,请他在做出主教的最终决定之前多一些耐心。

其后在1909年4月18日,在一封由秘书执笔的信里,修女会创始人德丽亚·泰特里(即"圣灵的圣母玛利亚",Marie du Saint Esprit)问起工作和物资的安排。她表示修女们已经准备好了,只是除了要住在病人家中,因为这意味着要在修道院之外生活。1909年8月14日,圣母无沾修女会在加拿大举行了饯行仪式,之后开始了前往中国的旅行。早在1909年4月27日的一封信中,梅致远主教写道,很高兴接待来自加拿大的修女们,并按照要求给予几点建议:除了宗教灵修生活之外,修女们还得坚持学习中文,包括口语和书面语;在所需的能力中,看重法语和英语,而音乐和数学在小学教育中会很有用;学校无需提供住宿,不过应该考虑设置诊所……主教还表示,初期,学校应开在大教堂附近;教堂可以为修女们提供简朴的住所。主教希望能来八位修女,而不是修会所说的四位。因为还有其他的修女会,修女们不会孤单。据另一封1910年4月30日来自蒙特利尔的信,经济费用由教区负责。在修会档案中仍保存着1910年、1915年、1920年和1925年的照片。例如,有一张修女们居

---

① 1905年由德丽亚·泰特里(Delia Tetreault,1865—1940)创办的修会 www.soeurs-mic.qc.ca/。

② 衷心感谢加拿大MIC的档案管理人员,他们非常友善和乐于助人,他们提供了下文所使用的图片和图纸,并允许我在本文使用它们。

住的白米巷的照片(图2),它们由一所女子学校(图3)、一所幼儿园和一所孤儿院,以及修女的房子(图4)构成。2017年5月,我遇见了一位小时候曾住在孤儿院的老太太,她还记得那些很高的建筑和天桥。根据相关档案的记录,我们绘制了修女住所及圣心大教堂周边建筑群示意图(图5)。

图2　白米巷

图3　广州学校(1905)

图4　修女的房子(1926年修女会的修道院就在教堂园子旁边,以小巷隔开)①

---

① 参阅[比]高曼士:《掩藏于圣心大教堂的光芒之下》。

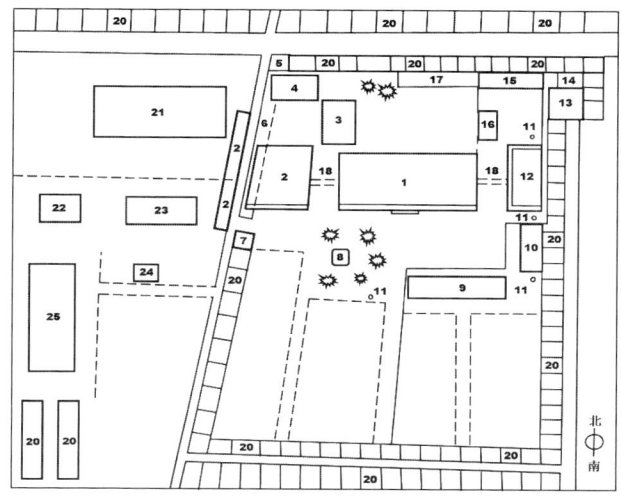

图 5　圣心大教堂周边的建筑群示意图

图例说明：

1. 房子是 1854 年为法国神父修建的。1909 年我们到达时，它是孤儿院和幼儿园。自从 1910 年天主教圣母无沾修女会开办学校以来，信德学校（音译）开设中文课程，圣心学校开设英文课程。
2. 修女的房子（四层楼，混凝土建筑，1925 年）。
3. 健康婴儿的托儿所；运营至 1936 年，之后由学校使用。
4. 生病婴儿的托儿所；建于 1925 年，1936 年拆除。
5. 1936 年前后购买的通往街道的小房子。
6. 残障妇女使用的小房子；1925 年，被修女的房子所取代。
7. 白米巷里门房的小房子。
8. 圣母像。
9. 两层楼高的房子，在 1934 年之前主要用作孤儿院；一部分也由天主教圣母无沾修女会使用。
10. 直至 1934 年前后仍为孤儿和修女的厨房和洗衣房。
11. 四口井。
12. 平房，1934 年前后加盖了两层；作为孤儿院的厨房和餐厅；1941 年加盖了四层，普罗维登斯的修女们住在那里。
13. 一开始是平房，之后加盖了两层；储存木材的房间、洗衣房和一个小宿舍。
14. 猪舍。
15. 1941 年为孤儿院修建三层高楼房：厨房、织布车间……大宿舍。
16. 用作洗衣房的小房间，建于 1920 年，1941 年拆除。
17. 学校学生的厕所。
18. 两座双层桥，一座连接修女的房子和学校，另一座连接学校和孤儿院。
19. 公共厕所。
20. 大院墙外的私人住宅。
21. 在教区地界上的男子圣心学校。
22. 主教的房子。
23. 神学院。
24. 为教区神父修建的房子，不过曾为圣衣会修道院（Carmelite convent）。
25. 大教堂。

现在白米巷还在；男子学校变成了广州市第三中学，学校墙上的简介中还提到学校的前身是创办于 1863 年的圣心书院。修女会驻地北边大兴街上的房子也还在，也可能只是与图纸相似的私宅。

2017 年 5 月，两位曾于 20 世纪 40 年代末在广州孤儿院生活过的老太太接受访问，一位是在城内迷路后被警察带到孤儿院的，另一位可能是在几个月大的时候就被送到了修女那儿。无论如何，修女们一直在坚持她们的慈善事业。她们的动机之一可能是"拯救灵魂"(save souls)。正如两位老太太都是热心的天主教徒，的确可以说修女们拯救了她们的生命。

四、安贫小姊妹会

广州还保存着另一座见证了修女们慈善工作的建筑，即由法国安贫小姊妹会管理的老人院。[1]安贫小姊妹会的修女们于 1914 年来到广州，但谈判在几年之前便已开始了。下面的几张照片展示了她们曾经宽敞的房子和一块耕地（图 6）。今天此处成为梅花村的一个幼儿园。

修会档案中一封 1927 年 3 月的信记录了这一宗教事件。广州教区档案记录得更多。[2]1908 年梅致远主教访问了上海的安贫小姊妹会，并请求在他的教区里也新建一处。由于人手不足，修会回应消极。1911 年又有了希望，一封来自法国的 Sr. Thérèse de la Conception 院长修女的信件，其中谈到准备在广州筹建基地。1913 年，修女会省会长来到广州。基地一开始比较小，有六位修女在 11 月到达广州。1914—1915 年编写了她们的第一份行政报告。在后来的一份未署明日期的手写报告中写道：贫困的老人们被小姊妹会

---

[1] 法国安贫小修女会档案者工作人员非常支持这个小研究，她们在收到我的请求后及时寄来有关广州的图文资料；非常感谢她们。该修会由珍妮·朱根(Jeanne Jugan, 1792—1879)于 1839 年创立。会众的网站解释说："以我们发的第四个愿(开放好客，voeu d' hospitalité)，我们向上主承诺完全献身于为贫穷的老年人服务。"请参阅 littlesistersofthepoor.org/。

[2] 广州教区档案文件夹 F9.4，旧金山大学利玛窦中西文化历史研究所。

的国际化团体照顾得很好,这个团体由法国、美国、英国、比利时、加拿大、爱尔兰和中国的修女组成。

按照修会档案里的一份关于基地概述的记载,三位修女于1913年12月到达广州后开始工作;她们一开始和几位老妇人一起住在大教堂附近的一个小房子里;后于1920年,她们获得批准建造一座能够容纳100位老人的大房子。这座新建的建筑保护状态良好,其历史价值已得到了中国学者的关注。

下面的照片展现了梅花村的今昔变化(图6—9):

图6 梅花村(1936)

图7 梅花村(1936)

图 8　梅花村(2017)

图 9　梅花村(2017)

　　1926年,当修女们刚获得土地时,梅花村用的还是它的原名"模范村"。当时它远离城市,但现在它成为一个富人喜欢的地方,已完全成为广州城市的一部分。

　　这里并非为了怀旧;其他老人院也为快速老龄化的城市人口敞开大门。对于孤儿和需要帮助的孩子亦是如此。现在许多不同的动机推动了慈善组织和机构的发展。历史解释道,慈善事业就像木材:它们虽形态各异,但都能一起绑成一束柴捆,正因所有人都带有不同的成就与善意,方能解决不同的穷困问题。本文重提广州慈善事业的往事,也是对孔子名言"仁者爱人"的沉思。

被遗忘的近代西学先驱

——19世纪前期广州地区民间西学接触者研究

中山大学哲学系、南方学院 祝海林

中国近代官方真正关注西方开始于林则徐：林则徐组织编译《澳门新闻纸》《四洲志》《各国律政》和《华事夷言》。这些书刊对西方的介绍开启了近代中国的西学热潮。两次鸦片战争后国门大开，李善兰、容闳、王韬等一批中国学人纷纷学习西方的语言、文化、科技和思想等，为近代中西交流和近代中国发展做出了卓越的贡献，对于他们的研究也极为丰富。然而近代中西交流在鸦片战争前的数十年就已颇有规模，当时的广州成为中国一口通商口岸，西洋商人荟萃。广州地区民间成为近代最早与西洋人接触的群体，在交往初期表现为简单的商事往来，随着伦敦会新教传教士马礼逊的到来，这种中西交往转向深层次，他带来西方的"人文"大礼。马礼逊的传教士和学者身份，令与他接触的中国人耳目一新。他的翻译、办报、办学堂等一系列行为为广州民间提供了了解西方的机会，也催生了广州地区的第一批西学接触者，为后来的中西交流做了铺垫。这一批西学先驱中唯一受到学界关注的是为马礼逊工作的印刷工梁发，他编写的《劝世良言》对太平天国运动领袖洪秀全产生了重要影响。另外，台湾学者苏精在《马礼逊与中文印刷出版》中对与马礼逊有过交往的中国人有较翔实的记述，但他对这些人的关注仅限于其对马礼逊所产生的影响方面，对于他们在中西文化交流中的地位并无过多讨论。这一批西学先驱也不仅限于与马礼逊有过交往的人，还有一些广州民间西学接触者也值得挖掘。笔者旨在通过有关这一时期历史资料的考察,把其中一些曾经被忽略的广州西学接触者推介出来,并讨论他们对于近代中西交流的意义和影响。

一、广州中西交流窗口的形成

乾隆二十二年(1757),清廷下达禁海令,关闭沿海通商口岸,仅开放广州口岸与西人通商,从而形成了一口通商的"广州贸易体制"。中国传统的官方轻商思想使官员不屑于与西洋商人直接打交道,而与西洋各国的贸易由广州官府特许的"十三行"代理。这虽然切断了官方与西方人的交流,却打开了民间与西方接触的大门。18世纪末开始,随着中西贸易的迅速发展,西洋各国商人、海员、军官和政府代理人来到广州经商或执行公务。此时广州民间出现一批与西方人接触的群体,主要为商人和为外商生活起居提供服务的杂工。西洋商人认为,汉语过于复杂而无心学习,加上官府严厉禁止西人学习汉语,故当时西洋人懂汉语的几乎没有,两者交流只有靠广州商人的"广州英语"。①这种情况也激发了一些与西洋人做生意的广州人学习英语,此时的西学者还仅仅是对语言的了解。马礼逊的到来打破了这一局面,真正开创了近代中国人接触西学的先例。1807年9月,马礼逊秘密潜入广州,因当时清政府仍实施禁教令,他无法公开传教,后来被东印度公司聘为翻译,居住在广州秘密地开展传教活动,其间聘请了多位中国老师教他汉语。他在广州和澳门居住期间,从编辑汉英字典、翻译《圣经》,到在马六甲印刷出版宗教刊物、办报和办学堂,这一系列的活动让西学在广州地区得到了传播。此时的广州不仅是唯一的中外贸易港口,也是中西

---

① [美]亨特著,冯铁、沈正邦译:《广州番鬼录》,广东人民出版社,2009年,第66页。

文化交流的唯一窗口。①

二、与马礼逊交往的华人

马礼逊是近代第一位在华活动的新教传教士,他的到来对于中西文化交流产生了深远的影响。他编辑了第一本《华英字典》,用中文翻译了《圣经》全本,创办了英华书院和多份中英文报刊。他的成就的取得与和他接触的华人不无关系。这些华人主要包括海关官员、中文教师和为他服务的杂工及广州十三行的各类工作人员,其中第二个群体与他关系最为密切,对他影响至深。马礼逊总共接触了七位中文教师,其中第一位老师容三德与后来的葛茂和②在马礼逊的日记中提到最多。容三德是他学习中文和了解中国的启蒙者,对他后来在华活动影响深远。"葛茂和是在语文和知识上成为马礼逊学习、编辑、翻译和著述的最重要导师和助手。"③

1804年,在得到伦敦教会董事会批准后,马礼逊就开始把注意力放在学习中文上,在董事会的决定中特别指出:"马礼逊去中国特定的目标是掌握中国语言文字把《圣经》翻译成中文,而传教不是首要任务。"④为此,1805年8月,马礼逊在伦敦开始跟从他的第一位中文老师容三德学习中文。据苏精的文献调查,容三德籍贯不详,来自广州附近的乡下,家有妻子和母亲,曾受过一些教育。1804年,他为了学习英文,搭乘东印度公司商船来到伦敦,经人介绍,宿于非洲青年学校开始学习英文。1805年10月8日,他搬到马礼逊住所,

---

① 澳门由于受葡萄牙控制,并不列入。
② 本译名借用了苏精在《马礼逊与中文印刷》中的译名,在顾长声翻译的《马礼逊回忆录》中译为高先生。
③ 苏精:《马礼逊与中文印刷出版》,台湾学生书局,2008年,第57页。
④ [英]马礼逊夫人编,顾长声译:《马礼逊回忆录》,广西师范大学出版社,2004年,第18页。

教授中文并帮他抄写中文《圣经》。虽然其间两人因性格不合闹过一些矛盾,两人在伦敦一起相处近一年,容三德对于马礼逊学习中文的帮助极大,去广州之前马礼逊已可以用中文书写。①后来,马礼逊在广州写的日记中提到:"我从伦敦带来的中文书籍非常有用,我不会忘记在伦敦时教我中文的第一位老师容三德,是他初次给了我接触和领悟中文的机会,我非常惦念他。"②容三德在伦敦住了近两年,后来回到广州从商。由此看来,容三德可能是有记载的近代民间留学英国第一人,而且他对于中西交流产生了一定的影响。首先,他去英国的目的很明确,即学习英文,以期望将来与西方人做生意。其次,在与马礼逊相处期间,他有机会与这位西方人进行较深层次的交流。他与马礼逊的相处不快固然有着性格上的原因,但这也是两人中西思想碰撞的结果。在马礼逊身上,他了解了西方的基督教,但他并不接受基督教,说"我们国家不谈上帝的事"③。马礼逊曾用"(和他的国家一样)傲慢、固执、嫉妒"这样的词形容他。因此,容三德虽然曾在英国留学,也近距离接触了西方人,但他对西方的文化与宗教并不认同,身上有着较强的中华文化烙印,这也让他失去进一步了解西方文化的可能。容三德后来在广州十三行与马礼逊重逢后,为当时孤立无援的马礼逊提供了很多帮助。马礼逊在广州期间的多位中文老师正是容三德介绍的,而他也为容三德的义气与正直所感动。无疑这样一位主动接触西方又能保持自己独特个性的中国老师,对马礼逊的影响是深远的,而他对近代中西交流的意义也正在于此。

1807年9月,马礼逊抵达广州两个月后,自己雇了中文教师。他们是李姓父子,儿子李察庭是个秀才,负责教中文。父亲李先生已70岁,是位天主教徒,9岁时被带到葡萄牙的耶稣神学院,21岁回到中国还俗后结婚生子,由于经商失败,晚年较为清贫。李先生

---

① [英]马礼逊夫人编,顾长声译:《马礼逊回忆录》,第35页。
② [英]马礼逊夫人编,顾长声译:《马礼逊回忆录》,第34页。
③ 苏精:《马礼逊与中文印刷出版》,第62页。

懂英文，能与马礼逊有较深入的交流；他熟悉天主教在广东的活动情况，也能与马礼逊谈论儒家思想与基督教的异同。"马礼逊甚至尊称他为'Doctor Lee'，可见其学识渊博。李先生对马礼逊带到中国的科学仪器很感兴趣，两次带着八到十名亲友参观他的电器演示。"①显然这位李先生也是近代早期留学欧洲大陆的西学者。按年龄推算，他在18世纪40年代就去了葡萄牙，接受了12年基督神学院的教育并学习英文，对西方科学也有一定兴趣；遗憾的是，他回国后选择从商，而未能在西学传播方面发挥太大作用。李姓父子与马礼逊相处时间不长。三个月后，马礼逊日记中就没有了他们的记录。在和李察庭学中文的同时，马礼逊也请了另一位叫云官明的老师教他官话。云官明是北方人，官话口语和拉丁语都非常流利。上课以外，马礼逊和云官明也谈论宗教话题，例如"上帝"与"天主"名称的异同。另外他也常去澳门，可见他对天主教比较熟悉。三个月后，马礼逊认为云官明的教学动机不纯，过分看重自身经济利益，决定另觅新人。后来经容三德的介绍，又聘请了桂有儿教他官话。可是由于性格原因，桂有儿与马礼逊的其他助手相处不好，麻烦不断，最终六个月后被辞退。

  前面三位老师与马礼逊相处时间都较短，对他产生的影响也极为微小。而接下来的一位老师葛茂和则与他相处了八年多（1808.9—1817.3），这八年是马礼逊在华期间成果最丰硕的时期，包括研读中文和儒家经典、翻译《圣经》、编辑字典、出版和分发教义手册等，在华传教取得了突破性的进展。葛茂和在教导和协助马礼逊方面功不可没。葛茂和当时43岁，正经营一家私塾，离十三行不太远。马礼逊多次描述"葛茂和身体状况良好、个性温和亲切，学识丰富而且具有主动的教学意愿"②。马礼逊给他的工资达到每年250元高价，可见对他的信赖。此时，马礼逊不再满足于官话与粤语的口语

---

① 苏精：《马礼逊与中文印刷出版》，第65页。
② 苏精：《马礼逊与中文印刷出版》，第69页。

和普通阅读,他开始阅读儒家经典"四书"和翻译《大学》《中庸》,同时也着手编辑字典和翻译《圣经》。马礼逊多次提到自己的《圣经》和其他作品翻译都得到葛先生的修改。甚至他承认自己编写的第一本关于中国语文的著作《通用汉言之法》中,有数百个例句来自葛茂和。①葛先生对基督教的态度也与其他老师不同,他总是热心地参加马礼逊主持的家庭礼拜。1812年11月,他主动向马礼逊说明其对基督教的认识与态度,认为:"中国人拜偶像是错误的,但是祭天则是正当的,耶稣要人爱世人的信条以及要人笃行虔敬都极为可取,而诉诸未来永生的幸福和大难的说法也易于为世人理解;但是,对个人而言,有部分经文的意思仍无法理解。"②次年3月,他主动要求接受洗礼,但过了几天不知何故收回了这一想法。他差一点就成为中国第一位新教基督徒。虽然中途变卦,但马礼逊并没有因此而责备他,仍然对他给予尊敬与赞赏。后来由于广东官府对传教的严查,葛先生四处躲避,险些入狱,最终被迫终止了与马礼逊的合作,重返广州后重操旧业,继续开办私塾。葛先生与马礼逊的关系与其说是师生,不如说是良好合作者。马礼逊欣赏葛先生的学识和为人,葛先生对马礼逊的宗教信仰也较为接纳,这是两人合作的基础。这种默契前人不可及,后人也难寻。从葛先生身上,马礼逊看到了一个能够在一定程度上接受新思想的儒家学者风范:他有着自己的独立思考,但有时也会表现出犹豫和懦弱。这让马礼逊加深了对中国人的了解,坚定了其在中国传教的信心。因此,他在给伦敦教会的信中宣称:"我们过去十年耗费于学得中国人的语言、历史、想法等等观念,我们关于中国人的知识,可能已近于和天主教的教士相等了。"③由此可见,葛先生对于西学在华传播产生了一定的影响。

马礼逊的另一位老师是李先生,1818年初开始与马礼逊合作。

---

①② 苏精:《马礼逊与中文印刷出版》,第73页。
③ 苏精:《马礼逊与中文印刷出版》,第75页。

李先生是一位秀才,年纪较大,对宗教信仰并无兴趣,曾阅读过马礼逊的《圣经》翻译稿,并进行修改使它更能为中国读者接受。但他由于不信教,所修订的译文并不完全让马礼逊接受。1831年离开时,他曾向马礼逊索要《圣经》以备教导学生。虽然从时间来看,他与马礼逊在一起的时间比葛先生还长,但他似乎对马礼逊的影响远不如葛先生。

马礼逊的最后一位老师是朱先生。朱先生也是位秀才,曾在马六甲布道站工作十年而没有信教,但在1832年回华途中,因在海上风暴中幸存而终于受洗入教。对于这位老师,马礼逊表示认可,认为对他很有帮助,但没有其他赞美之词。

这些活动于广州地区的马礼逊的教师,可谓近代中国第一批西学接触者,他们有些冒着生命危险与马礼逊相交。虽然他们没有直接大量传播西学,但对马礼逊的重大影响间接地为近代中西文化交流做出了贡献,同时也从马礼逊身上了解了西方的基督世界,有的成为基督教徒,为基督教在华的传播提供帮助。

除了这些教中文教师外,与马礼逊有深度交往的就是为他服务的华人,主要包括印刷工梁发、蔡氏兄弟(蔡轩、蔡珂、蔡运)和屈昂,他们在印书方面为马礼逊做出了巨大贡献。其中蔡珂、梁发和屈昂接受洗礼成为中国首批新教基督徒。梁发曾一度因为参与印刷教义书而被捕,同时他也让儿子一出生就接受洗礼;其子梁进德自幼在马六甲的英华书院接受中西两种教育,成为近代早期华人中会通中西的重要人物,鸦片战争期间成为林则徐的得力翻译。蔡轩与马礼逊是同龄人,会读书,写得一手好字。1808年,蔡轩经容三德介绍结识马礼逊,两人相识不久就曾讨论过孔子与上帝谁伟大的问题。他是儒家的追随者,最终没有接受洗礼。1826年,马礼逊还提到他参加广州的家庭礼拜,可见两人相处时间近二十年,他对马礼逊帮助很大。蔡轩的二弟蔡珂虽然在1815年成为基督徒,可是三年后死于肺病,未能在协助马礼逊传教方面发挥更大的作用。三弟蔡运主要协助马礼逊采购物品等杂务,后来去了马六甲跟随另一位传教士,回到广州后受梁发案牵连险些入狱,后在马礼逊的帮助下逃脱。①屈昂曾在英国船上当海员去过英国,在马礼逊处当刻印工,后来成为梁发的助手。由于幼时读书不多,屈昂与马礼逊未能有深入的交流。这些为马礼逊工作的人因长期协助马礼逊的印刷工作,为基督教的传播发挥了作用。特别是梁发后来自己编写基督教义,并私自分发。他的《劝世良言》让洪秀全找到精神支柱,从而改变了中国历史。

三、其他民间西学探寻者

除了上述与马礼逊直接和间接相关的早期接触西学者外,还有一些主动走出国门去探寻西方世界的华人,也值得关注。例如,19世纪前期的英文报刊《印中搜闻》中刊载了一位从广州地区出去的赴美留学者的故事。另外《中国丛报》上的一封读者来信中讲述了一位勇敢的广州人,从中国出发途经印度,航行至红海到达埃及的亲历见闻,他计划经开罗抵达欧洲大陆。这样一些真实的历史片段为这样一个群体的活动提供了有力的证据。

(一) 一位在美国求学的华人

《印中搜闻》第3号(1818年2月)中刊登了一封美国人约翰·尼奇(John Nitchie)的来信,讲述了一位中国人在美国工作与求学的故事。根据尼奇的记述,这位中国人名叫秦三才(Tschin-San-Chai),20岁左右,老家在澳门附近的乡下,曾上过九年学;1810年跟随主人米诺先生来到美国,18个月后返回中国;1812年再次来到美国,立志学好英语成为翻译员,可是多数时间与干苦力活的同胞在一起,没有太多的机会学习。当时,秦三才在一家中国人的仓库当

---

① 苏精:《马礼逊与中文印刷出版》,第22页。

搬运工，寄居在前主人米诺家，这位主人对他很信任。1816 年夏天，尼奇的母亲碰见了他，问他是否愿意去教会学校学习，他欣喜地答应了。他开始在尼奇母亲推荐的教堂学习，其间没错过一堂课。他的执着与好学让他的英语进步很快，尼奇开始指导他读《圣经》，宗教知识也强烈地吸引了他。他每天工作之余花两到三个小时学习《圣经》，并且在尼奇的指导下开始学英语写字和阅读。他可以准确无误地抄写《圣经》的《创世记》前 17 章，字也写得非常漂亮。后来尼奇安排他全职学习，他的勤奋好学让尼奇震惊。他读了很多《圣经》章节，而且对此有很好的理解。他在阅读时一丝不苟，力求读懂每一句话，有时候可以花数小时来研读某一个段落。他对基督教义有了深刻的理解并得到启示，很快就宣布信奉上帝，成为一位虔诚而热情的基督教徒。他希望可以把这些知识带给处于"黑暗中"的同胞们，立志献身于基督传教事业。因此，他尝试写信给该报的主编米怜希望协助在华传教事业，并认为这是受到上帝的感召。为了说明他的真诚，尼奇在给《印中搜闻》的信中还附上了秦三才写给他母亲的信。家乡的母亲责备他为何离家这么久不回。他回复说，自己听到了上帝的召唤，要不遗余力地"拯救"同胞，让大家获得永恒的生命，希望母亲不要反对。中国严厉的政策关闭了上帝之门，现在是时候开启它了，现在的同胞们正处于醉酒或酣睡中，大火就要来临，却浑然不知。有些人即使知道，也并不逃离，而是等着烧为灰烬。①很遗憾，笔者未能查到关于秦三才的其他后续资料，在马礼逊和米怜相关资料中也没有关于他的记录，可能他并没有成为米怜的助手。

　　但是这样一个早期民间走出国门求学的励志故事不应该被忽视。历史学者吴义雄对此评价道："这个故事可以被研究基督教史的学者看作一条有趣的史料，我们也可以将其解读为海外华人史和

---

① ［英］马礼逊、米怜主编：《印中搜闻影印本》(*Indo-Chinese Gleaner*，1817—1822)第 3 号，国家图书馆出版社，2009 年，第 80—85 页。

近代中国人海外留学史的一个早期片段。"①秦三才和他的同胞们在19世纪10年代就去了美国,远早于1865年开始去美国修铁路的华工们。笔者认为,这样的民间留学者虽然只是史料记载中的个案,现实中也许还有更多类似案例。澳门和广州聚集的西方人让他们知道了一个别样的西方世界的存在,有的人出于求生或者好奇主动走出国门,去探寻这个全新的世界。他们在西方国家的存在,也让西方世界本土的人直接认识到中国人,亲身感受他们身上具有的中国人的一些优良特质。秦三才这样具有优秀品行的中国人也改变了部分西方人对华人的认知,许多本土的西方人通过二手资料了解到的往往是愚昧、无知、贪婪的华人形象,所以说他们在异国的存在本身就促进了中西交流。

(二) 一位探索通往欧洲最短路程的华人

《中国丛报》在1834年第6期刊发一封读者来信,讲述了一则故事:一位广东人从印度孟买搭蒸汽船经红海到达埃及港口,再走陆路抵达开罗,欲走最短路程抵达欧洲大陆,最终到达英国。这位勇敢的广东人用自己的双脚去探寻通往西方的更便捷之路,显然也算得上一位用自己独特的方式积极探索西方世界的先驱。他于1833年10月从中国出发,1834年2月1日离开孟买,1834年4月4日抵达埃及的开罗。那个时期,由海路直航到欧洲要好几个月的航程。对于普通的华人而言,一张船票价格足以阻挡他们赴欧之旅。这位勇敢的中国人,选择更近的阿拉伯海和红海,穿过沙漠区,历尽艰难,最终抵达埃及的开罗。他写信给在澳门的朋友讲述了这一段经历。期间主要经历了三段路程:首先从孟买乘船穿越阿拉伯海和红海到埃及中部的港口库赛尔(Cossier),耗时29天,在红海恶劣的北风中幸存下来。比他们更早两个月出行的船相继失事,其中一艘的

---

① 吴义雄:《〈印中搜闻〉与19世纪前期中西文化交流》,《中山大学学报(社会科学版)》,2010年第2期。

船员被他们救起。再经历了七天的陆路行走,到达尼罗河谷,接着五天在沙漠中穿行,最后到达开罗。他本着为后人传授经验的意图,详细地介绍了沙漠中穿行的注意事项:检查好帐篷,备足骆驼骑手,备足水,备上骆驼鞍,备足炊具、毛毯等物品。在开罗,他游览了金字塔,并指出欣赏金字塔的最佳视角是在立于距底基20码以内的区域,这样可以显现金字塔的巨大与威武,犹如一座巨石山。他们一行人还被引荐给当时的埃及总督。他形容这位总督是一位非常好的老人,虽然利用军事威严压迫着属民,但给年轻一代埃及人提供教育。他确信这位统治者将成重塑埃及的伟大人物——他用自己的钱财资助了80所公办学校。最后,他补充说明了如兑换和携带钱币的好方法以及埃及3月舒适的气候。①

从这些描述来看,这位华人非常细心和善于观察,不仅为将来要选择走这条路去欧洲的人们提供了好的攻略,而且从他对埃及总督的评价中,我们可以看到他对当地大力发展教育的认可。这与当时中国现状产生了巨大的反差。他把这些所见所闻与朋友分享,并且得以在报刊中刊载。这在一定程度上加深了中国人对西方世界的了解和期待。这样的小人物的经历与观察正体现了广州民间对西方世界展开探索的努力。

四、广州民间西学接触者的特征及对中西交流的意义

19世纪前期广州民间西学接触者多与马礼逊有过交往。由于马礼逊的传教士身份,他们对西学的了解主要在语言和宗教方面,对于西方人文、艺术、科学、思想等几乎没有涉及。这不同于明末清初时期士人对科技知识的深入学习,也不同于晚清时期士人对西方

---

① *The Chinese Repository*, vol.3, 1834, pp.252–255.

思想和人文知识的大量吸纳。这其中的原因可能正是民间群体的特殊性所决定的。16—17世纪的中西交融主要是有一定官职的士人阶层与耶稣会士的交流,而19世纪中后期的则是官方资助派出有潜质的幼童和少年出国留学取经。民间学习西学主要是出于个人的需要,无明显的计划和目的;由于缺少财力的支持和过于单一的渠道,往往无法持续太久和获得很大的成就。在当时官方禁止与西学接触的环境中,接触西学甚至会招来杀身之祸,这大大压抑了西学在中国的传播。但正是这一种压抑的中西交流氛围,凸显了广州民间的这些西学接触者的难能可贵。他们在夹缝中接触西学,有的主动去了解西方,有的被动受到西学的影响。他们的影响力与19世纪中后期的西学者比较显得有些微不足道,但他们是当时特定历史时期的中西交流必不可少的过渡环节,为后期的中西交流和西学东渐热潮做了准备。

"马礼逊是揭开新一轮西学东渐序幕的第一人。"①然而,他在华取得的成就并不能只归功于个人,在他的身后有这样一群勇敢的广州地区的西学接触者,他们无意间成为事实上的近代西学先驱,他们与马礼逊交往是近代中西文化交流的缩影。还有一些不起眼的小人物在西洋人的影响下,勇敢地走出封闭的国门,去追求个人的梦想,探寻那个西洋人的陌生世界。近代这些从广州地区走出去的小人物在近代中西交流的作用值得重新审视。同时,他们的存在也进一步说明了广州在19世纪前期中西文化交流中的主导地位。由于笔者资料掌握的欠缺,难以全面深入地把这些有代表性的小人物的故事全部挖掘出来,但关于他们的更为翔实的故事,则值得研究者进一步探索。

① 熊月之:《西学东渐与晚清社会》,中国人民大学出版社,2011年,第69页。

康有为的纪年构想[*]

中山大学哲学系　马永康

在清末,康有为首倡孔子纪年,后来引发了一场纪年争论。这引起了当前学界的关注,专文有村田雄二郎的《康有为与孔子纪年》等。[①]孔子纪年无疑是康有为纪年构想中最富争论性的议题,但并非全部。康有为以"经营天下之志"[②],很早就以"经纬世务"的态度构想纪年问题。康有为这些早年的构想是其后来思考的基础,带有强烈的普遍主义特色。后来,康有为以公羊"三世"历史观来重新思考纪年问题,将民族主义的孔子纪年和普遍主义的大同纪年结合。通观康有为的纪年构想,如果只集中于孔子纪年而忽略其余,可能导致对康有为的简单化理解。

一、"地球开辟之日"纪年

康有为自言冠年后就"内返之躬行心得,外求之经纬世务"[③]。

---

[*] 本文受广东高校优秀青年创新人才培养计划项目(批准号 WYM11007)及中央高校基本科研业务费专项资金资助,原载《石河子大学学报(哲学社会科学版)》2013 年第 4 期。

[①] 村田雄二郎的文章收入王晓秋主编的《戊戌维新与近代中国的改革:戊戌维新一百周年国际学术讨论会论文集》(社会科学文献出版社,2000 年)及与孔祥吉合著的《罕为人知的中日结盟及其他——晚清中日关系史新探》(巴蜀书社,2004 年)。另外,相关研究情况可参考朱文哲:《近代中国时间观念研究述评》,《燕山大学学报(哲学社会科学版)》,2011 年第 1 期。

[②] 康有为:《我史》,姜义华、张荣华编校:《康有为全集》第五集,中国人民大学出版社,2007 年,第 63 页。

[③] 康有为:《与沈刑部子培书》,《康有为全集》第一集,第 237 页。"世务"误为"业务",据楼宇烈整理的《康子内外篇(外六种)》(中华书局,1988 年)改。

纪年因与社会制度相关而受到康的关注。早期著作《实理公法全书》①将纪年纳入"礼仪门"进行思考：

实理 引说一条

　　纪元、纪年虽人立之法，然亦有实理，历学则更有实理。

公法

　　以地球开辟之日纪元，合地球诸博学之士者，考明古籍所载最可信征之时用之，而递纪其以后之年。……

　　按：此为最公之法。

比例：以圣纪元而递纪其以后之年，倒纪其以前之年。

　　按：此法甚不合实理。盖圣人以前之人，不能知有后来之圣，倒纪其年，则无理矣。倘同时而数圣之功相若，则将各有纪元纪年，甚无益于人道矣。后人知识固胜于前人，其功亦可过前人。然则不令后人有改元之事，固与公理不合；或令其可以改元，则数数改元，亦无益于人道也。

比例：以君纪元。

　　按：此更无益人道。

比例：以事纪年。

　　按：此尤陋习。②

《实理公法全书》是康有为仿照几何学公理体系的形式写成的著作。③每一条由"实理""公法""比例"三部分组成："实理"类似于几何中的"公论"（公理），只是必然程度略低；"公法"基本从"实理"中推

---

①　《我史》光绪十一年（1885）、十二年（1886）、十三年（1887）条均提及以几何形式著作"公理"书。现存康的著述中，仅此书按公理体系形式撰著，"公理"书应与此相关。但此书"夫妇门"引用了法国巴黎1891年的统计数字，显为后来修订。由于此书没有提及孔子等，与康有为转向今文经学独尊孔子不同，故而将其列为早期著作。

②　康有为：《实理公法全书》，《康有为全集》第一集，第154页。引用时标点有改动。

③　康有为：《我史》，《康有为全集》第五集，第65页。

出,是最公平的制度、法则,但为"救时起见"也有例外;而"比例"则是除了"既背实理,又无复有行用之人者"之外的"地球上诸教所有制度"的集合,按接近"公法"的程度从强到弱排列。①康有为首创与传统不同的体例,是出于"既念民生艰难,天与我聪明才力拯救之,乃哀物悼世,以经营天下为志"②的救人济世意识,要制定"万身公法"。从构词上看,"万身公法"与当时的"万国公法"相对,后者以国为出发点,而前者则以人类为出发点。为达此目的,"万身公法"以几何公理体系为样式,企望于超越各国文化与历史的具体限制而获得普遍性。《实理公法全书》是"万身公法之根源,亦为万身公法之质体"③,循此理路撰著。后来康有为说"吾少尝欲自为教主矣,欲立乎孔子之外矣"④,所指应为此时期。

在"实理"中,康有为明确纪年是"人立之法",只是人为的设定。纪年只是人类出于需要,在无限绵延的时间中截取某个(些)点做坐标原点(纪元),并依此建立起来的系统。但纪元的选择并非完全任意,需为社会共同体认可。所谓有"实理",指具有一定的合理性,能被普遍接受,这从其"公法"及"比例"就可看出。

在"公法"中,康有为提出要用"地球开辟之日纪元",要"考明古籍所载最可信征之时",即以文献最早记载的人类活动时间作为纪元,递纪以后年份。这深受数学的影响,"合地球诸博学之士者"做考究,目的就在于寻求确定性,同时也观照简洁性,避免倒纪年份的麻烦。究其用意,在于避开不同社会历史文化的纠纷。但通过考明古籍记载,也很难获得普遍公认,毕竟上古记载模糊;以地球开辟作为标准,也只能解决人类历史的递纪年份,但不能完全杜绝倒纪年份,如天文学或地质学。康有为后来对此有所反思。

依据"公法",康有为进而在"比例"中依次评判以圣纪年、以君纪年及以事纪年。对以圣纪年,他的批评最详,其重心是纪元的确

---

① 康有为:《实理公法全书》,《康有为全集》第一集,第147—148页。
② 康有为:《我史》,《康有为全集》第五集,第62—63页。
③ 康有为:《万身公法书籍目录提要》,《康有为全集》第一集,第143页。
④ 康有为:《参政院提议立国之精神议书后》,《康有为全集》第十集,第206页。

定性和简洁性:前人不知道后来之圣,这对前人不公;同时还面临两个困难:第一,如果出现多位圣人,难以抉择而没法统一;第二,后人知识和功绩均可能超过前人,以平等的原则来看,会造成不断改元。故而以圣纪年在理智中并不完美。此时康有为没有触及以圣纪年具体是以生年还是卒年为准,这使其后倡导孔子纪年出现转折。

以君纪年之所以"更无益人道",在于君民本来平等,"民之立君者,以为己之保卫者也"。①君并不优越于民,以君纪年有违平等原则。以事纪年"尤陋习",可能是事牵涉的人有限,难以得到"地球上之人"的普遍认可。

"比例"中的三种纪年方式是按理性的完美程度进行高下排列,与历史顺序无关。考虑到现实操作,康有为并不推荐直接使用"公法":"公法最有益于人道,固不待言,然行事亦当有次序也。假如某国执政之人深知公法之美,甚欲变法,然其国现时所用之法,仅在比例之末,则转变之始,当变为彼例之首者,俟再变乃至直用公法,庶无骤变而多伤之患也。"②康有为不直接倡导使用以"地球开辟之日"纪年,主要是担心骤变可能引起社会动荡。可以看到,康有为此时持"折中求是的变革观"③。为求稳妥,康有为现实中倾向使用以圣纪年。这与他要表彰圣人对人民的贡献有关,此前他就曾撰写《民功篇》赞颂圣人对人道做出的贡献。虽然他早期的纪年构想以普遍主义为出发点,但潜伏着现实操作中的民族主义问题,因为以圣纪年与具体的国家民族无法脱离关系。

从整个构想来看,康有为看重的是纪年能否普遍化,主要依据理性来思考,这与后来将公羊"三世"历史观引入纪年,使它具有了历史的维度,差距似乎很大。但如果从早期通观其后,康有为早期的纪年构想无疑是一个雏形,与后来有不少关联:第一,以圣纪年和以君纪年都只具有相对的意义,并非绝对。而早期在实际操作中对

---

① 康有为:《实理公法全书》,《康有为全集》第一集,第 152 页。
② 康有为:《公法会通》,《康有为全集》第一集,第 161 页。
③ 参见汪荣祖《康有为》第二章"思想雏型",台北东大图书股份有限公司,1998 年。

以圣纪年的倾向,很容易导出后来具有民族主义特色的孔子纪年。第二,在救济世人的意识驱动下,康有为认定人类应该有一个普遍的纪年方式,后来的"大同"纪年与此相关。

二、孔子纪年

康有为早期构想中考虑到现实操作而倾向以圣纪年,当他转向今文经学后独尊孔子,不难导出孔子纪年。而由于早期没有考虑到以生年抑卒年纪年,这使其孔子纪年主张经历了从卒年到生年的纪元变化。

《我史》记载,康有为在光绪十八年(1892)讲学时"用孔子生二千四百四十三纪年"①。《我史》为康有为流亡期间所写,此语为后来添加,似不足采信。②如果康有为早就使用孔子生年纪年,很难解释后来从卒年到生年纪年的转变。

康有为首次用孔子纪年,有史料可证的是在1896年初上海强学会发行的机关报《强学报》。《强学报》第一、二号发行时间均标"孔子卒后二千三百七十三年/光绪二十一年……",从右到左分列两排。《强学报》第一号载有《孔子纪年说》解释如此纪年的原因。③此文未署名,很可能是康有为所作,叙述史事脉络与康有为的写作方式相类,而"三本"及《史记》的引用与1897年的《圣学会后序》相同。即便不是康有为所写,其时他主持办《强学报》,稿件及排版均由其完成,至少得到了其认可。《孔子纪年说》主要涉及三个方面:

第一,君、师关系问题,实际是解释孔子纪年排前的原因。文章开篇从天地、祖宗、师"三本"说起,表明师在立人道上的意义,指出"君尤待立于师"。君、师之间是横、贯关系:"君道宜于横,师道宜于

---

① 康有为:《我史》,《康有为全集》第五集,第81页。
② 茅海建在阅读《我史》手稿时发现,此内容加在页眉上,为修改时增加。见氏著:《戊戌变法史事考二集》第九章,生活·读书·新知三联书店,2011年。
③ 佚名:《孔子纪年说》,《强学报》第一号,《中国近代期刊汇刊·第一辑》,中华书局,1991年。以下出自该文的引文,不再标注。

贯。横者,弥九地;贯者,亘万年。"意即君道只在某个时期内生效,而师道贯穿古今,把先师的地位置于君之上,但并不排斥君道。君、师的横、贯关系,对应于两种纪年的先后次序。这样的安排当有策略意义,缓和对朝廷的冲击。作为传统士人,康有为非常清楚改正朔是君主政治权力的象征。在此前后的上书中,他曾以外银流入中国,银元所用年号不是中国纪年为由请求光绪帝铸银:"自濠镜通商,洋银流入中国,渐遍内地,及于京师。观其正朔,则耶稣之年号,而非吾之纪元也,是谓无正朔。"①但也不能忽视康的政、教分离主张。"教与治,其权各不相涉"是《实理公法全书》倡导的"公法"之一。②

第二,使用孔子卒年纪年的理据。文中提出两点:从人道变化来看,"孔子生前一世界也,孔子卒后一世界也"。从史实依据来看,康有为说《史记》使用了孔子卒年纪年,如《老子韩非列传》"孔子卒后一百二十九年,则以孔子纪年"。《史记》的这段文字只是简单的时间比较,并非意在倡导孔子纪年。康有为以此为据来支持自己的主张。

第三,倡导孔子纪年是为了尊孔,对抗"异教":"今异教迫逼,务在密其条理,定其统宗,坚其执持,亦欲张皇圣道,光大延亘,前有千古,后有万年,横有大地,生有亿类,共尊执之。""异教"主要指基督宗教。康有为早就留意基督宗教在中国的传教情况,1886年已说:"滇、粤之间,百里无一蒙馆,以巫为祭酒,为其能识字也,故耶稣教得惑之。今遍滇、黔、粤间皆异教,以民无教化故也。"③康有为希望借助孔子纪年来强化孔教,防止基督宗教诱惑国人入教。而这也是其后来所说的"保教"。

除了《孔子纪年说》所说的目的外,康有为当时采用自上而下与自下而上相结合的方式倡导变革。戊戌时被查没的梁启超致康有

---

① 此段文字在《上清帝第二书》及《上清帝第三书》中分别出现。见《康有为全集》第二集,第38、71页。
② 康有为:《实理公法全书》,《康有为全集》第一集,第156页。
③ 康有为:《教学通义》,《康有为全集》第一集,第53页。

为信中说:"孔子纪年……盖见者以为自改正朔,必有异志也。四月廿七书云'改朔为合群之道',诚然。然合群以此,招忌亦以此。天下事一美一恶,一利一害,其极点必同比例也。"①"改朔为合群之道"应为康有为的信内文字。由此看来,康有为还希望借用孔子纪年来达到"合群",集结人心。②开学会、办报纸等举措,就与"合群"相关。

尽管康有为并没有排斥君主纪年,但孔子纪年仍成为张之洞要求《强学报》停刊的原因之一。③康有为自言是"忌我之故"④,亦即他当时讲孔子改制,被人猜忌欲当教主,因排他而导致排斥孔子纪年。孔子纪年虽然着眼于文教,但确有"自改正朔"之嫌。张之洞等官僚怎可能容忍?

《强学报》用的是卒年纪年,是年稍后的万木草堂讲学记录显示康有为已使用孔子生年纪年。现存黎祖健的丙申年笔记内有"自孔子至光绪丙申,二千四百四十七年",封面上题"孔子降生后二千四百四十七年""光绪丙申恭录"字样。⑤转变的原因,可以在1897年替岑春煊作的《圣学会后序》中找到线索。此文仍然以《史记》为据,但依据《春秋》"不言谥者,法其生不法其死,与后王共之,以示千万年孔子长生,为后王师也"⑥的解释,以孔子生年做纪元。

其后康有为刊行的著作中,序言所署时间基本上并用孔子生年纪年与君主纪年,而孔子纪年在先,如《春秋董氏学》序署"孔子生两千四百四十八年,为光绪二十三年十月朔日"⑦,正文则多仅用君主

---

① 《觉迷要录》(卷四),清光绪三十一年刻本。
② 黄彰健认为康的"合群"表明其"实对清朝存有异志"。见氏著:《戊戌变法史研究》,上海书店出版社,2007年。
③ 《强学报》停刊的原因是用孔子纪年及刊登上谕。
④ 康有为:《致何树龄、徐勤书》,1896年1月26日,《康有为全集》第二集,第100页。
⑤ 楼宇烈整理:《长兴学记 桂学答问 万木草堂口说》,中华书局,1988年,第65页、封影。这部分内容在丁酉本中记为"孔子至今二千九百余年"(《康有为全集》第二集,第133页),可能有误。
⑥ 康有为:《圣学会后序》,《康有为全集》第二集,第265—266页。
⑦ 村田雄二郎在《康有为与孔子纪年》一文列表展示了康著作序言中纪年的使用情况,可参看。

纪年,如各国游记。这表明,康有为并不明确反对君主纪年。

同时,为了避免触犯时忌,康有为在上书等正式场合,并不使用或宣扬孔子纪年。①《我史》记载,在戊戌期间康曾上折"请听沿边口岸准用孔子孔年"及"请改维新元年"。②两折未见于宫中档案,但收录于《戊戌奏稿》,即《请尊孔圣为国教,立教部教会,以孔子纪年而废淫祀折》和《请断发易服改元折》。经学界考证,为康有为戊戌后流亡海外期间所作。③前折提出全国"行孔子纪年以崇国教",与《我史》仅是"沿边口岸"不同,表明《我史》应写在前,因为康有为最初的主要目的是对抗基督宗教,强调在传教较盛的沿边口岸使用;仿效日本的方式,"日本无教主,亦以开国二千五百年纪元,与其时王明治年号并行","一以贵当王,一以便考古",并用两种纪年,这与《强学报》立场相同,但将孔子看作教主,君主年号只用"当王"。所提理据是"一以省人记忆之力,便于考据;一以起人信仰之心,易于尊行"④,"便于考据"为新提出⑤。后折提出仿效日本明治维新的做法,大誓改元为"维新元年",以表达皇帝改革的决心,增强国民改革的信心。⑥显然,康有为持政教分离主张,因此不觉得两种纪年有矛盾。

在两折中,后折似在前。从后来康有为对后折的跋语来看,此折可能是他初游欧洲时所写,游历欧洲后觉得中国服制非常完善,

---

① 村田雄二郎在《康有为与孔子纪年》一文中指出:"康有为在戊戌新政期间,至少没有公开扬言孔子纪年。"
② 康有为:《我史》,《康有为全集》第五集,第 94、101 页。
③ 两折的具体写作时间有争议。详请可参孔祥吉《康有为变法奏章辑考》(北京图书馆出版社,2008 年)、茅海建《从甲午到戊戌——康有为〈我史〉鉴注》(生活·读书·新知三联书店,2009 年)及唐文明《敷教在宽——康有为孔教思想申论》(中国人民大学出版社,2012 年)等。
④ 康有为:《请尊孔圣为国教,立教部教会,以孔子纪年而废淫祀折》,《康有为全集》第四集,第 98 页。
⑤ 梁启超在 1898 年所作的《纪年公理》中已提出。
⑥ 康有为:《请断发易服改元折》,《康有为全集》第四集,第 433 页。在 1912 年,康曾对此折写了跋语,对"断发""易服"进行了反省,唯独不提"改元"问题,恐怕是要避免尴尬。

不需改动。①前折所述内容与1904年的文献类同,如《英国监布烈住大学华文总教习斋路士会见记》"宜以孔子纪年,以统中国数千年之记事用,省烦渎,而与国朝今之纪元并行,如日本之以明治君号纪元,而又以神武天皇纪元二千五百年同为并行焉"②,和折中所提做法相似。在1902年前后致张克诚的信中,康说"以孔子纪年,并开孔教会,曾经入奏"③,显示出康一直有此意图,后来再补作。而到清廷宣布预备立宪后,康有为于1910年撰有《论中国宜用孔子纪年》一文,虽然所用理据相类,但已提出可以单独使用孔子纪年,尽管不是特别强烈:"请今日之纪念圣诞者,后此书历皆用孔子纪年为主,或兼用国号,各听其便。"④用生年纪年是纪念圣诞的延伸,这与《圣学会后序》相同。因此,《请尊孔圣为国教,立教部教会,以孔子纪年而废淫祀折》应写于1910年前,似为1904年前后所作。⑤

辛亥革命后,康有为于当年11月致信黎元洪等,建议废除"宣统年号",认为用黄帝、孔子纪年均可,立场似有软化。⑥不过,康有为当时要争取实行"虚君共和",纪年不是重点。而稍后他发现"共和已定,则争君主立宪者,亦无所措辞矣,亦可以解求共和者之怒心矣",马上写信要求"请资政院与内阁各上一奏,亟下懿旨,改国号为中国,用孔子纪年"。⑦但民国政府很快确立了中华民国纪年,然而康有为还寄望国民大会,将"年号改用孔子纪年"写进其草拟的"新中

---

① 康有为:《壬子跋语》,《康有为全集》第四集,第437—438页。
② 康有为:《英国监布烈住大学华文总教习斋路士会见记》,《康有为全集》第八集,第36页。相似内容也出现在同年的《欧美学校图记 英恶士弗大学校图记》(《康有为全集》第八集,第129页)。
③ 康有为:《致张克诚书》,《康有为全集》第六集,第373页。
④ 康有为:《论中国宜用孔子纪年》,《康有为全集》第九集,第163页。
⑤ 参看唐文明在《敷教在宽——康有为孔教思想申论》(中国人民大学出版社,2012年)中对此的考证。
⑥ 康有为:《与黎元洪、黄兴、汤化龙书》,1911年11月,《康有为全集》第九集,第215页。
⑦ 康有为:《致某君书》,1911年11月底,《康有为全集》第九集,第251页。

国政府议章"中。①从当时的形势来看,他实属一厢情愿。

随着民国成立,教育部先是废除小学读经,后又一再重申废止读经。这些举动在康有为看来"非惟一时之革命,实中国五千年政教之尽革,进无所依,退无所据。顷并议废孔教,尤为可骇,若坠重渊,渺无所属"②。康有为认定国籍、教籍为人所必备,政府的做法是对中国传统政教的致命一击:"昔者吾中国号称天下,故人无国籍,举国亦覆帱于孔子,故人无教会籍。今则列国并立,必当有国籍,否则无公民权;诸教并立,必当有教籍,否则为无教之民,近于禽兽矣。"③因此,康有为联系陈焕章开展孔教运动。孔子纪年作为孔教的一部分而被写入《孔教会章程》:

> 第八条 凡奉孔教者,当以孔子生为纪年,各国皆以教主纪年,应从斯例。除关政治事用民国纪年外,皆用孔子纪年。④

康有为援引各国的成例来强调孔子纪年,仍倡导并用两种纪年,但政教分开。1917年,康有为参与张勋复辟,其代拟的诏书未明确提到纪年。很快,复辟失败,康有为不免心灰意冷,其后基本不提孔子纪年,并转向天游之学。

纵观康有为倡导孔子纪年的过程,他是基于"诸教并立"的现实,用孔教兴起人心,对抗西方宗教的入侵。这无疑是其孔教思想的一个部分,带有强烈的变化民族主义色彩。这也与早期的《实理公法全书》关联甚大。孔子纪年由康有为早期倾向以圣纪年而来,生年还是卒年纪年亦在实践中得到了解决,孔子纪年与君主纪年并用是他倡导纪年的一个特点,这部分出于早期的政教分离主张,其中当然也有策略的因素在内。因此,孔子纪年无疑可以看作早期想法在当下的发展与修正。

---

① 康有为:《拟新中国政府议章》,《康有为全集》第九集,第415页。
②③ 康有为:《与陈焕章书》,1912年7月30日,《康有为全集》第九集,第337页。
④ 康有为:《孔教会章程》,《康有为全集》第九集,第349页。

三、"大同"纪年

虽然康有为大力倡导孔子纪年,但并没有忘记其救济世人的志向,提出用"大同"纪年作为理想的统一纪年方式。

"大同"纪年集中体现在《大同书》中。与孔子纪年是当下的应用不同,"大同"纪年应用于大同世界。由于康有为流亡海外后,将其公羊"三世"历史观发展为"三世三重",即在每一世态中再不断地按"三世"进行划分。①相应地,大同世界内也含有"三世",并非单一世态。在大同世界的"三世"内,组织相应为从公议政府再到公政府,最后为"无国而为世界"。②"大同"纪年适用于公政府阶段,是其拟行的大纲之一:

> 第八,全世界纪元皆以大同纪年,不得以教主及君主各私自纪年,以归统一。其前时皆以大同前某年逆数之。③

公政府作为迈向大同世界的重要阶段,开始实行统一的纪年。

统一纪年方式可以有很多选择,何以统一于"大同"纪年?何以不用早期的"地球开辟之日"纪年?在《大同书》中,康有为对"地球开辟之日"、君主、教主三种纪年方式进行了反思。早期的《实理公法全书》从确定性、简洁性出发,将"地球开辟之日"作为"公法",但他发现不具可行性:

> 大地之生,不知其始,或谓数万年,或谓数百万年,皆推测

---

① 康有为"三世"说的变化,请参拙文:《从"三统"、"三世"到"三世三重"——论康有为的思想》,《华东师范大学学报(哲学社会科学版)》,2010年第3期。
② 康有为:《大同书》,《康有为全集》第七集,第144页。
③ 康有为:《大同书》,《康有为全集》第七集,第137页。

之说，非必实也。人民之生，亦安得其始？ 狉狉榛榛，算无从起。①

地球或人类诞生的时间，或"推测"，或"算无从起"，都缺乏确定性。因此，康有为否定了早期的"公法"。而对于君主纪年和教主纪年，前者由于大同之世"君主不现于大地上"，后者则不同文化有不同的教主，"诸教主既难统一全地，终当有见废之一日"，因而都不适宜。而"欲为大同之世纪年，即以大同纪年为最可也。地既同矣，种既同矣，政治、风俗、礼教、法律、度量、权衡、语言、文字无一不同，然则不以大同纪年而以何哉！"②大同世界一切皆同，因而他主张用"大同"纪年。

确立了纪年用名后，还需确定纪元。由于前面否定了三种纪年方式，按《实理公法全书》的归类，就只剩下以事纪年了。原来将以事纪年看作"尤陋习"，但康有为此时想法有变，《大同书》手稿写道："夫古今纪元之托始，本随意可截定，古历皆托始黄帝而授时历，则自其作时截断为始，况于纪元乎？ 但求去纷纭之乱脑，求统一之易记而已。"③追求统一易记，以事纪年也可以达到这一目的。但是，单讲求统一易记，纪元可有无限多种可能，难以确定。这很可能是康有为在刊发时删去此段的原因。在刊发的《大同书》中，他提出"大同"纪年的理据是易记和兴起人心。"大同"纪年使用的以事纪年，紧扣"大同"而来："凡事必有所因，端必有所指，大同因之所托，必于其大地大合之事起之。近年大地万国大合之大事，莫如俄皇所倡在荷兰之万国同盟矣。是事也，起于己亥，终于庚子。……当即以庚子春分为大同元年托始之正月朔日。其自兹以往，顺十百千万年而顺数之，自此以前，逆一十百千万以前为名而逆推之，于欧洲之史皆不待大算而改之，其各国之史记，则如考中西之历比对等耳。……自此日趋大同，合大地之人，考览自便，其省脑力、便记诵、鼓人心、

---

① 康有为：《大同书》，《康有为全集》第七集，第 142 页。
② 康有为：《大同书》，《康有为全集》第七集，第 143 页。
③ 康有为：《大同书》，《康有为全集》第七集，第 128 页。

导太平之功,岂少哉!"①康有为希望以起于己亥(1899)、终于庚子(1900)的"万国同盟会"为大同元年。康有为显然对此次会议寄予了很高的期望,从中感发"近年大地万国大合"的趋势。虽然理据和倡导孔子纪年一样,但此时的兴起人心则指向大同世界。同时,康有为放弃了简洁性原则,允许倒纪年份。

可是,康有为在晚年的《诸天讲》中倡导全球统一的历法时说:"地球既合,以天下为一家,历应以大同纪元。"②只是强调要用大同纪元,但并未具体涉及纪元点,其中透出一战后对国际联盟的失望。

康有为的"大同"纪年与公羊"三世"历史观紧密相关。公羊"三世"历史观展示的是从多元归于一元的历史观念,人类社会将由乱世、升平世进到太平世。到了太平世,是一个普遍大同的世界,人类就可以到达极乐的境界。"大同"纪年因应一理想而产生。这与"地球开辟之日"纪年的普遍主义思维方式一致。只是后者不带有儒学色彩,而前者基于儒学设定,统一于孔子。如果脱离开"三世"历史观,《大同书》就失却了理论的支撑,成为空中楼阁。康有为也自言:"鄙人所以信《春秋》三世之义、孔子改制之说,因而确知孔子为创教主,因而演《大同书》,因而发明孔子之新教。"③只有到了大同世界,由于到了"世间法之极",儒学这一世间法也就让位于仙、佛之学。④因此,康有为的整个大同学说都带有儒学色彩,是以儒学为主的普遍主义。

结　　语

一般来说,民族主义和普遍主义之间存在着矛盾。但由于康有为将孔子纪年与"大同"纪年应用于不同的历史阶段,矛盾在历史的

---

① 康有为:《大同书》,《康有为全集》第七集,第144页。
② 康有为:《诸天讲》,《康有为全集》第十二集,第106页。
③ 康有为:《长安讲演录》,《康有为全集》第十一集,第293页。
④ 康有为:《大同书》,《康有为全集》第七集,第188页。

进程中消解了,而其中的对应关系呼之欲出。康有为刊发的《大同书》没有明确孔子纪年、"大同"纪年与"三世"历史观的对应关系。但在手稿中,有一段话说明了不同纪年的适用历史阶段:

> 全地纪元当用大同,授时作历必有所起,此万国所不能易者也。……太古无历也,则无所起。乱世尚勇,则君主为尊而可托;升平世尚教,则教主为尊而可托,此大地之通例也。①

以君纪年、以圣纪年及"大同"纪年分别对应于乱世、升平世及太平世。《实理公法全书》中平面的纪年被赋予了历史维度,只是原来的"比例"次序发生了变化。孔子纪年只是其中的一个阶段,适应于万国竞立的当下世界,"大同"纪年才是最终的理想纪年方式。显然,康有为的纪年构想基于其历史观,是一个复杂的有机系统,通过多元化的对抗与交融最后达到一元化的大同世界。而大同才是他的志向所在,能让其死而无憾:

> 二十三日头痛大作,几死。日读医书,既而目痛不能视文字。医者束手无法,惟裹头行吟于室,数月不出,检视书记遗稿,从容待死。乃手定大同之制,名曰《人类公理》。以为吾既闻道、既定大同,可以死矣。②

这是康有为记载光绪十一年(1885)的事。由于这是他在流亡期间所写,很可能将当时的想法带进了对过往的回忆中。从这段话可以看到,康有为思想的最终归依是大同。这种以全人类为出发点的普遍主义,从《实理公法全书》开始,一直延续到晚年的《诸天讲》,与孔教有关,但不完全,至少在《实理公法全书》中并没有孔子的地位。

对于康有为而言,几种纪年方式同样真实,只是历史阶段问题。梁启超曾说:"先生固以行大同救天下为最终之目的,但以为吾所最

---

① 康有为:《大同书》,《康有为全集》第七集,第 127 页。
② 康有为:《我史》,《康有为全集》第五集,第 65 页。

亲者中国也,今日众生受苦最深者中国也,人民居地球三之一者中国也;于是乎内观实践,以救中国为下手之第一段。"①因而,康有为在现实中大力倡导民族主义的孔子纪年,而在理想中却期待普遍主义的"大同"纪年。对此,张灏说:"他的爱国关怀被表达为在现代实行的政治改良主义,而其道德和精神关怀则反映在向着未来普遍共同体有计划行进的历史远景之中。因而,他的政治志向不再与其道德——精神渴望相冲突,而是已成为这种渴望最终实现的历史过程中的一个必要步骤。"②

康有为的两种纪年方式的出发点不同,各有价值:孔子纪年在列国竞立的现实世界中彰显民族特色及强调文化自觉;"大同"纪年则传达了对人类命运的深切关怀。而两者都基于纪年的非客观性,提请注意纪年带有的社会政治文化意义。但过于强调其中的孔子纪年,将无法全面把握康有为的整体思想。

---

① 梁启超:《南海康先生传》,《康有为全集》第十二集,第437页。
② 张灏著,高力克、王跃译:《危机中的中国知识分子:寻求秩序与意义》,新星出版社,2006年,第62页。

晚清伊索汉译的再英译和仿写*

中山大学中文系　姚达兑

美国学者丹穆罗什（David Damrosch）认为，在最泛化的意义上，那些超越了其原有语境而流通，并积极存在于他者文化体系当中的文学文本，皆可称世界文学。①《伊索寓言》在东亚的流传和翻译，以及在其本土译本的影响下的仿作，无疑可看作世界文学的一个有趣案例。

明清两代，基督教新旧两教传教士至华，必携《圣经》和《伊索寓言》。②在翻译前者之时，又常以后者做解释调和。利玛窦《畸人十篇》（1680）和庞迪我《七克》（1614），多援引《伊索寓言》，以论证其观点，其意旨无疑在于宣教。此后有金尼阁与张赓合译《况义》（1625），是为第一个汉译本，宗旨也在于使读之者"迁善远罪"。③《况义》为文言短札，丛残小语，类似于先秦之寓言，可惜后来流传不广。此后，还有艾儒略所著《五十言余》（1645），也载有三篇《伊索寓言》，同样影响甚微。

新教入华后，也陆续有一些译本。比如马礼逊和米怜合办的《察世俗每月统纪传》上便载有五则《伊索寓言》，与此前天主教传教

---

*　本文受中山大学西学东渐文献馆"西学东渐与广州21世纪海上丝绸之路"项目和"广州市人文社会科学重点研究基地"的资助。

①　Damrosch, David, *What Is World Literature?* New Jersey: Princeton University Press, 2003, p.4.

②　内田庆市：《谈〈遐迩贯珍〉中的伊索寓言——伊索寓言汉译小史》，松浦章、内田庆市、沈国威编著：《遐迩贯珍》，上海辞书出版社，2005年，第67页。

③　谢懋明：《跋〈况义〉后》，林纾等译，庄际虹编：《伊索寓言古译四种合刊》，上海大学出版社，2014年，第11页。

士时的作品对比,"译文略微浅显,更倾向于'白话'"①。1837—1838年,英国外交官译者罗伯聃(Robert Thom,1807—1846)与其中文老师"蒙昧先生"在澳门合译出了一个译本《意拾喻言》。此为晚清第一个《伊索寓言》译本,在19世纪的中国大陆、香港和日本等地,受到中国读者、外交官、汉学家和学校学生的一致欢迎。诚哉斯言!《意拾喻言》一书广为流通的原因,固然有一方面是其彻底的中国化,但这一观点可能忽略了两个事实。第一个事实是,《意拾喻言》作为一种中英汉语教科书而流传于世。换言之,《伊索寓言》作为一部世界文学经典,其流通过程中之所以会大受欢迎,原因不止是在其本地化的文学性再现,还在于其实用功能即作为教科书的一面。第二个事实是,此书是汉语、英语、罗马拼音几种译本的合刊本,而以往学者并没有将此书这样整体地看待,也没有看到几种译本合一的形式对这一译本的成功有不可忽略的贡献。《伊索寓言》作为一部世界文学经典被引介入中华,最初的成功不仅仅是因为其汉译的成功,而且还取决于其罗马拼音译文和英语译文的成功。一般的学者仅看到了前者,而忽略了后者,原因可能在于一方面罗马拼音译文并不具有文学意义,另一方面可能是将英语译文等同于通行的英语版《伊索寓言》。有理由相信,非中国读者在读到此书时,还会注意到此书中由汉译本再译成的英译文。

下文的讨论,主要集中在如下两个方面。一、《意拾喻言》一书的再英译部分;二、依照汉译伊索而重新创作的《东方伊朔》一书。这两个案例,正是用来解释汉译《伊索寓言》在中国的翻译和流通后的再创作现象,以突显出此书的生命活力,也作为一个例子来说明世界文学的翻译和流通现象。

---

① 内田庆市:《谈〈遐迩贯珍〉中的伊索寓言——伊索寓言汉译小史》,第71页。

一、翻译和流通:《伊索寓言》再次东传和再英译

汉语译本的《伊索寓言》,在19世纪最流行者莫过于《意拾喻言》(1840)。尽管早在明清之际伊索便已传入中国,但少有人注意,直到19世纪英国人罗伯聃和他老师合译的《意拾喻言》(共82则)才重新将《伊索寓言》翻译进中国,而且这个译本的影响颇大,具有一定的代表性。此书所据版本是罗杰·莱斯特兰奇(Roger l'Estrange)爵士的英译本。这个英译本充满了宗教色彩。译者对于每一则(或相邻几则)寓言的大段大段的省思(reflection),主要是道德化的,甚至是宗教式或精神层面的沉思。

内田庆市、王辉等前辈已经注意到了这个译本,对其版本的情况、译者、翻译的缘起,以及汉语译文,都曾有详细的讨论。王辉曾指出,《意拾喻言》的汉译译本最显著的特色是近乎彻底的中国化,如语境、角色、用语、标题、寓言和出处等地方的中国化,会让晚清读者误认为是国人新创作的一部谐趣、志怪小说,但是其英译文则呈现了深度的异化特征。

据王辉的调查,"该书的传教士修订本《伊娑菩喻言》(共73则)曾以多种版本行世;书中不少喻言,在传教士主持的刊物如《遐迩贯珍》(1853—1855)和《万国公报》(1878)上连续刊载,并被收入《海国妙喻》(1888)、《读书乐》(1898)和《中西异闻益智录》(1900)等寓言集或童蒙读物。整个19世纪,似乎没有人觉得有必要或者有能力出版一个更好的译本取而代之"[①]。此书的在华外国读者,成长为新一代的汉学家和传教士,又重新对此书的汉语版稍作润色出版发

---

① 王辉:《伊索寓言的中国化——论其汉译本〈意拾喻言〉》,《外语研究》,2008年第3期。

行。除此之外,1891年,阿尔弗雷德·梅(Alfred May)在香港重印了此版本。在1891年出版的第一部分序言中,梅表明,此书是为中国人学英语、英语世界读者学习汉语而编写的。[①]到1898年,梅为了降低成本,将第二、三部分合订为一册出版,并在前序中表明,此书主要是中国学生学习英语之用。此书在英格兰编写完成,得到当时任牛津大学汉学教授的理雅各的赞赏。理雅各的评论中提及,此书曾在香港政府的"中央书院"(也即梅自署的Victoria College——女王书院),以及其他中文或英文学校中作为教科书使用。梅的译本,汉文部分除个别单字的订正外基本照抄,其粤语拼音部分、汉语对应的英文单字和英文译文,则全部重新翻译,尤其是英语部分与罗伯聃的翻译有一定程度的差别。

《意拾喻言》一书实是五种文本的合刊,除了汉英译文之外,还有便是以汉文译文为中心,再逐字译成的英语词汇、粤音罗马字、南京官话罗马字。该书正文页面的上半部分为三栏,第一栏为汉文,第二栏为粤语发音,第三栏为汉语词的直译。页面下半部是意译的英译文。让我们以《豺烹羊》(The Wolf and the Lamb)这一则寓言来看待这个故事的翻译状况。

限于篇幅我们只能列出五种译文的前几句作为对比,而且后面的讨论集中在英文再译部分。译文情况如下:

1.1 　盘古初、鸟兽皆
1.2 　When Pwan koo's first began, all the birds and beast,
1.3 　Pwan koo Beginningbirds beasts all
1.4 　Pwan koo choo, neaou show keae
1.5 　Poon-koo cho, nëw sh'au kai
2.1 　能言、一日豺与
2.2 　could speak. One day a wolf with a

[①] Alfred May, *Aesop's Fables, Complied for the Use of Chinese Studying English; and English Studying Chinese*, Part 1, Hong Kong: China Mail Office, 1891, Preface.

2.3　can speak. One day wolf with
2.4　năng yen. Yĭh jĭh chae yū
2.5　năng yeen. Yăt yát shai yū
3.1　羊、同涧饮水、豺
3.2　sheep at the same stream was drinking water, the wolf
3.3　sheep, same stream drink water, wolf
3.4　yang, tung këen yin shwuy, chae
3.5　yaong, tung kang yŭm shuy, shai

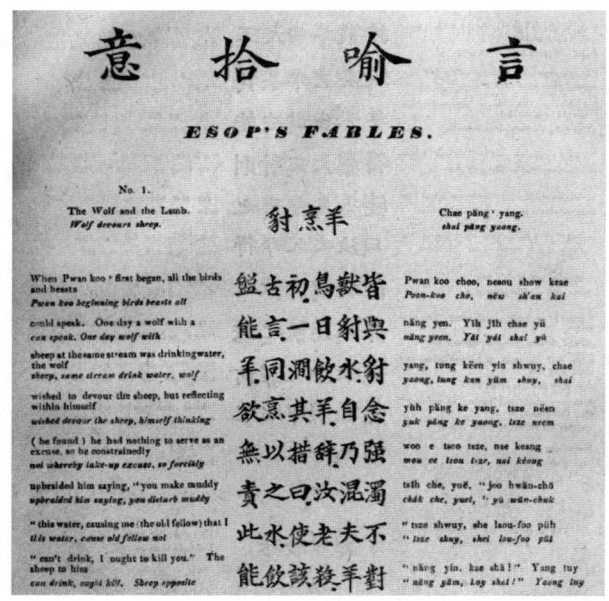

图1　《意拾喻言》中《豺烹羊》一则剪影

此处还未列入《意拾喻言》一书所据的莱斯特兰奇的原英文译本。以上五行文字并行,第一行是蒙昧先生据莱斯特兰奇原英文本所译的译文,第二行是据第一行汉译文所译的英译文,第三行是据第一行汉译文再字字对应的英译单词,第四、五行分别是第一行汉语的南京官话和粤语的拼音。

首先是语境化和本地化的问题。汉译本将故事置于中国语境,发生于令人无法考证的"盘古之初"。莱斯特兰奇的原译文并没有这些,而是直接开始叙述,如:"As a wolf was lapping at the head of a fountain, he spy'd a lamb, paddling at the same time, a good way off down the stream."①蒙昧先生将此则寓言译为《豺烹羊》,不知为何用了"烹"字,无论英语原文还是汉译文,都没能体现"烹"这一个字,莱斯特兰奇用的是"tore"(撕裂)一词,而罗伯聃用的是"devour"(吞食)。梅译本汉文部分几乎不变,较重要的是"烹"字被改为"害"字,英译部分则单字对应为"hurt",文段中则衍用罗伯聃所用的词"devour"。

让我们对比下三种英译本,第一种来自莱斯特兰奇的英译,第二种是罗伯聃英译②,第三种是梅的英译③。它们的关系是,由第一

---

① Roger L'Estrange, *Fables of Aesop and other Eminent Mythologists, with Morals and Reflections*, London John Gray and Co., 1669, pp. 2 – 3. "A Wolf and a Lamb. As a wolf was lapping at the head of a fountain, he spy'd a lamb, paddling at the same time, a good way off down the stream. The wolf had no sooner the prey in his Eye, but away he runs open-mouth to't. Villain(says he), how dare your lye mudling the water that I am a drinking? Indeed, says the poor lamb, I did not think that my drinking there below, could have foul'd your water so far above. Nay, says t'other, you'll never leave your chopping of logick, till your skin's turn'd over your ears, as your fathers was, a matter of six months ago, for prating at this fawcy rate; you remember it full well, Sirrah. If you'll believe me, Sir,(quoth the innocent lamb, with fear and trembling) I was not come into the world then. Why thou impudence, cries the wolf, hast thou neither shame, nor conscience? But it runs in the blood of your whole race, Sirrah, to hate our family; and therefore, since fortune has brought us together so conveniently, you shall e'evn pay some of your fore-father scores before you and I part; and so without any more ado, he leapt at the throat of the miserable helpless lamb, and tore him immediately to pieces."

② Rober Thom & Mun Mooy Seen-shang,(意拾喻言)*Esop's Fables*, Macao: the Canton Press Office, 1840, pp. 1 – 2. "The Wolf and the Lamb. When Pwan koo's first began, all the birds and beast, could speak. One day a wolf with a sheep at the same stream was drinking water, the wolf wished to devour the sheep, but reflecting within himself(he found) he had nothing to serve as an excuse. So, he constrainedly upbraided him saying, 'you make(转下页)

种译成了汉译本,再由汉译本分别译成了第二、三种。莱斯特兰奇没有将故事安排在一定语境中,而《意拾喻言》则处处具象化,比如这一则安排在盘古之初(时间无法考证),而其他故事有的发生在广州白云山的摩星岭,有的发生在大禹治水之时。莱斯特兰奇的故事中,狼要吃羊时并没有想要找借口,在《意拾喻言》中则有"欲烹其羊,自念无以措辞"和英文"but reflecting with himself(he found) he had nothing to serve as an excuse"。与罗伯聃将自念"he found"放在括号里。梅则直接改成"but on reflection he *found* there was nothing of which to accuse it"这一部分,"念"(found)用斜体标出。

(接上页) muddy this water, causing me(the old fellow) that I can't drink, I ought to kill you.' The sheep to him said, 'your majesty is at the upper part of the stream, I the sheep am at the lower part of the stream, altho' muddy, it is no obstacle!' The wolf again reprimanded him, saying, 'you last year on such a day, uttered language that gave me offense! I also ought to kill you(for this)!' The sheep said, 'your majesty is mistaken! Last year on such a-day, I(the sheep) had not yet appeared in this world! How could I offend your majesty?' The wolf then—his shame changing to anger-rebuked him saying, 'your father or mother having offended me is also your crime!' so he devoured him! The proverb saith, 'if you wish to impute crime to a man, why feel anxiety about not having an excuse?' Then this(fable) is just saying so."

③ Alfred May, *Aesop's Fables, Complied for the Use of Chinese Studying English; and English Studying Chinese, Part 1*, Hong Kong: China Mail Office, 1891, pp.8 - 9. "The Wolf and the Lamb.(In the beginning of the world) In the time of P'un ku, all birds and beast could talk. One day, a wolf and a lamb were drinking at the same stream. The wolf desired to devour the lamb, but on reflection he found there was nothing of which to accuse it; so he violently and falsely accused it saying, 'You are making this water so muddy that I cannot drink it; you ought to be killed!' The lamb addressing him said, 'Your Majesty is above the stream, and I below it, so though it be muddy it does not affect you.' The wolf again falsely accused him saying: 'Last year on a certain day, you gave vent to words that offended me, and for that also, you ought to be killed.' The lamb said, 'Your Majesty is indeed wrong, for last year on that certain day I was not born, so how could I have offended your Grace?' The wolf then changed this insult into passion, and, rebuking the lamb said, 'Your parents sinned against me, and you also forsooth share their crime!' Thereupon he killed the lamb. The proverb says, 'If one wishes to impute crime to another, why be distressed at having no excuse?' this is just what this fable says."

要之,罗伯聘并不以莱斯特兰奇本为准,而是以深度归化的汉译本为准,就原本而言属于深度异化的译法,因而其英文读起来在语气上有时并不是很通畅,而梅的英译本其实是在罗伯聘英译本的基础上进行改写的,用语上变化不是很大,但是语句上更加通顺,可能更为地道一些。从这方面看,梅英译本比罗伯聘英译本可能更符合现代英语读者的习惯,或许这样更适合作为教科书使用。

莱斯特兰奇英译寓言,在故事之后一般还有两部分,其一是道德教训(Moral),其二是此则或相邻几则寓言的大段省思(reflection),这些省思是精神层面的,甚至是宗教式的沉思。在这则《狼与羊》的寓言后,便是总结性的训诫:"innocence is no protection against the arbitrary cruelty of a tyranny power: but reason and conscience are yet so sacred, that the greatest villainies are still countenanced under that cloak and colour."(纯真善良无力抵制暴政的残酷压迫;但理性和良知仍是如此之神圣的,纵然是最大的恶行也需借口来粉饰。)有趣的是,在莱斯特兰奇的英译原文中,当狼指责羔羊去年曾辱骂他,羊恐惧颤抖地喊道:"Why thou impudence, hast thou neither shame, nor conscience?"(你何以如此厚颜无耻,难道你不感到羞愧,或竟没有良心么?)在此则寓言之末,附录的省思部分,莱斯特兰奇一直在讨论若无"良知"(conscience)和理性,则宗教崇拜可能容易导向迷信,而所谓有信仰的基督徒也因而容易铸下大错,未来必遭谴责。这种宗教化的、道德化的反思,在《意拾喻言》中并没有被译出——反而是留下道德教训方面的简单总结("欲加之罪,何患无辞"),这或许是因为罗伯聘的身份只是外交官,并非传教士。这种去宗教喻义的汉译,可见汉译文与英译文在喻义上的迥异之处,在中国读者这边可能不会产生其他遐想,在来华的外国传教士那边则不得而知了。附带提及的是,《意拾喻言》中的喻义"欲加之罪,何患无辞"译为"If you wish to impute crime to a man, why feel anxiety about not having an excuse?"梅的版本,中文只有稍微几个字的改动,如将"烹"易为"害",英语则为重译,其总结句为"The

Proverb says,'If one wishes to impute crime to another, why be distressed at having no excuse?'"我们可以看到,这也是去宗教化的,只有纯粹的道德训诫。为何这样? 有一种解释聊备一说。传教士办的《遐迩贯珍》杂志上面也曾转载多则《意拾喻言》,后来传教士易名为《伊娑菩喻言》重版,删除了宗教方面的内容,仅保留道德教训方面的内容。对于这种现象,内田引用石田的解释认为,虽然终极的目的在于传播基督教,但传教士还是有所忌讳,故而主张"应该把先进国家的知识带到落后国家,以此来开导人们,让人们在接受先进文化的同时来培养宗教心"①。与传教士的情况不同,罗伯聃和阿尔弗雷德·梅对待伊索故事,仅将其当作学习材料,作为一种双语教材,满足中国人学英文、外国人学汉语的需求。

二、《伊索寓言》的再创造

《伊索寓言》的汉译本,在19世纪最为流行者当属罗伯聃和蒙昧先生合译的《意拾喻言》,而在20世纪最流行的版本毫无疑义则是林纾与严氏兄弟的合译本《伊索寓言》(1903),后者也是其定名的版本,也因而"fable"一词在汉语里对应起庄子式的"寓言"(虽然最早将两词对应起来的是《七克》的译者——明代的张赓)。"寓言"与"fable"两词本义并不等同,后来趋同可能要归功于《伊索寓言》的本地化的、创造性的翻译。当然,这也可看作一个比较文体学的问题。"fable"一词,原是指佐以论辩的材料(可随意变换其寓言或论题的题目),在西方文学中是指说教性的虚构的故事,主角往往是动植物、神秘生物或拟人化的物体。"寓言"源出于《庄子》,重在说理(reasoning)或辩论,篇幅短小,多是天马行空的虚构,也有纯论辩而非叙事的,万事万物皆可作为喻说的材料。从这方面讲,中国传统

---

① 内田庆市:《谈〈遐迩贯珍〉中的伊索寓言——伊索寓言汉译小史》,第81页。

寓言的文学色彩可能要胜过西方文体的"fable"。要注意的是，"fable"在西方文学中发展成附带有道德说教的故事，最终可归结为一些格言；中国的"寓言"并不一定如是，有时也与道德说教不涉。这一点与其他中国人的汉译本中体现的对"寓言"这种文体的看法相似。两个例子可以证明，一是晚明张赓的《况义补》，收入了柳宗元的《罴说》《蝜蝂传》两文；二是晚清张赤山编写《海国妙喻》及其续集两书，所辑的寓言采自当时报章所载的《伊索寓言》，也加入了时人所撰的寓言。①从这两点看来，在张赓和张赤山的眼里，"寓言"并不能对应起西方文类意义上的"fable"，而更对应于中国传统的"寓言"，即庄子以降诸子散文传统中借喻以寄托妙理的寓言。

《伊索寓言》在晚清中国的影响，一方面体现在其本土化的/中国化的翻译上，另一方面还体现在对其汉译本的仿写上。林纾译本《伊索寓言》自出版后，颇受欢迎，销路极好，在民国初年该书还曾经被"教育部审定"作为教科书出版，故而其流通和影响更大。1907年，任廷旭将林纾译本重新编辑，在《通学报》②上"汉文科"一栏连载。任氏这一部《伊索寓言》也较有特色。因为是一种函授教材，这一译本中每一则寓言都依次包括五段：1.英语原文（不知出自何处，有可能是其自译）；2.文理译本（即林纾译本）；3.文理译本的拼音；4.根据文理译本再改写的白话本③；5.第四段落的国语拼音。任氏的

---

① 张焘:《海国妙喻》，林纾等译，庄际虹编:《伊索寓言古译四种合刊》，上海大学出版社，2014年，第56—92页。

② 《通学报》(1897年2月创刊于上海，初为旬刊，后为月刊)之宗旨是"开民智、育人材"，所载内容分汉文、英文、历史、地理、理论诸科，由浅入深，性质类似于函授自学课程的讲义。

③ 任廷旭:《伊索寓言·狼与羔》，《通学报》，1907年(56)，第35—37页。任氏改译的白话本《狼与羔》:"一只狼遇见一只小羊，从羊棚里走失的，他定计不要□吃他，但要找出些语说，表明他有应该吃这小羊的道理。他就对小羊说，小畜生，你去年大大的得罪了我。小羊发哭声回说，真奇怪，去年我还没有出世。狼就说，你在我的草地吃草。小羊回答说，没有的话，好先生，我还没有吃过草。狼又说道，你吃我井里的水。小羊高声说，不对的，我还没有吃过水，因为我的饮食，还是全靠我母亲的乳。狼就此捉他，吃他，说道:你虽然辩驳我的一切□罚，我不愿挨饿。暴王杀人，常时找寻藉口事端，也是一样的。"

白话本改写,有其独特的地方。一是语言方面的直白,用的是天然的口语;二是其文学性也较充足,比如小羊面对狼的诬陷而有不同程度变化的回应。

关于汉译《伊索寓言》的仿写,陈春生撰《东方伊朔》①(1906)一书,便可资为证。1906年,陈春生看到了林纾译本的流行,遂在《通问报》上连载了一系列的寓言。《东方伊朔》共收165篇寓言,是书原名为《喻道琐言》。以"伊朔"译"Aesop"(伊索),一方面固然是取其音相近,而另一方面则是暗嵌入了汉代著名文人东方朔的名字,这是取其讽谏的功能。关于此书的一些情况,聊备说明如下。该书出版时,附有广告一则如是:"此书乃取中国古书中一切极有趣味、可比方道理之故事一百五十余首,共成一书,演成官话,虽妇人小孩,均为喜听,诚传道之利器也。"可知,其目的在于"传道"。编撰者陈春生在该书书首前附的《编辑大意》中道出作此书的意旨和特色。"伊朔,为希腊寓言名家,其书传二千五百余年如新,盖其言虽诙谑,义实精深,西人训蒙,多取其说,然以之移用于中国,每多圆凿方枘,格格不相入。本书特仿其例,撷拾我国《史记》《通鉴》《左传》《庄子》《列子》《淮南》《韩非》《说苑》《孟子》《山海经》《吕氏春秋》等等,而为是册,故有是名。"此书是为蒙书之用。一方面陈春生也曾指出,中国的蒙书内容艰深,读来殊无兴味,另一方面移用(汉译)西方的《伊索寓言》用于中国,"每多圆凿方枘,格格不相入",即有其不适合性,故而需要采取更加本地化的手段来撰写伊索式的训蒙故事。《东方伊朔》一书,便是仿照汉译《伊索寓言》的文体风格,内容则采自中国的传统典籍。

关于此书的受众和读者回应,可以从其中英文前后序中看出。徐树钧在此书序中指出,"沪江《通问报》主笔美儒吴君板桥、陈君春生高瞻远瞩,博采旁搜,特取古今名人言论事迹,足以当世劝惩者,

---

① 陈春生:《东方伊朔》,上海美华书馆,1906年。下文引用,仅于引文之后标注页码,不另赘注。

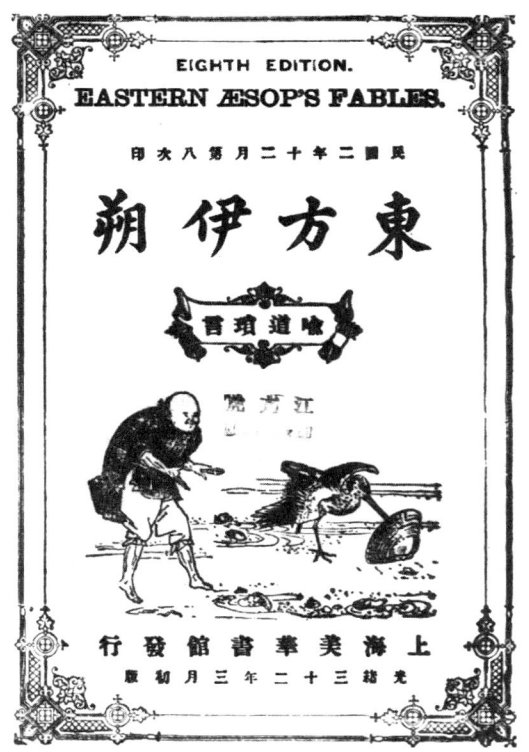

图 2 《东方伊朔》第八版封面

为西方警世寓言善本。而此书内容,实足与伊朔相颉颃,彼伊朔不能专美于西方矣。"这一句前半指出了美国传教士吴板桥与陈春生合译《伊索寓言》一事(后结集为《伊朔译评》),①而后半句则指出,《东方伊朔》可媲美《伊朔译评》。在 1913 年版本《东方伊朔》一书后,附有上海美华书馆的新书广告,可知《东方伊朔》已经印到了第八版,《伊朔译评》已印出了第三版,由此可见两书受欢迎的程度。在《伊朔译评》的广告段可见:"兹由《通问报》馆,择其(《伊索寓言》)足以发明圣道、切合时事者二百首,译为华语,系以短评,与《东方伊朔》,有互相发明之妙,诚家庭必备、训蒙必需、传道必读之书也。"在

---

① 笔者现知的版本为 1916 年版本。请参[古希腊]伊索著,吴板桥、陈春生译:《伊朔译评》,上海协和书局,1916 年。

1913年版的《东方伊朔》一书前附有上海浸信会神学院院长布莱恩(R.Bryan)牧师的赞词,他自道喜欢阅读此书,而且觉得此书是一部用来学习官话的最佳、最有益的书;此书不仅对学生有用,也极有裨益于牧师,给那些牧师提供一些适合中国思维的阐释。吴板桥早在1906年的英文序里就讲:"从本土资源攫取的阐释,要远比从中国之外的其他地方的人或事获取阐释,要更有说服力、更让人印象深刻。"可知,吴板桥也赞同陈春生和布莱恩牧师的观点,即从本土攫取阐释资源的《东方伊朔》,要比汉译《伊索寓言》更有吸引力。

陈春生根据汉译伊索而仿写的《东方伊朔》,可谓基督教中国化或本地化的另一个非常好的例子。《东方伊朔》附录梁集生所撰的序,开篇即讨论中国基督教教会的自立,例如"近年竞言教会自立,而教会一有机体也……"1906年,基督徒俞国桢在上海成立了中国耶稣教自立会,是为本色化运动的一项目标。而出版于1906年的《东方伊朔》中附录的梁集生序言,正好表明,早在众人推动运动之前,陈春生已经在文字实践上推动了基督教文学的本色化,仿汉译伊索而编撰的《东方伊朔》便是一则实例。

让我们先看看《东方伊朔》的行文,并将其放在与《伊索寓言》几种汉译本的对比中来看待其特色。

《东方伊朔》一书中有不少篇目的内容改写自《庄子》。比如《望洋浩叹》(第10页)一则:"秋水暴发,黄河中的水大涨,从河这边也看不清河那边的牛马。那时,河伯(河神名)很为欢喜,暗想,天下的美景,没有再比这里好的,就顺着河水往东流去,流到东海,向东面一看,但见海水浩浩荡荡,无边无岸,就看着海上叹气说:'闻道万分之一,以为人不如我的。'这话就是为我说的了。"这一段分明来自《庄子·秋水》:"秋水时至,百川灌河;泾流之大,两涘渚崖之间不辨牛马。于是焉河伯欣然自喜,以天下之美为尽在己。顺流而东行,至于北海,东面而视,不见水端。于是焉河伯始旋其面目,望洋向若而叹曰:'野语有之曰,"闻道百,以为莫己若"者,我之谓也。'"这种改写并无甚创意,唯有语言更加通俗易懂。《秋水》中原寓言借河伯见海若，而反省自己的"小"（识见浅薄），望洋而发浩叹，这种小大之辨，也可借以解释个体往往容易困于时或地而导致不自知己之不足。在《望洋浩叹》一段之后，陈春生独特地使用"知白子曰"的形式加入自己的评论。

这种"知白子曰"是陈春生的创新，每篇之后皆有，有时这种评论比寓言本文在篇幅上还要多得多，仿佛评论而非寓言才是正文的主体。《望洋浩叹》中的评论如是："知白子曰：每每的人，论到中国疆界，以为中国是居在地的中心，所以称为中国，其余的偏邦小国，皆是居在四围穷荒的海岛里，或是太热，或是太冷，决不如中国这样冷热得宜、地土肥美的。岂知中国以外，还有那欧洲、澳洲、阿洲以及南北美洲，合起来却比中国大有数倍。论到学术，以为中国有了四书五经，以及诸子百家的书，其余别国的学术，不过是些一知半解、偏而不全的，岂知欧美各国，还有那声光化电、天文地理、铁路矿产、理财政法等等专门之学，比起中国那种咬文嚼字、不济实用、徒实外观，如同古董式的学术，却好得多呢。论到宗教，以为中国有了儒教三纲五常、生养死祭的道理，其余不过是些旁门左道，岂知欧美各国，还有一种纯全无疵的耶稣道理，已经传遍万国。总而言之，世间无论何事，皆在天外有天、人外有人。好的以外，还有好的。总要虚心下气，精益求精学他，若是骄傲自大，以为人不如我，那就如同那未曾观海的河伯了。"这一段借以批评中国自古以来的"中国中心主义"，同时也在宣扬基督宗教。尤其是最后几句，陈春生指出"耶稣道理"纯正无疵、传遍万国，是比儒教更高的宗教。这显示出了陈春生的基督徒立场，故而对其信仰的宗教有过度夸耀的成分。

前文已经提及，《伊索寓言》中的寓言之后，一般都附有道德训诫或省思的内容，仿照这种情况，《东方伊朔》中每则寓言之后都附有一段"知白子曰"，内容往往较长。"知白"，出自老子《道德经》中"知白守黑"的典故，此处取明辨是非之喻。如前文提及，莱斯特兰奇的英译《伊索寓言》是非常道德化的，甚至在省思部分还讨论到了精神层面和宗教崇拜的内容。罗伯聃的译文之后，也附有短小精悍的格言式总结,有类于善书中的劝善之话。对比起前两者,林纾译本在每则寓言之后,有"畏庐曰"的评论,相当于莱斯特兰奇寓言中的第二部分的"省思",不同的是,"畏庐曰"的内容有时还会引申到当下的时局,体现了译者感时忧国的关怀。比如,林纾译本《狼与小羊》中,本文部分以文言译成,本文之后是喻义部分:"嗟夫!天下暴君之行戮,固不能不锻无罪者以罪,兹益信矣。"此后则是反思部分,"畏庐曰:弱国羔也,强国狼也,无罪犹将取之,矧挑之耶?若以一群狼,不知其膏孰之吻也?哀哉!""畏庐曰"这一部分的文体功能,往往是对故事进行评议或引申讨论。这种文学技巧(literary device),固然一方面来自《伊索寓言》英语原版的省思部分,另一方面则来源于中国文学传统中的文末点评,相类似的模式,久远点如《史记》中的"太史公曰",近一点的如《聊斋志异》中的"异史氏曰"。很有可能陈春生看到了林纾译本中"畏庐曰"所起的针砭时弊的社会功用,故而在其《东方伊朔》中了使用了类似的文学技巧。

相近寓意的几则寓言,有时会出现在不同的译本和仿本中,我们不妨借这些版本来讨论这种文学技巧的使用。《意拾喻言》中《束木譬喻》一则:"昔有为父者卧病在床,将绝,众子环听盼咐。其父曰:'吾有一物,汝等试之。'遂掷木条一束,令其子折之,试能断否。众子如命折之,不能断。父诲之曰:'汝且逐条抽出,次第分析,试能断否。'于是,莫不随手而断。父曰:'我死之后,汝等不宜分离,合则不受人欺,分则易于折断。此木足以为证矣。'俗语云:唇齿相依,连则万无一失,若分之,唇亡则齿寒,无有一失也。慎之!如以一国而论,各据一方者,鲜有不败,反不如合力相连之为美也。"[①]这则寓言寓意在于"团结就是力量",但可以看到,蒙昧先生在总结部分引申至论述国家内部的团结,此为英语原本所无。查对莱斯特兰奇的英译本的省思部分,可看到英译者说此则寓言喻义是指:"This is

---

① 林纾等译,庄际虹编:《伊索寓言古译四种合刊》,上海大学出版社,2014年,第36页。

intimate the force of the union, and the danger of division. What has it been but division that has expos'd Christendom to the Enemies of the Christian faith?"①(此处喻指团结之力量、分裂之危险。这种分裂的危险假如是基督教界置于基督教信仰之敌之下呢?)可见,原英文的基督教色彩是非常深厚的。罗伯聃《意拾喻言》汉英两部分,没有那么明显的宗教意味,或者可说是去宗教化的,仅留下世俗的意义。

这一则寓言,在林纾译本中也借以喻国家的内部团结。"畏庐曰:兹事甚类吐谷浑阿柴,然以年代考之,伊索古于阿柴,理有不袭而同者,此类是也。夫欧群而强,华不群而衰,病在无学,人图自便,无心于国家耳。故合群之道,自下之结团体始,合国群之道,自在位者之结团体始。"②林纾的点评特意扣合时世,指出欧洲"群而强",而中国则"不群而衰",进而发挥讨论"合群""合国群"之道而有益于国家进步。林纾还指出了这个故事,与"吐谷浑阿柴"的故事相类似,阿柴即"阿豺"的雅化写法。

《魏书》中有载:

> 阿豺有子二十人……阿豺又谓曰:"汝等各奉吾一只箭,折之地下。"俄而命母弟慕利延曰:"汝取一只箭折之。"慕利延折之。又曰:"汝取十九只箭折之。"延不能折。阿豺曰:"汝曹知否?单者易折,众则难摧,勠力一心,然后社稷可固。"言终而死。③

正好,陈春生模仿汉译《伊索寓言》而作的《东方伊索》(第2页)中载有一则《勠力一心》,便是源于同一个故事。这一则的内容如下:

---

① Roger L'Estrange, *Fables of Aesop and other Eminent Mythologists, with Morals and Reflections*, London: John Gray and Co., 1669, p.62.
② 林纾等译,庄际虹编:《伊索寓言古译四种合刊》,第99页。
③ 魏收:《魏书》第6册《浑谷传》,中华书局,1974年,第2235页。

南北朝时,北方吐谷浑的王阿柴,有子二十人。在他病重的时候,吩咐众子各取一支箭来。便取了一支箭,递给他的兄弟慕利延,叫他折折看,那箭一折乃断,又吩咐取十九支箭一同折折看,虽用力也不能折断。阿柴便吩咐众子说:你们须切切记着,孤则易折,众则难催。你们当勠力一心,然后可以保国宁家。言终而卒。知白子曰:现在中国分二十一省。这一省有了什么乱事,那一省是不肯相救。那一省有了什么灾荒,这一省是不肯接济。甚至本省的罪人,要赶到别的省里去,名字叫赶逐出境。这种自顾自的光景,无怪不能兴旺了。

至此,读者可以明白,为何蒙昧先生和林纾,在其版本的总结处要将"团结就是力量"的喻义,引申到国家方面的论述,有很大可能是因为他联系到了《魏书》中这个著名故事。陈春生则直接将《浑谷传》的故事重写了一遍,来说明这个道理。而且在结尾"知白子曰"处,陈春生还讨论到中国现在二十一省不够团结、各自为政的乱象。借寓言来批评时世,这也是《东方伊朔》的一大特色。可见身为传教士助手、基督徒的陈春生,同样也如时人一样热爱国家,批判现实,关心国家的未来发展。

《东方伊朔》与《意拾喻言》的最大一个不同便在于,陈春生不惮于在其作品中直接地传道宣教,这可能是两个时代的人们对基督教的不同态度在背后起作用。20世纪初年的陈春生,在传教方面避忌较少了。

《东方伊索》中《得失无忧》一则有:"《列子》书上说,魏国有人,名东门吴。儿子死了,毫不为忧。他的邻人问他说:先生爱令郎,天下无二,现今令郎死了,毫不为忧,请问何故。东门吴说,'我早年没有儿子,也没有忧,现今他死了,我仍和早年一样,忧从何来呢?'知白子曰:听说有某教士,儿子死了,不以为忧。有人问他为何。他说:儿子乃由上帝寄养在我的地方。今日上帝自己领去,正如人将物寄在我的地方,今日原主将物取去,我自然无忧。由此看来,可知世上一切福气,皆是上帝寄于人手,所以得之不喜,失之不忧的人,方算是守分的君子。"这一则,其实在《庄子》中也能找到类似的故事。庄子妻亡后,鼓盆而歌,惠子责问他,庄子再坦然回应,表达了其乐观的生死观念。陈春生在引述《列子》的故事时,特意举了时人列子,"某教士"的回应,便是借他人之口来解释此则寓言的寓意,同时达到宣道之旨。又如在《反求诸己》一则,陈春生对一个发生于夏朝的故事大发评论:"知白子曰:'今人传道,每每说道人太硬,不易感化,我看这话,也不尽然。我要先问问我做传道的人……'"这里批评的却是基督教的传道人。为何如此?可能最基本的原因在于,《东方伊朔》原连载在教会报纸《通问报》上面,所以其寓言有明显的基督教宣教色彩。

三、总　　结

要之,《意拾喻言》的英译部分、仿作汉译伊索而成的《东方伊朔》,可以看作《伊索寓言》在中国的两个独特变种,讨论这两部作品,有利于我们更深刻地认识到《伊索寓言》东传的情况,以及更好地理解中外文化交流中世界文学文本的流通和再造的复杂性。"fable"这种文体被等同于"寓言",以及"伊索寓言"一名在汉语中的合法化,是经林纾译本完成的。但是早在《意拾喻言》译成之后,伊索的汉译和再英译在中国,已经颇为流行,接受者较广。稍做对比之后,我们可以发现,莱斯特兰奇的英译本充满宗教色彩,而其汉译本和据汉译本再译的英译本《意拾喻言》则完全是去宗教化的,然而有趣的是,晚清新教传教士将这个去宗教化的译本广为传播,推动其广为人接受。此后,林纾译本《伊索寓言》则寄托了其家国和时世的关怀。看到林纾本的流行,陈春生的仿作本《东方伊朔》取材于中国的传统典籍,而其寄寓的内容,一方面如林纾本那样关心时事和家国命运,另一方面则宣扬作者所信仰的基督教,并希望以基督教来改造中国。

斯坦福大学比较文学系教授莫莱蒂(Franco Moretti)运用文化史的两种隐喻"树"和"波浪"来理解"世界文学"。①同样,我们也可以将《伊索寓言》的东传史,看成一棵被移植至中土的"树",自明清之际耶稣会士翻译到清末民初的来华商人和传教士的翻译,再到中国人自己的译本,可谓开枝散叶,有了自己的传统和根系。这个根系既有着中方的土壤和养分,也有着西方的原型。后来《伊索寓言》的中英文对照译本,又再次被移植至中西混合、华洋杂处的香港,其生命力不可谓不强。蒙昧先生和罗伯聃将英译本《伊索寓言》汉译成《意拾喻言》,又再据《意拾喻言》转译为另一个英译本,如果我们将这种现象看作一种世界文学的波浪式发展的话,陈春生的《东方伊朔》则可以看作这股世界文学波浪冲击下的一种本土的积极回应。这种说法或许要受人攻击,说这不外是一种"冲击反应理论"的变种。事实上,这种说法承认了冲击的必要性和合理性,但也注意到了本土性的、传统性的一面。如果我们将这种西方化的冲击看作一种(伪)"普遍主义"或"世界主义"的话,无疑我们要讨论的《意拾喻言》英译和《东方伊朔》则是"本土的""独特性的"。上文便坦然承认所谓世界主义和普遍主义的积极之处,但是同时也指出了其局限性。

---

① Franco Moretti, *Distant Reading*. London: Verso, 2013, p.60. 莫莱蒂认为,世界文化史由"树"和"波浪"构成,世界文化在这两个隐喻所代表的两种机制之间,摇摆或错杂地发展,在现代所呈现的现象往往是两者的合成。"树"的隐喻源于达尔文物种起源说中提及的物种的特征分化,呈树状的发展结构。这也是比较语文学的分析模式。因为"树"的隐喻描述了从统一性到多样性的发展。"树"代表着民族文学。"波浪"是历史语言学的,解释了语言的某种重叠性。波浪不喜欢障碍,依赖地理的连续性。代入来看待世界文学现象的话,我们可以看到某种席卷全球市场的力量、某种由于扩散而导致的相似性,比如最为明显的是全球化时代的现代小说文类。在一个不平衡的"世界系统"中,"民族文学是对那些看到树的人而言的;世界文学是对那些看到波浪的人而言的"。

专题:沙勿略与中国之门——上川岛

沙勿略与庞嘉宾

——两耶稣会士在华传教传略

杰德·特莱夫 撰；中山大学哲学系 杨小刚 译

一

耶稣会来华传教展现了对等、互尊的繁盛文化之间进行跨国知识传播与文化交流的第一次尝试，并且是一次卓有成效的尝试。17、18世纪的欧洲学术界惊讶地发现，在遥远的世界尽头，似乎有一种可与欧洲比肩的文化。遥远的中国发展出文明的生活方式和复杂的治理技艺，丝毫不亚于欧洲。中国人可能在自然科学、数学、天文学以及后来被称为工程学的领域落后于欧洲，但正如带着敬畏与惊讶的欧洲学界巨擘莱布尼茨（1646—1716）所确信的，他们在哲学、伦理、国家结构以及社会和政治生活的奠立方面——如果不是超过欧洲的话——提供了另一种严肃的可能，欧洲的知识精英必须与之一辩。这番尝试的前提是在这个地理大发现时代，人们认识到世界何其广大。世界尚未完全展现，但自从哥伦布及15世纪下半叶葡萄牙和西班牙探险家的发现以来，它可以被感觉到的大小、形状和"构造"逐渐为人所知。航海家们远渡重洋，相互较量，他们踏足陌生的异域，遭遇未知的文化，同时为他们的君主寻找财富。冲突不可避免。

* 本文是 2018 年度"《广州大典》与广州历史文化研究专项课题"（批准号：2018GZZ05）的阶段性成果。

作为教宗调解的结果,1494 年 7 月 2 日,在西班牙巴拉多利德省的托德西利亚(Tordesillas)签订了一项条约。教宗亚历山大六世(1493—1503 年在位)在西经 46°从北向南画出一条假想的直线。这条线以西,所有新发现的国家都属于西班牙,以东则属于葡萄牙。从那时起,几乎整个美洲都处于西班牙王室的统治之下;相反,今天巴西东部突出的弧形部分属于卢西塔尼亚王朝。同时属于葡萄牙的,还有整个非洲和"远东"。

西班牙和葡萄牙这两个受益国均声称对各自的领土拥有主权。不过,除了贸易权以外,教宗还授予这两个王国传播基督信仰的义务:"葡萄牙的王家护教区(Padroado régio)和西班牙的王家护教区(Patronato real)因此有权利和责任建立起教会的组织,招募传教士,推荐那些教宗通常不加反对的主教。"①向亚洲传教、建立护教区的权力和"罗马教宗谕令"(Bulle Romanus Pontifex)一起授予了葡萄牙人。在瓦斯科·达·伽马 1498 年发现通往印度的航线之后,葡萄牙人最初只从事贸易。但是,教宗特使在印度果阿被捕后,教廷促使葡萄牙国王为所有欧洲的强权打开东方的门户。

只有耶稣会士被召见,最初也只有他们派遣成员前往这些世界上的偏远地区,将救世的福音传遍所有大陆是修会章程的核心。在耶稣会的誓言中包含三种使徒诫命:坚定信仰、捍卫信仰和传布信仰。耶稣会的传教意愿就源于此。传布信仰与其他两条同等重要。"因此,服从的誓言也是一个传教的誓言,加入耶稣会的呼召也是传教的呼召。每个成员传教义务的范围由依纳爵明确确定:做好一切个人准备,在教宗或修会领袖的命令下,到异教徒中去……"②

---

① Paul Oberholzer, "China, Portugal und die ersten Jesuiten," in Rita Haub, Paul Oberholzer, *Matteo Ricci und der Kaiser von China: Jesuitenmission im Reich der Mitte*, Würzburg: Echter, 2010, p.89.

② Christian Stücken, "Der Astronom der Kaisers: Vom Leben des Chinamissionars Ignaz Kögler," in *Sammelblatt des Historischen Vereins Ingolstadt* (SHVJ) 102-103, 1993-1994, p.439.

1539年，葡萄牙国王若昂三世（1521—1557年在位）为了履行自己的使命，推进传教事业，请求依纳爵·罗耀拉向海外派遣传教士。耶稣会的同道和共同创始人沙勿略成为远东传教事业的开创者。在哥伦布试图寻找通往印度的航线五十年后，沙勿略于1542年在印度登陆。他从马六甲到摩鹿加，并于1549年抵达日本。"在那里，他开始相信，要实现东亚的天主教化，必须首先前往中国传道。"①

任何身心健康，具备相应能力的人，都可以由他们的长上派往传教。对于许多耶稣会士来说，这就是他们的生活方式，他们显然希望成为一名传教士。"当沙勿略前往印度时，他的行为是对耶稣会章程的践行。1539年，创始成员在临时章程中确立了修会的宗旨，其中规定向土耳其人和印度异教徒传播福音。"②

二

沙勿略1506年9月7日出生于一个纳瓦拉（Navarra）沙勿略堡的领主家，是六个孩子中的最后一个。③他学习勤奋，在16岁时像贵族家的次子们常做的那样受了剃发礼，成为潘普洛纳（Pamplona）的

---

① Paul Oberholzer, "China, Portugal und die ersten Jesuiten," p.89.
② Christian Stücken, "Der Astronom der Kaisers," p.439.
③ 关于沙勿略生平参见 Joseph Dehergne, *Répertoire des Jésuites en Chine de 1535 à 1800*, Rome: IHSI, 1973, No.904; Georg Rendl, *Der Eroberer Franz Xaver: Erzählungen*, Freiburg, 2nd edition, 1956; Rita Haub, *Franz Xaver: Aufbruch in die Welt*, Limburg, 2002; Rita Haub and Julius Oswald, *Franz Xaver, Patron der Missionen*, Festschrift zum 450, Todestag (= Jesuitica, vol.4), Regensburg, 2002; Michael Sievernich and Peter Knauer, *Franz Xaver: Briefe und Dokumente 1535 – 1552*, Regensburg, 2006; Ludwig Koch, *Jesuiten-Lexikon: Die Gesellschaft Jesu einst und jetzt*, Paderborn, 1934; pp.591ff; Doris Wittmann, *Franz Xaver*: "*Oft sind mir die Arme müde vom Taufen*"; in: www.stadtmuseum-ingolstadt.de Franz Xaver (Ingolstadt, 2003).

一名大教堂教士。1525年,19岁的他开始在索邦大学学习,过上悠闲的学生生活,直到长他15岁的依纳爵·罗耀拉搬进了他的房间。罗耀拉曾经过着放荡不羁的生活,在担任军官期间身受重伤后,虔诚地皈依了天主教,而他反过来又鼓动他的室友加入他新成立的宗教团体。沙勿略和彼得·费伯(Peter Faber)是第一批与罗耀拉一道在1533年共同建立耶稣会的成员。在1537年于威尼斯被任命为神父后,沙勿略从1538年起作为秘书与罗耀拉一起起草修会章程的第一稿。

在葡萄牙国王请求耶稣会派遣传教士前往东方后,沙勿略被任命为教廷大使,从里斯本前往印度。1541年35岁生日当天,他起航前往东方,开始了自己的传教生涯。在接下来的几个世纪里,所有后来者都意识到他们在追随他的脚步。要记住的是,罗耀拉最亲密的知己之一,一位修会的共同创始人,被派往遥远的东方国度传教布道。①

沙勿略成为传教士的"楷模"。他通过自身的榜样、循循善诱的教诲、与人们的亲善以及探寻到的原则树立了传教的准则。"两百年来耶稣会传教士用他们的方式赢得了东方人民对基督宗教的信仰,他是这一长串耶稣会教士名单中的第一个。他靠着孜孜不倦的热情、他的气质、组织天赋和健康的乐观精神,打开了印度、印尼、日本和中国的大门……"②

1542年5月6日,经过13个月的旅行,沙勿略来到了印度西海岸的果阿,那里是当时葡萄牙帝国在印度的首府。果阿给他留下深刻的印象:"大教堂的高塔、方济各会的修道院和其他教堂,都是基

---

① 事实上本来派遣了另一位耶稣会士,因为患病,沙勿略接替了他的位置。尽管是一次替换,但这丝毫不改变沙勿略在这个新修会的传教事业中作为创建者的中心地位。参见 Rita Haub, *Matteo Ricci*, p.13. 她在那里写道,"一桩从替换变成环球传教的事业"。

② Rita Haub, *Matteo Ricci*, p.12.

督教已扎根葡萄牙帝国在印度的首府的明证。"① 然而,他很快意识到,在这面幕墙背后隐藏着冒险、投机以及欧洲人暴富的愿望。商人、公务员和士兵少有天主教徒的样子。因此,沙勿略的第一个传教任务就是引导那些来到果阿的天主教徒过信从基督的生活。他穿越城市布道、讲学。

在果阿逗留数载之后,沙勿略在科摩罗角(Kap Komorin)的渔业海岸和采珠人中间生活了两年,之后搬到锡兰,游历了马六甲、摩鹿加群岛、安汶(Ambonia)和其他岛屿。他帮助那些没有受洗的塔鲁人,就像他帮助那些受洗却缺乏宗教指导、继续遵循过去习俗的人。他经常在一天之内为整个村庄施洗礼。他把最重要的祷词译成当地语言,让人们可以悉心学习。为了了解一个国家和它的人民,沙勿略在开始他的传教工作之前,总是研究语言、习俗和本土宗教。他招募本地助手来继续他已经开始的工作。"当他离开一个地区时,留下的是基督宗教社区、教堂和宗教学校。"② 他对信仰的不懈奉献,可以从1544年的一封信中清楚地看到:"我的胳膊因为洗礼劳累不堪,我一遍又一遍地为人们颂祷词,用他们的语言教导他们天主教徒的义务,已经没法言语。"③

1547年,他在马六甲遇到一个日本人,他的描述让他相信也能将基督信仰带往日本。在处理了果阿耶稣会事务之后,他于1549年起航,8月15日抵达九州的鹿儿岛港口,成为第一位抵达日本的传教士。沙勿略在日本待了大约三年,在此期间,他在山口(Yamaguchi)建立了第一座天主教教堂。那里的传统、风俗、礼节对他来说都是新鲜的,一个衣衫褴褛的传教士受到的蔑视也是新鲜的。所以他穿上盛装,带着仆人和昂贵的礼物去会见当地的领主。领主对与葡萄牙的贸易并不感兴趣,尽管本人对基督教也没有兴趣,但他鼓励沙勿略。山口仍旧成为当时日本最大的传教场所,然而他没有赢得对他怀有

---

① ② Rita Haub, *Matteo Ricci*, p.14.
③ 参见 Doris Wittmann, *Franz Xaver*。

敌意的日本和尚们的支持。1551年,日本天皇拒绝了他的觐见。

在逗留期间,沙勿略意识到,日本人对中国文化的了解是多么彻底。在他们表示拒绝时,日本的显贵常常认为,如果基督教教义如此重要,中国人就早已了解。因此,沙勿略决定,首先前往中国宣扬自己的信仰,日本随后就会效仿。在委托一群耶稣会兄弟接替自己后,他于1551年11月返回印度。此时,他得知依纳爵任命他为新成立耶稣会印度省的省会长(Provinzial)。这丝毫没有改变他远行中国的计划。

他于1552年4月起航。此时中国却已对外国人关上了大门。①沙勿略在靠近海岸线的上川岛登陆,这里被当作中国和葡萄牙之间的中立贸易港口,是欧洲人唯一能够进入的地方,尽管只允许在季节性的贸易时期进入。沙勿略在上川岛结交了朋友,但是没人胆敢将他带上被封禁的大陆。一个中国走私犯为了丰厚的报酬答应了他,最终却没有出现。转眼已是10月。葡萄牙的商船扬帆离去,中国商人返回了家乡。沙勿略和一位同伴独自留了下来。在冰冷的北风中,他患了感冒,发起高烧。1552年12月3日晚,身体虚弱的他死在上川岛一个可怜的芦苇小屋中,终年46岁,渴望已久的目标近在眼前,远在天边。他被安葬在岛上。

1554年,他最终安息在旧果阿,靠近潘吉姆(Panjim),在善耶稣大殿(Basilica do Bom Jesus)。1615年,他的右前臂被当作圣物带到耶稣会在罗马的主廷圣耶稣(Gesù)教堂。沙勿略于1619年被教宗保禄五世列入真福品,1622年和依纳爵一起被教宗额我略十五世(Gregor XV)封为圣徒。1927年,教宗庇护十一世宣布他为世界上所有天主教传教团的主保圣人。

沙勿略去世后不久(迟至1554年),葡萄牙获准进入广州,并于

---

① 参见 Gerd Treffer, "Das verschlossene Land," in *Jesuitenmission in China. Der Jesuitenfriedhof in Peking*, Katalog zur Ausstellung 2016 im Bayerischen Armeemuseum, Ingolstadt: Neues Schloß Ingolstadt, 2016, p.28.

1557年获得在澳门建立定居点的特许权。①耶稣会的一位新视察员——范礼安在1578—1579年访问澳门期间，再次确信，耶稣会要在中国成功地进行传教工作，必须熟悉中国的语言和文化。他在澳门建立了圣保禄学院，并要求驻果阿的修会主事派遣一位天资聪颖的修士前来学习中文。1579年，意大利人罗明坚被派往澳门，1582年，他的同胞利玛窦也加入他的行列。②1552年，沙勿略独自一人死在上川岛，留下未能到达中国大陆的遗憾；在他去世的那一年，利玛窦出生在马切拉塔（Macerata），最终实现了沙勿略的遗愿：他踏上了中国的土地，与罗明坚一起得到在中国定居的许可，他们是近代第一批获准居住中国的欧洲人。利玛窦最终成为耶稣会在华传教事业的柱石。

三

耶稣会许多年轻、聪慧和学养良好的修士愿意投身传教事业的一个原因（除了发现新大陆的兴奋之外）可能是传教工作的一种新的思考契机。耶稣会"克服了基督教征服者的优越心态，试图适应异域民族的思考方式，使用一切现成的手段，以便不违背当地的风俗民情"③。他们学习中文，熟悉教育系统和公共管理，在官僚系统中升迁，与士大夫同装同服……"文化适应（文化渗入，Akkommodation）成为耶稣会成功的秘诀"④。同时，卓越的学术资质和应用科学的能

---

① 1558年澳门建立了第一座教堂圣安东尼堂。到1562年已有600名葡萄牙人居住在澳门。1562年耶稣会士培莱思（Francisco Perez，1514—1582）和文德泉（Manuel Teixeira，1536—1583）建立了一处定居点，日后成为一座神学院。1576年教皇格里高利十三世授命在东亚创立教区，加内罗（Melchior Carneiro，1519—1583）成为中国和日本教区的驻节主教。

② 关于二人传教初创期的历史参见 Gerd Treffer，"Vorarbeiter und Wegbereiter," in *Jesuiten mission in China*，p.42。

③ Rita Haub, *Matteo Ricci*，p.12。

④ Rita Haub, *Matteo Ricci*，p.12。另参见 Gerd Treffer, *Jesuitenmission in China*，p.24。

力成为耶稣会士进入皇宫和精英阶层的入场券。

将救赎的教义传遍各大洲是耶稣会事业的一块根基,这要求对信仰的坚定信念和对布道的不懈热情。不过,他们并不满足于融入中国的高雅文化。这些人拥有丰富的科学知识,掌握今天被称为工程学的技术能力,他们被修会派往中国,在那里赢得尊重和威望。他们通过在数学和天文学方面的造诣获得了皇帝的青睐;在他们的帮助下,中国的历法与季节轮换重新协调一致;他们是中央帝国土地调查的推动力;他们展示了机械学(锯木厂、磨坊、水泵和各种牵拉、舀取或磨制设备)的基本规律,并带来了欧洲的音乐、绘画、建筑以及如何铸造大炮的知识……这些极具天赋的饱学之士融入不信教的士人之中,在利玛窦之后筚路蓝缕,他们中有汤若望、南怀仁、邓玉函(Johannes Schreck,亦名 Terrentius,1576—1630),等等。①

四

庞嘉宾是下一代被派往中国的杰出天文学家和数学家之一。他被任命为蒙养斋算学馆首座、钦天监监正和皇子的老师。②在康熙朝的礼仪之争中,他也扮演了关键角色。

庞嘉宾1665年2月7日生于慕尼黑③,1681年9月18日进入耶稣会在莱希河畔兰茨贝格(Landsberg am Lech)的初学院,后入英戈尔斯塔特(Ingolstadt)的巴伐利亚邦立大学(Bayerische Landesuniversität)学习。"1694年3月22日,耶稣会士庞嘉宾于英戈尔斯塔特高等学校做神学科答辩……"④换句话说,他获得了神学博士学位。文中继

---

① 关于这些人参见 Gerd Treffer,*Jesuitenmission in China*。
② 参见 Ludwig Koch,*Jesuitenlexikon*,p.49。
③ Dehergne,*Répertoire*,p.49。
④ Felix-Joseph Lipowsky,*Geschichte der Jesuiten in Baiern*,Munich,1816,vol.III,(§130)。

续说道:"并奉身往中国传教……"①庞嘉宾曾短期在雷根斯堡(Regensburg)的耶稣会文科中学教授逻辑。1696年3月,他与来自葡萄牙和热那亚的耶稣会同袍一同起航,于1697年5月抵达澳门。在他接到前往中国的命令前,他原本的目的地是越南东京(Tonkin)。他最初在归属于耶稣会日本省的中国南部工作。据荣振华所载,庞嘉宾1700年在佛山活动。1700年8月15日他在佛山教堂发耶稣会末愿。②1700年3月19日至6月2日,庞嘉宾忙于在沙勿略离世的地方建造一座纪念碑。

1702年1月14日,他回到了欧洲。"1703年,他以中国南京等地主教代表的身份,与卫方济(Franz Noel,1651—1729)一同回到罗马……"③他的旅行计划还包括回到英戈尔斯塔特探访故地。利波斯基(Lipowsky)记录了庞嘉宾从中国带回"许多珍奇异物……这些珍奇物品中的很大一部分是带给耶稣会学院的,后来在奥尔班(Orban)大厅展出"④。

耶稣会神父奥尔班的收藏是当时一批广受赞誉的博物馆藏品,为了这批藏品修建了至今仍存的奥尔班大厅侧廊,它位于前英戈尔斯塔特耶稣会学院内廷。⑤1774年出版的奥尔班藏品细目明确提到庞嘉宾神父返乡之时也回到了他曾经学习的地方,并留宿英戈尔斯塔特学院。目录不无骄傲地提到这位著名的赴华传教士"在我们的餐厅……进了午餐":

> 有一把餐刀和一双筷子属于庞嘉宾神父,一位土生土长的慕

---

① Felix-Joseph Lipowsky, *Geschichte der Jesuiten in Baiern*, p.253. 庞嘉宾从英戈尔斯塔特大学注销学籍大概是在1694年3月22日。

② *Répertoire*,第49页。维基百科上说,"他在当时广州的竞争对手——佛山城收获颇丰",见 http://en.wikipedia.org/wiki/Casopar_Castner,另见 Charles Hebermann, *Catholic Encyclopaedia*, London, 1913.

③④ Felix-Joseph Lipowsky, *Geschichte der Jesuiten in Baiern*, p.253.

⑤ 参见阿塔纳斯·基施(Athanasius Kircher)和他1667年出版的《中国图说》(*China illustrata*)。关于费迪南·奥尔班(Ferdinand Orban)的英戈尔斯塔特藏品,参见 Gerd Treffer, *Jesuitenmission in China*,第92页以下。

尼黑人。这位修会的传教士被派往北京，在宫廷中有很高的威望。皇帝委他以官职，并委托他回访罗马，他从那里回到本地，在我们的餐厅进了午餐，当时他用了这把勺子、刀子和叉子。①

这些餐具后在博物馆展出。该目录还列出了其他藏品②，包括《圣沙勿略墓建造记——庞嘉宾撰写并寄出》。

对耶稣会适应政策的指控威胁到当时传教的延续。庞嘉宾和弗拉芒耶稣会士卫方济受命在所谓的礼仪之争上说明耶稣会士对当地文化习俗的涉入，这是个艰巨的任务。庞嘉宾写了几份备忘录，这些备忘录是对这场争端最生动的描述之一。他和卫方济在梵蒂冈被聆讯，但他们不能影响教宗1704年的决议。1706年，庞嘉宾在一些年轻的传教士陪同下返回中国，并"开辟了一条新的、更短的海上航线，途经帝汶（Timor）"③，一站未停。

1707年，他回到北京，"在那里他知道如何通过自己的谦逊和德行，以及渊博的科学知识得到皇帝的好感，这让他被任命为算学馆首座和太子的老师……"④众所周知，"庞嘉宾是历法研究的大师，清廷征召他到北京，并任命他为钦天监监正"⑤。庞嘉宾写了许多关于导航、天文学和制图学的名著。他于1709年11月9日在北京去世，享年44岁。⑥

---

① 见 Gerd Treffer, *Jesuitenmission in China*, 第92页以下。
② 比如"三支中国毛笔，由鲍友管（Antoine Gogeisl）神父与墨一同寄回"，"一座中国神邸，为德玛诺（Romanus Hinderer）神父所拜，由德苏萨（de Suza）神父过英戈尔斯塔特途中带回"。还有五本汤若望的藏书，北京钦天监的绘图以及绘于1668年的南怀仁个别用具的特制图，以及"南怀仁神父1686年作中国七大行星观星图释义"，丝绸包裹、带手工工具图样的书籍若干，钟表，等等。
③ 参见 Dehergne, *Répertoire*, p.49。庞嘉宾向葡萄牙政府推荐了一条从里斯本到澳门更短的航线，由好望角直达澳门，绕过莫桑比克和果阿。
④ Felix-Joseph Lipowsky, *Geschichte der Jesuiten in Baiern*, p.253。
⑤ *History Recorded by the Stones: The 400 years Story of the Cemetery of Matteo Ricci and other foreign Missionaries*, Beijing: Beijing Administrative College, 2010, p.57。
⑥ 参见 ARSI, J.S.173：258。

1700年上川岛沙勿略墓地的改建与庞嘉宾的报告*

中山大学哲学系　梅谦立　撰；
中山大学哲学系　黄志鹏　译

一、历 史 背 景

正如戈尔德·特莱菲尔(Gerd Treffer)在前面所提到的,方济各·沙勿略的尸体在他去世后不久就被运送到了果阿。然而,他的逝世地上川岛,则逐渐成为天主教会纪念和朝圣之地,特别是在1622年他被封圣之后。1639年,澳门学院的耶稣会士在墓地所在处竖立了一块巨大的石碑,高1.75米。时至今日,这块石碑仍是上川岛上纪念方济各·沙勿略最重要的纪念碑。石碑最初垂直地竖立在户外,如今石碑复制品则是水平放置,只有一面的碑文可见,并且被放置在一个19世纪修建的小教堂内。

在1639年建造纪念碑后,居住在澳门及广东省的耶稣会士计划建造一个墓园。庞嘉宾在他的报告中提到,意大利耶稣会士嘉禄(Carlo Turcotti, 1646—1695)于1693年,在佛山开始有了这个设想。1698年,法国商船"安菲特利特"(Amphitrite)号的船员也有建造墓园的计划,促成了嘉禄尽快推动自己的计划。根据1698年"安

---

* 本文是2018年度"《广州大典》与广州历史文化研究专项课题"(批准号:2018GZZ05)的阶段性成果。

菲特利特"号到广州的航行记录,充分证明了船员们曾经向方济各·沙勿略立誓,要在上川岛上为他重修一块墓园,以感谢他在航程中的护佑。1698年12月3日的圣方济各·沙勿略节,法国船员在广州耶稣会的驻地讨论该如何履行他们自己的誓言。我们从"安菲特利特"号的副船长弗朗索瓦·弗罗格(François Froger)的一篇报告中得知,耶稣会修士卫嘉禄(Charles de Belleville,1657—1730)展示了他设计的大理石纪念碑草图,水手们为此举行了募捐。法国耶稣会士很可能已经有足够的政治影响力来实现他们的项目,因为康熙皇帝曾将白晋(Joachim Bouvet,1656—1730)派往法国。而当白晋在1698年返回中国时,他的头衔就是钦差。但是根据弗罗格的说法,因为嘉禄的另一项计划,法国人的项目无法实现。①此中的插曲背景源于法国国王路易十四所派遣的耶稣会士与归属于葡萄牙"保教权"(padroado)下的中国省耶稣会士之间的竞争。

1698年10月15日,嘉禄被任命为中国省和日本省的视察员,使他能够有效地实现自己的计划。在1699年11月30日给罗马总会长的一封信件中,嘉禄提到自己要在上川岛修建墓园的计划。而另一封写于1700年1月1日的信件,则提到自己在等候两广总督的批准,以派遣庞嘉宾在3月初前往上川岛修建墓园。②显然,修建墓园的计划源于嘉禄,庞嘉宾则是执行人。后者提到了前者的动机:方济各·沙勿略逝世150周年,以及嘉禄作为日本省的视察员。将沙勿略称为日本传教事业的创始人,确实是一种可以将那些在中国的法国耶稣会士排除在这项计划之外的方法。

虽然他的计划中将白晋排除了,然而嘉禄还是得到了刘应(Claude de Visdelou,1666—1737)的帮助。1687年,刘应与白晋,以及第一批法国耶稣会士一起到达中国,比嘉禄早了十年。1692—1693年,刘应一直居住在北京,并与皇子胤礽(1674—1725)颇有私

---

① François Froger, *Relation du premier voyage des Français à la Chine*, Leipzig: A. Voretzsch, 1926, p.84.

② ARSI Jap.Sin. 166:410v; ARSI Jap.Sin. 167:235.

交。后来,刘应到了广州。两广总督石琳和广州总兵给予了嘉禄的计划很大的帮助,并且为了防御海盗的袭击而提供了军事上的保护。

二、建造墓园

1700年3月15日,庞嘉宾与在广州或佛山招募到的工人,以及军队护送人员一起抵达上川岛。在1639年堆砌的纪念石碑周围,庞嘉宾和他的团队修筑了一个露台,加建了围墙,在纪念碑后面修建了一个小教堂,并且竖立了一个三米高的十字架,以此为过往船只的向导。

如今,前往修建于19世纪的、更大的方济各·沙勿略教堂的游客,会发现在那块1693年的大型纪念碑(复制品)的前面,有一块小石头,上面刻着"康熙三十八年"和"方济沙勿略"。这一音译名称符合官话的发音,名字则采用高一志(Alfonso Vagnone,1566—1640)在第一部方济各·沙勿略传记中所用的汉文翻译。在1693年的纪念碑上,方济各·沙勿略汉文名字遵循粤语的发音:范济谷沙未尔。然而,庞嘉宾没有提到那块小石头。如马崇义神父向我所提出的,它可能不是在1699年被竖立的,而是在1700年6月之后,作为官方地标而立。

在18世纪的禁教之后,教堂没有得到妥善的维护。而到了19世纪下半叶,则出现了两个相互竞争的计划。澳门耶稣会士在1864年组织了朝圣,并且希望能够建造一座小教堂;但是广州教区明稽章主教更快地采取了行动,在1867—1869年建造了如今这座教堂。①

---

① 参见 Matthieu Masson, "L'église Saint François-Xavier sur l'île de Sancian," *Église d'Asie*(16 Décembre 2016)。

三、关于报告的校订

庞嘉宾可能在上川岛上做了一些笔记,例如绘制岛屿地图。他的报告(Relatio Sepulturae Magno Orientis Apostolo S. Francisco Xaverio: erectae in Insula Sanciano anno saeculari 1700)是根据嘉禄的要求写给总会长的,因为庞嘉宾的抬头是"尊敬的总会长 Tyrso González"。报告可能完成于 1700 年下半年并且被送到罗马。目前还不清楚为什么嘉禄和庞嘉宾决定将这份报告在中国出版,因为只有传教士才能看得懂拉丁文。该版本很特别,是将拉丁文字刻在木板上的。由于庞嘉宾在 1702 年 1 月 14 日离开中国,我们可以推测,这份报告是在 1700 年下半年或者 1701 年刊印的。因为我们没有找到发往罗马的信件原文,所以我们还不知道信件与这份在中国出版的报告之间是否有差别。

回到欧洲以后,庞嘉宾带来了几份副本。正如格尔德·特莱菲尔在前面提到的,庞嘉宾在他的访问期间把其中的一份副本给了英戈尔斯塔特的耶稣会学院。

1729 年,该报告由耶稣会士施多克兰(Joseph Stöcklein,1676—1733)翻译成德文,并且发表在《新世界报告》(Welt-Bott,1726—1758)上,该杂志搜集了世界各地的耶稣会士所撰写的报告。格尔德·特莱菲尔在《新世界报告》上发现了在华奥地利耶稣会士金亮(Balthasar Miller,1683—1741)写于 1727 年的一封信件,里面向施多克兰提到了上川岛墓园的情况,并提到将寄出庞嘉宾的报告。[①]根据格尔德·特莱菲尔的说法,这可以解释为什么施多克兰要将报告翻译成德文并收入自己的集子中。

---

① Welt Bott,Letter No.297(1727),金亮介绍了他在中国的传教工作及在欧洲的经历,1727 年 11 月。

1880年,比利时耶稣会士文森特·贝斯滕(Vincent Baesten, 1824—1898)为他自己在布鲁塞尔主办的《史学摘要》(*Précis historiques*)杂志,将该报告的五分之一翻译成了法文。还有一些英语、法语或西班牙语的传教杂志,摘录了该报告的某些内容。请参阅本卷中的参考书目。我们这里首次将整个文本翻译成英文、德文和中文。

四、报告的民族志价值

该报告还记载了庞嘉宾在上川岛上的传教活动。在三个月的有限时间内,他成功地为30名当地人施洗。该报告还提供了一个有价值的关于上川岛的人种学研究,由于该地区海盗肆虐,因此并没有完全被清廷所掌控。

正如庞嘉宾所提到的那样,岛上的三千名居民并没有缴税,也没有资格自由地前往大陆。他们被视为外国人,居住在帝国的边境。只有少数的大陆商人和岛民做贸易。根据庞嘉宾的说法,这个岛屿很晚近才有人居住,大致从1523年开始。由于中国官方关于上川岛的文献记录很少,庞嘉宾的报告是很好的资源,以便了解这个岛屿的具体地理位置、自然资源、居民生活和六个村庄的分布。

下面我们首次把庞嘉宾的报告(*Relatio Sepulturae Magno Orientis Apostolo S. Francisco Xaverio : erectae in Insula Sanciano anno saeculari 1700*)从拉丁文翻译成中文,并加注。中括号[ ]里面的内容是我们自己增加的。我们使用的版本来源于慕尼黑大学图书馆。①

---

① Universitäts München Bibliothek, *Orban'sche Sammlung*. https://epub.ub.uni-muenchen.de/25555/1/W2P.or.14.pdf.

关于1700年在上川岛为伟大的东方使徒方济各·沙勿略建造的墓园[*]

庞嘉宾 撰；
中山大学哲学系、广州与中外文化交流中心　梅谦立 注；
中山大学哲学系　黄志鹏 译

举世闻名的伟大的沙勿略，他充满使徒的热情，在跨越万水千山之后，在遥远的东方找到了他的安眠之地。他蒙福的灵魂从中国的上川岛被召来，接受他的赏报，并因坚持不懈的努力而在主的葡萄园中获得正义之冠。

上川岛概况

上川岛是第一批传教士进入中国南方的登陆地之一。它非常靠近广东省的西南部，位于北纬21.5°，东经134°。[①]当地居民称之为"上川"，因为在这个岛和它南方的另一个岛之间，有一条狭窄的海峡。事实上，"川"字在中国意指一条狭小的海洋支流，穿过两块陆地之间。"上"指的是上游的岛屿，而该岛南方的另一个岛屿被称为"下川岛"，即位于海洋支流的下方。上川岛方圆13德国英里[约97.5公里][②]，从北到南是5德国英里[37公里]，从东到西是3德国英里[约22.5公里]。

---

[*] 本文是2018年度《广州大典》与广州历史文化研究专项课题（批准号：2018GZZ05）的阶段性成果。

[①] 准确的纬度是北纬21°39′55″，经度是东经112°47′44″。

[②] 事实上是140公里。1德国英里约合7.5公里。

岛上的居民认为,这个岛在中国古代是荒芜的,未经开垦。在嘉靖二年,即 1523 年,随着中国人口的增长,岛上开始有少数家庭居住。

该岛由山丘所覆盖,只有几块平地可供种植水稻。山上是茂密的丛林,令人惊讶的是,那里有许多野生葡萄。①中国大陆距离该岛的西南方只有 1 德国英里[约 7.5 公里]②,中间有一个很小的海湾可供船只锚泊。

1552 年沙勿略在上川岛过世及丧礼

当葡萄牙人第一次到达中国时,在获得他们自己的港口[澳门]之前,首先在上川岛安顿下来,用茅草和树木搭建了一些小屋,以便与附近的中国商人做生意。③在马六甲遭受辛劳和迫害,以及作为使者出使中国的计划失败之后④,伟大的东方使徒登上迪奥戈·佩雷拉(Diogo Pereira)⑤的船只,来到了上川岛。他决心找到一个方法,打开中国这个伟大国度的大门,进而传播福音。这是嘉靖三十二年,1553 年,也即中国人开始居住在这个岛屿后的第三十年。

从那里开始,当沙勿略考虑到中国每天都在接近,离他只有 1 英里远,他的热情便日益高涨。他因即将实现的愿望和最终目标而高兴不已,这足以容纳他那无尽的热情。他期待着有朝一日可以打通通往中国大陆的道路。但天主的安排并非如此,他也结束了自己的辛劳。如同梅瑟一样,沙勿略也得到了自己的"应许之地"。⑥

---

① 葡萄(vitis vinifera)在汉代被引入中国。
② 实际上有 18 公里。
③ 1535—1555 年,葡萄牙人以上川岛作为他们贸易的基地,后来搬到其他地方,最终在澳门定居。
④ 唐·阿尔瓦罗·德阿泰德(Don Alvaro d'Ataide)作为马六甲的葡萄牙管理者,反对方济各·沙勿略的出使计划。
⑤ 佩雷拉是圣心教堂(Santa Croce)的拥有者以及沙勿略的朋友。
⑥ 申 34:1;将沙勿略和梅瑟进行比较并非庞嘉宾的发明,例如李明就曾比较过,见 *Nouveaux mémoires sur l'état présent de la Chine*, vol.2, pp.206-213.

神意以其难以预测的智慧，为沙勿略的后继者保留了通往中国的入口。沙勿略本人为了信仰，展开了一场光荣的战斗，在跨越千山万水之后，接受了属于他的赏报。12月2日，在公鸡报晓之前，沙勿略说："我要到天堂去了。"①同一天的下午，沙勿略的中国同伴和口译者安东尼（Antonius de S. Fide）、两名印度人和一名葡萄牙人②，在靠近海岸的山脚往上一点的斜坡上，埋葬了这位伟大人物的神圣躯体。这座小山俯瞰着下川岛和中国大陆之间的海湾，那里是船只经常驶入的地方。由于山上的土壤比岸上的干燥，因此更适合作为墓地。

圣徒被安葬在那里，直到次年的2月27日。③当迪奥戈·佩雷拉将沙勿略的遗骸运回印度［果阿］的时候，人们发现它并未腐坏。④为了纪念这个重要的地方，安东尼堆砌了一些石头作为纪念碑。

1639年第一座纪念碑

后来，在1640年⑤，即明朝最后一位皇帝崇祯在位的第十三年，澳门学院（Collegium Macaense）在同一地点竖立了一座5尺［1.75米］高的墓碑，用中国文字和欧洲文字刻录了碑文，证明东方使徒方济

---

① 关于沙勿略去世的日子有争论。早期的大部分记载是12月2日，不过其中有一份文献记载是12月3日。即便我们接受12月3日作为死亡时间，关于埋葬的时间，庞嘉宾有误，因为丧礼发生在12月4日。参见Costelloe第8注释，Schurhammer, vol.4, p.644。

② Antonius de S.Fide 即 Antonio de Santa Fe。两名印度人是混血奴隶，其中一人是乔治·门德斯（Jorge Mendez），而那个葡萄牙人则无法查证他的名字。参见 Schurhammer, *Francis-Xavier*: *his life, his times*, translated by M. Joseph Costelloe, Rome: AHSI, 1982, vol.4, p.643。

③ 时间似乎有误；按照Escalada，应该是1653年2月17日；Francisco Escalada Rodriguez, La tumba de S.Francisco Javier en San-Cian(China), Obra de controversia(Pamplona: Ed.Leire, 1944)。

④ 按照许多见证人的说法，当沙勿略的遗骸被运送到果阿时，并没有腐烂。

⑤ 庞嘉宾提及1640年有误，应该是1639年。

各·沙勿略被埋葬在这里。①

几年之后，当地人开始怀疑葡萄牙人在那里埋藏了一个惊人的宝藏。由于他们无法读懂欧洲文字，且认为中文内容只是为了更好地掩藏秘密，出于对金钱的贪婪，他们移走了那些石头，而且在地下挖了6尺[2米]深的坑。他们最终意识到自己的错误，把泥土埋回地里便离开了。墓碑则被遗弃在附近一处被人忽略的地方。

岛民反复告诉我们，上天通过干旱来惩罚他们对墓地的毁坏，这让岛民陷入了极度的贫困。值得注意的是，他们将这种来自上天的惩罚归因于他们对圣人坟墓的亵渎。他们热切地盼望着另外一艘欧洲船只到来，帮助他们重新获得这位外国圣人的保佑。

1688年罗斐理在上川岛

直到1688年，情况都没有发生变化。当时，一艘载有新总督科埃略（André Coelho）②和耶稣会士罗斐理（Filippo Carrocci）③的澳门船只因为风暴停靠在两座岛屿之间的海湾。罗斐理神父借此机会，从附近的一艘英国船上借来小舟，登岸考察这个因东方使徒而闻名的地方，以示自己对他的尊崇。

他很快便找到了这个地方。因为那些来到岸边的岛民明白了罗斐理神父正在寻找圣人的墓地，他们感到无比的欢欣，便立即把神父带到目的地。罗斐理神父跪地亲吻了土地以示尊敬。

在中国人的帮助下，他尽可能地清理了墓地里的野草，然后把墓碑移回了原位，清理并恢复了碑文。第二天，罗斐理搭建了祭坛，做了弥撒，而且葡萄牙人也参加了。

---

① 参见下文的描述。

② 科埃略（André Coelho）作为澳门第十八位总督，任期从1688年7月31日至1691年7月21日。

③ 罗斐理（Filippo Carrocci 或 Carrossi，1646—1695），意大利耶稣会士，1687年到达中国，从1688年起在广东活动，之后在江西、陕西、山西。参见Pfister, n.268, p.414; Dehergne, n.144, p.46。

上川岛的居民很高兴,因为他们深信上天对他们的怒气会消散。当古老的墓地和墓碑恢复之后,他们的愿望得以实现了。自此以后,田地再也不缺雨水的滋润。①

嘉禄的计划

当船只到达澳门并带来这个消息之后,许多人都渴望前往朝拜东方使徒的墓地。这些都发生在沙勿略逝世 150 年②后。然而,前往朝拜有许多困难,人们的虔诚愿望几乎无法实现。因为上川岛作为出海口之一,在当时乃是海盗的基地。即便付出巨大的代价和承担极大的风险,也没有人能够在那里安全地建设任何东西。人们相信它很快就会被中国的海盗毁坏。

尽管如此,为了确保工程能够取得最好的效果,1693 年 11 月,当时在广东佛山的传教士嘉禄神父前往海滨城市新会。③这个城市和上川岛有商业往来,只有两天的航程。尽管面临着极端的困难和异教徒的反对,他还是在新会开设了新的传教点。他建造了一座教堂和一间足够大的房子,并决定用沙勿略的名字命名。

1698 年"安菲特利特"号在上川岛

最后,在 1698 年,法国的"安菲特利特"号商船把新的礼物和传教士运往中国,船只沿着陌生的海上航线行驶时,遇到了危险。船上的人向天主发誓,如果他们能够安全地抵达中国,他们将为伟大的东方使徒修建新的纪念碑。不久之后,他们发现自己要遵守誓言。当上川岛第一次进入他们的视野时,在中国人的帮助和指引

---

① 李明描述了罗斐理如何发现了沙勿略的墓;参见 Louis Lecomte, *Nouveaux mémoires sur l'état présent de la Chine*, vol.2, pp.206 - 213。

② 其实,那时只有 138 年。

③ 嘉禄(Carlo Turcotti, 1643—1706),意大利耶稣会士,1680 年达到澳门,1681 年在广州活动,后来在佛山。1697—1699 年,他改建了三个教堂,分别在在广州、佛山及新会;参见 Pfister, n.155, pp.394 - 395; Dehergne, n.855, pp.276 - 277。

下,他们接近了沙勿略的墓园。①

当海上的顺风让他们靠岸后,那些刚刚上岸的欧洲人首先关心的是履行他们曾经立下的誓言。但是在经历一系列的困难之后,他们变得沮丧起来,并决定改变原来的计划,把之前收集的钱分发给穷人以及用于其他虔诚的用途。②

嘉禄的预备工作

但嘉禄神父(当时他作为中国和日本省的视察员)③有其他的计划。他非常清楚日本省有义务修建这座纪念碑,对此他有坚定的信念。他在新会开教的最初(1593),便已经有这样的计划。他写了几封信给总会长贡扎莱兹(Tyrso González),表达了实行这个计划的紧迫性。④嘉禄神父保证,他将筹措足够的资金来修建墓园,并且建立和开展教会。这些捐赠来自一位西班牙贵族,他的生意从秘鲁到

---

① 1698 年 10 月 5 日,"安菲特利特"号到达上川岛,按照副船长弗朗索瓦·弗罗杰(François Froger)的记载,船上有 11 位耶稣会士,大部分是法国人。10 月 8 日,他们往沙勿略的墓朝圣,做了弥撒。参见 François Froger, *Relation du premier voyage des Français à la Chine*, p.56;也参见 Letter of Prémare to Father de La Chaise, Canton, 17 February 1699, in *Lettres édifiantes et curieuses*, pp.1 – 14;又参见 Letter of Bouvet, Pekin, 30 November 1699, in *Lettres édifiantes et curieuses*, pp.340 – 356。

② 按照弗罗杰,1698 年 12 月 3 日,船员在广州被邀请到法国耶稣会团体,那时法国耶稣会修士卫嘉禄(1656—1700)给船员介绍沙勿略墓园的修建计划。船员提供了金钱,然而计划无法落实,因为嘉禄有另一个计划;参见 Froger, *Relation du premier voyage des Français à la Chine*, p.84。

③ 从 1698 年 10 月 15 日至 1701 年底,嘉禄作为中国与日本两个省的视察员;参见 Dehergne, p.277。

④ 1687—1705 年,贡扎莱兹(1624—1705)成为第十三任耶稣会总会长。嘉禄知道了法国耶稣会士有改建沙勿略墓园的计划。在法国耶稣会与葡萄牙耶稣会竞争的背景之下,嘉禄认为,他本人作为日本省的视察员,有义务改建沙勿略墓园。参见:Letter dated 30 November 1699, ARSI Jap.Sin.166: 410 – 411v;也参见 Letter dated 1 January 1700,其中他提及庞嘉宾被派遣到上川岛改建沙勿略墓园;ARSI Jap.Sin.167: 235。我们看到这份报告提及总会长,这表明该报告就是庞嘉宾写给总会长的信。很可能嘉禄让庞嘉宾写了这封信。我们没有找到原件,无法知道报告有没有增加或删掉内容。

马尼拉,又从马尼拉到大都市广州。①

最后,在 1700 年初,通过刘应神父②,嘉禄获得了两广总督③颁布的公文,这样一来重修墓园便有了正式的授权。最高军事长官之一的总兵也承诺给予帮助和支持。

一切似乎都进展顺利,造成拖延的唯一原因,便是中国的海盗。尤其是那年,海盗制造了许多骚乱,因此没有船只敢远离港口。最高军事长官各司其职,带着军队和船舰,对这些"内部敌人"进行围剿。数月之后,许多海盗被俘,另外一些被歼灭。大家渴望许久的和平,终于在农历新年那天(2 月 17 日)到来。

1700 年庞嘉宾前往上川岛的旅程

如今,一切问题都迎刃而解了。农历新年伊始,中国和日本省的视察员嘉禄神父便命令我出发前往新会。既然教会已经成立,我便可以为皈依者施以圣礼,并且也可以为接下来的旅程做些必要的准备。那时候,有二十多人受洗。一个星期之后,另一位同船的伙伴利国安(Giovanni Laureati)神父带着工人和所需的建筑材料到来。④

出于尊重和保护的目的,同时也向其他官员彰显对于此行的重视,广州的总兵安排了两艘军舰来护航。这些军舰一路陪同,无论我们去哪,都得到了官员的大力支持。起初,似乎沙勿略在冥冥中解决所有问题,在天主的帮助下,我们得以完成我们一直以来所期待的事情。

3 月 10 日,我们用了一天时间,从新会出发前往新宁。⑤到达之

---

① 参见 Turcotti, Letter dated 30 November 1699, ARSI Jap. Sin. 166:410 - 411v.

② 刘应(1656—1737),法国耶稣会士,1699—1708 在广州活动。

③ 康熙二十八年(1689),石琳擢两广总督,四十一年(1702 年)卒于任上。

④ 利国安(1666—1727),意大利耶稣会士,1697 年达到中国,在陕西短期工作之后,1700—1711 年,他在佛山定居;参见 Dehergne, n.451, pp.144 - 145。

⑤ 新宁,今江门台山。

后,使者被遣前来,他们将我们和行李安排到分配给我们的房子里。晚上,我们见到了这个城市的最高官员。①在谈话中,我们把握住机会宣扬了基督宗教。然后,他开始以中国人的方式画十字架,并默念《天主经》。过了一会儿,他说自己在北京的时候就领洗了,他的家人都是天主教徒,并且向我们展示了他家中的圣像。此外,他还请求我们给予一个卡拉瓦卡十字架②、献祭的奖章、中文祈祷书,特别是已经出版了的沙勿略的传记③。

第二天,七十名士兵和搬运工人将我们护送到海边的军事驻防地广海寨。在到达之前,其他士兵来到我们跟前,表示自己非常荣幸。最后,在3月14日中午前后,我们抵达位于中国大陆沿岸的广海。在旅途中,广海的二把手和一位负责外国人事务的官员加入了我们的行程。我们到了分配给我们的住宿地点,所有军官再次向我们表示敬意。在施工期间,他们表现得更为礼貌。第二天,他们安排了两艘大型军舰,把我们运送到5德国英里[约37.5公里]外的上川岛。一位领有七十多名士兵的军官,另外一位领有十名士兵的军官都被命令护送我们。在上川岛期间,他们白天帮助我们修建墓园,晚上则负责警卫,以保证我们无时无刻不在他们的保护之下。

到达上川岛

终于,在天主和圣沙勿略的帮助下,我们在[1700年]3月15日晚上顺利到达了上川岛的港口。当我们在船上眺望这座岛屿的时候,士兵们告诉我们墓地和石碑的位置。登陆之后,许多士兵护送我们前往墓地朝圣。当我们到达的时候,先按照中国的习俗跪在地上礼拜,然后做了一个简短的祷告。我们还向一些适宜的对象做了布道,听众都很认真地聆听。我们走到较近的距离墓地1德国英里

---

① 宜思让,汉军正白旗人,1693—1704年任新宁知县。
② 一种来自西班牙卡拉瓦卡的天主教十字架。
③ 意大利耶稣会士高一志(1566—1640)撰写的《方济各沙勿略行实》(1629)。

[7.5公里]远的较近的村庄,并在那里过夜,以便为接下来的工作做更好的准备。

广海的官员热心地布置了一所房子,给我们作为居住地。岛上的居民似乎对于我们的到来感到不悦,因为这些没有受过教育的人习惯于生活在森林和山丘之中,他们的行为较为野蛮。大陆的居民抱怨说,许多岛民都是盗贼,甚至会攻击经过那里的船只。然而,当他们的首领被传唤过来时,却向我们展现了训练有素的中国人该有的礼貌。不过,很明显的是,他们并没有善待我们。

第二天,利国安神父带着两艘战舰和它们的指挥官回到新会,他需要及时地回到教区,因为那里有四十人准备领洗。他也回去准备建筑材料,尤其是石灰石,这是特别缺乏的。我和工人、两个仆人、十名保护我们的中国士兵和军官,都留在岛上。在同一天,士兵召集了所有六个村庄的居民,并告诉他们,根据广海官员的指示,要求岛民在距离墓地不远的地方为我们建造一些舒适的住房;并且要求他们,在我们停留岛上的期间,每个村庄派六位村民,共三十六人,轮流参与守夜,以保证我们免受海盗的袭击。

再过一天之后,我们选了葡萄牙人以前建造小屋过冬的地方。那里面向墓地,距海岸大约有3意大利英里①,位于靠近港口的小山上,可以看到大海②。我们建造了三间房屋,一间给我们自己,一间给工人,另外一间给士兵。随着时间的推移,我们又建造了第四间以满足其他用途。岛民们分别轮流执行守夜的任务。海岸边有三个海湾,从岛的一边有广阔视野可以看到北方海湾。因此,岛民们通过从山上观察另外两个海湾来帮助护卫我们。此外,在俯瞰大海的小山前,士兵们把他们带来的帐篷搭建起来,以此作为前哨。

---

① 1意大利英里约合1.5公里。
② 在庞嘉宾的地图上标注为"我们的营地"(*nostra statio*)。

开始改建

这些准备工作完成之后,到了 3 月 19 日伟大的中国守护者圣若瑟节①之时,我们为建造墓园的成功开始做了弥撒,工人们都参加了,他们都是我们从广州带来的天主教徒。接下来,我们划出了整个建筑的分区,墓园位于靠近海岸的、略高的地方,可以被远远地看到。这座山比较高和陡峭,可以从岛的西部远远看到中国大陆。由于墓园朝着船只驶入的海湾,因此可以从 3 德国英里[约合 22.5 公里]外就被看到。尽管外国船只不驶经东面的海,而是沿着西面的沿海岛屿航行,就像澳门的船只习惯的那样,但是这里仍然是它们进入中国所经过的第一个地方。

这里平地稀少,只够建一个人的坟墓。其他地方覆盖着树木、灌木丛,爬上山十分危险。因此,在建造墓园之前,我们首先需要在山上挖出足够大的地方,以获得足够的平地来施工。在接下来的日子里,我们负责了这项任务,承受着极端的辛劳和困难。首先,许多树木必须被连根拔起,但由于到处都是灌木丛,所以非常危险。接着,当我们挖掘山丘时,发现有许多大石头,有的需要役畜才能拉动,其他的需要人力砸碎。

我们每天从黎明开始工作,事先进行弥撒和献祭,祈求天主帮助我们完成这项工作。因为长官曾命令要保护我们免受海盗的袭击,因此士兵们和一些岛民携带着武器陪同我们。我们在一棵大树下午餐,黄昏时则回到前哨站吃晚饭。

沙勿略的保佑

3 月 24 日,在我们开展挖掘工作的时候,有一艘载着五个人的小船驶近。一开始我们怀疑是海盗,因为他们向我们展示了一面未

---

① 在 1668 年的广州会议,传教士决定以若瑟作为中国天主教会的主保圣人。

知的旗帜。因此,岸上的士兵尽可能快地进行布防,他们裹着衣服、带着武器隐藏在灌木丛中。不久,我们发现这艘小船是澳门人派来的,他们想询问一艘消失了的小船的消息,它在几个月前从马尼拉起航。这些人带着船主的信件,向我们咨询了这件事。我们问住在这些港口的岛民是否知晓。他们回答说,那艘船前段时间到过这里,但是最近几个月海上的风向改变了,船被吹向了越南的方向。尽管得到这样的答案,这些人还是向沙勿略祈祷,如同他还活着一样。一个月后,他们的祷告得到了回应,由于海上改吹南风,这艘"消失了"的小船被吹到圣徒的墓园旁边。为了纪念方济各·沙勿略,这艘船鸣炮三响。它最终安全地抵达了澳门。

至于我们在上川岛的生活物资,可以说是极度匮乏,因为这座岛屿不产鱼、米、蔬菜及其他任何食物。我们甚至很满足于为数不多的几个鸡蛋。因此,耶稣会日本省省会长卡瓦略(Manuel Carvalho)①神父出于他深深的父爱,尽管我们没有要求,他仍每隔一天便派出载有生活物资的小船,为我们提供生活所需。所以三个月之后,我们便有了充足的物资而不再需要供应了。此外,广海的官员下令,如果我们缺少任何东西,岛上的居民都可以用他们的船来为我们运送。有了这些支援,我们得以为工人们提供大米、鱼和其他食物。

到了4月2日,在方济各·保拉(S. Francisco de Paula)②节日的时候,虽然经历了一些困难,终于有一艘来自新会的船只到来。我们对它期待已久,因为它承载了建造所需的三万磅石灰石。在我们完成山体挖掘后,便开始建造墙壁。我们很快地意识到,建造墙壁所需的石灰石是原来预计的两倍。因此,一名水手回去用另一艘船装载更多的石灰石。但他拒绝听从我们的建议——因为他作为异教徒而且经历过海上的危险,他并不希望自己的工作得到我们和

---

① 卡瓦略(1661年出生),1699—1702年任日本省省会长。1700年,他拜访了澳门圣保禄学院;参见 Dehergne, n.149, p.47。

② 庞嘉宾看到了方济各·保拉的保佑,因为他是船员的主保圣人。

沙勿略的保佑——从而导致了巨大的损失。在为时一天的回程中，他驾驶的空船撞到岩石上，船被撞毁了。虽然这艘船的重量很大，但在方济各·沙勿略的保佑下，此前甚至没有受到过猛烈风暴的袭击。即便是异教徒们也发现了，一艘曾五次从广海运送物资过来的船只，以及另一艘来了四次的澳门船只，虽然是体量更小的小船，但都顺利到达。不管天气多坏，这些船都能够安然无恙，并且通过了更快捷的航道。后者只是在它的第一次航行中遇到了一点麻烦。异教徒们说，那名水手受到了惩罚，因为他曾经冒犯了圣人，甚至拒绝将自己的工作奉献给圣人。

此前带来的石灰石很快就用完了，在毫无办法之际，日本省省会长卡瓦略神父从澳门派出新的船只为我们运送石灰石和其他建筑材料。但由于担心延误工期，我们在岛上收集了很多贝壳，用熔炉烧炼，借此又准备了三万磅的石灰石。

4月14日，由授权并计划建造墓园的嘉禄神父派出的人员从广州抵达了官方的军舰。他带来了信件和各种所需的东西。广海的官员和军官们都很高兴地为我们提供糖果，他们轮流拜访了我们，并查看海防以保护我们免受海盗的袭击。

向本地人传教

由于我们友好的言辞和礼仪，岛上的居民也逐渐变得不那么敌对了。事实上，他们甚至开始喜欢我们了。可见，这片未经开垦的土地，甚至已经准备接受福音的种子了。我们乐于播种，因为这并非徒劳，未来的收获应该很快就能实现。有两名当地人相信了主的真理，并传播给了他们的亲属。在接下来的两个月里，我们向他们解释神圣信仰的奥秘。由于工程临近结束，我们选择在5月23日这一天前往各个村庄，以便施洗那些新近皈依的居民。

异教徒之间展开了一场纷争，每个村庄都希望自己能第一个邀请到我们，所以他们彼此之间产生了争议。为了完满地解决争端，我们决定规划一条路线，以便可以去到所有村庄。在约定的那个清晨，我和那位平日里照顾我们的军官，乘坐简易的藤椅，被抬上了港口里的一艘小船。

六名士兵和军官陪同我们，其余的则留守在我们的住处。许多岛民也陪着我们。当我们来到一个村庄边的时候，村里的长辈们前来迎接。按照中国的习惯，他们跪在地上向我们磕头，以示对我们的尊敬。接着，年轻人鸣枪示意，表达他们的喜悦。这些礼仪在我们到达和离开时，都有执行。到处都是为我们准备的宴会，虽然我一开始婉拒，但是最后还是不得不接受。我尽量尝了一些桌上的食物，以免看起来像是看不起他们的朴素礼物一样。然后，我们以同样的方式前往另外四个村庄。

第二天，我们做好了充分准备给他们施洗，所有人都在仔细地观察，不管出于尊重还是好奇。领洗者包括男人、女人，有年轻人也有老人，共有二十四人。在这个神圣的仪式结束之后，我们打算返程。然而这又引发了一场新的争论。第六个村庄的村民抱怨说，我们没有去他们的村子，这是看不起他们。事实上，他们已经在大约一英里的必经之路上准备了各种食品。尽管他们不敢要求我改变行程，但是在看到他们的热情后，为了不让他们失望而不高兴，我没有回绝。于是我欣然前往，尽管这意味着必须多用一天的时间。这一切都是为了基督宗教在中国的发展（这是最重要的）。我们在那里给七位接受过充分教导的村民施洗，只剩下少数慕道者未受洗。

三天之后，我们回到了前哨站。到那时为止，岛上居民中共有三十人受洗，其中一名广海的士兵在照顾我们。我当然希望天主在这座岛屿和大陆上都有更丰富的收获，因为我很快就可以再次访问最近在新会建立起来的教会。显然，岛上的所有居民都很高兴地聆听了信仰的奥秘，我甚至没发现有任何人哪怕一点点的反对。很多人不相信基督宗教的一个原因在于：这些人从未听到过如此新颖的教义，所以他们有些不确定。

对上川岛六个村庄的描述

现在,我们已经讨论过我们在整个岛屿[六个村庄]的旅程,对此进行简单的介绍是合适的。正如我们所说,岛上有六个村庄①,其中大多数都隐藏在山后,这样一来岛民可以更好地躲避海盗的袭击。那个距离沙勿略墓园和大陆最近的,也是我们第一次住宿的村庄,叫作北坑(Pe Khang),它距离海岸1德国英里[7.5公里]远。"北坑"的意思是从山上流下来的水域的北面。这个村庄有七十户人,靠近村庄和大海之间的一座中等高度的山丘。

另外一个村庄同样离墓园很近,但位于南面。这个村子的名字和鱼有关,叫作鲶鱼(Hen iu)。这个村庄非常小,不超过二十户人,距离墓园对面的港口只有半英里远。尽管道路平坦,但却受到潮水的影响。

经过3意大利英里[4.5公里],穿过一座小山后,我们到达第三个村庄——西坑(Si Khang),意思是西部海沟。这个村大概有六十户人。

距离东海岸约1德国英里[7.5公里],是第四个村庄,叫作石笋(Xe sonn),意思是石头凸出的刺。在这个村庄的田地里,我们看到两个高度超过10尺[3.5米]的"石笋",这确实是一个自然奇观。据说这个村子有近六十户人。

在东南部,经过一个难以攀爬的高山后,我们到达了第五个村庄——高冠(Gua quon),意思是美好的景色。这是因为附近山顶上有非常开阔的视野,可以眺望北面和东面的海景。在那里,我们为另外二十位村民施洗,其中一位是村里的首领。这个村约有七十户人。

最后一个是茶湾(Cha uan),意思是产茶的海湾。它面向北岸,朝着澳门群岛的方向。这个村子坐落在山的后面,相对较高,难以

---

① 《新宁县志》记载了十五个村庄的名字。李明则提到有十七个村庄。

进入。在五十户人家里面,我们皈依了七个人。每个村庄附近都有种植稻米的田地和盐场。

上川岛的风物人情

几乎所有其他地方都被山丘、森林和野生木场所覆盖。庆幸的是,岛上没有老虎。但是如果把一只老虎带到这里,它很快就会死亡,或者中伏击而死。①

这里有很多蛇,包括毒蛇,我们便捕杀了很多。有一条毒蛇曾出现在我们居住的小屋附近的树林里,蛇身非常绿,以至于难以将它和植物的叶子区分开来。还有一条非常大的草蛇,它的长度超过10罗马尺[3米],而且很粗。我们很难用双手握住。中国人认为这种蛇是雄性的。岛上盛产牡鹿、野猪和木鸽。

大部分岛民都很贫穷,几乎不和大陆做生意。中国人认为这些岛民几乎和外国人一样,因此并不要求他们给皇帝纳税。他们没有权利自由流动到其他地区,或者交易货物。他们满足于岛屿和海洋提供的生活资源,穿着很少的衣服,几乎不穿鞋子或袜子,打赤脚行走。据说岛上总人口有三千,他们分别居住在六个村庄里。

对纪念碑的描述

当回到前哨站时,我们发现工程基本上完成了,这个建筑分为三个区域。上面是可以做弥撒的小教堂,顶端放置了带有小十字架的地球仪作为装饰品;从这里到墓园区,需要往下走七个台阶。

最后两段楼梯围绕着旧的墓碑[1639年立]。墓碑本身两面都刻有字,用汉文和欧洲文字。墓碑的正面有十字架,背面有IESU的神圣名字。②

---

① 根据一些传说,沙勿略曾在岛上见过老虎,并且驱赶它们离开。
② 1639年澳门耶稣会士立了纪念碑;1688年罗斐理重新整理。1869年,广东教区明稽章主教把纪念碑移在新建的教堂里。

关于 1700 年在上川岛为伟大的东方使徒方济各·沙勿略建造的墓园　　303

葡萄牙文碑文写道:"这是伟大的东方使徒,耶稣会方济各·沙勿略之墓";再往下一点则写道:"这块墓碑立于 1640 年。"①

中文碑文写道:"泰西圣人范济谷沙未尔于大明嘉靖三十二年之冬升天真迹;崇祯十二年众会友立碑。"②

对墓园的描述

在墓碑前有一片相当大的平坦的区域,从那里往下走五级楼梯便到了第三层。我们在那里架起了一座巨大的十字架,高 10 罗马尺[3 米],宽 5 罗马尺[1.5 米]。这样便于首次到达的欧洲船只远远就可以看到,也证明了基督宗教已经在中华帝国开始传播了,并且在天主的庇佑下,将会获得成功。③

整个建筑有 70 尺或者 90 古罗马尺[27 米]长,30 罗马尺[9 米]或 40 罗马尺[12 米]宽。它被 5 罗马尺[1.5 米]高的围墙包围起来,墙壁沿着山坡倾斜,最后升到 8 罗马尺[2.4 米]的高度。为了防止洪水侵袭,在围墙外的底部增加了一道屏障。周围还有一条沟渠,用于疏导从山上留下来的水。沟槽和围墙加起来共有 13 罗马尺[约 4 米]高。

外墙被涂成蓝色,顶部为红色;楼梯是白色和红色的;地面由砂

---

①　如前所述,1640 年有误,应该是 1639 年。葡萄牙文写道:"AQUI FOI SEPULTADO S. FRAN. CO XAVIER DA COMP. A DE IESUS APLO. DO ORIENTE. ESTE PADRAO SE LEVANTOU NO ANNO DE 1639。"

②　纪念碑全文为:"耶稣会士泰西圣人范济谷沙未尔于大明嘉靖三十一年壬子之冬升天真迹;崇祯十二年己卯众会友立碑。"在拉丁文报告中,沙勿略死于嘉靖三十二年这个说法有误。纪念碑上,沙勿略的名字是"范济谷沙未尔"。1629 年,高一志在《方济各沙勿略行实》开始使用"沙勿略"。今天,在 1639 年纪念碑前面,有另一块小纪念碑,其中写了沙勿略这个名字,并且写道"康熙三十八年"(1699)。不过,庞嘉宾没有提及这块小纪念碑。马崇义神父告诉我,也许这块小纪念碑标志着 1699 年两广总督石琳向刘应神父赠送了这块土地,以作为重修墓园之用。

③　18 世纪,墓园变成了废墟。1866 年,巴黎外方传教会神父发现了大十字架的碎片;参见 Archives of the Canton diocese, Ricci Institute, San Francisco, F3.19 – VI.I.

和石灰石铺成,因此看起来像是一块平整的石头。教堂的门上方刻有建造年份[1700年],门的周围都绘上了假的围栏。

在地方政府、天时和地利尽可能地配合下,更是在天主和方济各·沙勿略的庇护下,伟大的东方使徒的墓园终于修筑完成。此时距沙勿略去世已150年了。由于5月初连续几天的暴雨而导致了延误,在6月2日那天,我们最终完成了工程。在施工过程中,我们缺少很多必需物资,尤其是石灰石,比我们计划中所要用到的多得多。所以我们必须自己动手制作,这增添了很多困难。

因为这项工程在三个月内便完成了,在6月3日,广海的官员被建议派遣一艘军舰和另一名军官一起出发,以便护送我们回到新会。我们告别了上川岛的居民,他们当中的很多人都来了,把我们送到岸边登船,表现出深情的告别。我们向他们保证,我们其中的一人将在几个月后再回到这里。登船后不久,我们顺利地抵达新会,然后返回广州。

对本地人的感恩

应该特别称赞岛上居民的精神,他们曾经是野蛮和难以对付的,但却在很短的时间内就被驯服了。即便是那些官员,在了解了我们的活动详情后,也对岛民表示了赞赏。我相信,这是由于天主的特殊恩典,尽管遭受了恶劣的天气、极度的高温和低温、凛冽的风雨、潮湿和干燥,我们所有人在这三个月里都保持了健康。此外,岛民们和士兵日夜无私地保护我们,他们的耐心从未疲倦。他们由始至终都在帮助我们,总是那么开朗和快乐。这项工程是为了伟大的沙勿略而完成的,我们之所以取得圆满的成功,是因为天主想用适宜的荣誉,来彰显使徒的事功。同时,我们希望沙勿略的精神,将护佑那片土地,在那里他荣升天国;特别是护佑那些拥有神圣信仰的种子,这些种子因怀着尊崇而修建墓园,被广为播撒在那里。我们希望在天主的庇护之下,这些种子会被保存下来,终将在这个岛屿上以及在中国大陆上,得到更为广泛的传播,很快便有成千上万之众——尽管直到现在,这里仍没神圣的信仰。

对传教工作的期待

最近,我们经历了愉快的开始。正如我们在前面提到的,广东和广西两省的总督[石琳],在我们的旅行开始的前一年便给了我们许可。为了岛上的保护和发展,我们向他提出了一个新的请求:保护教堂,以及让岛民免受一直以来饱受的不公正压迫,并且给予我们前往该岛的自由。虽然知道很难获得批准,但出于对伟大的沙勿略的信念,我们仍然尝试着提出请求。令人吃惊的是,只需要承认圣人的墓园是在上川岛上,我们便很容易从这个异教徒那里获得许可。他甚至用礼貌的信函答复了嘉禄神父,并向我们表达了关爱和尊重。几个月前他到广州处理公务,甚至还亲自登门拜访了我们的神父[嘉禄]。因为他听说神父生病了,他希望以朋友的身份前往慰问。正如我前面所说的,他是两省的最高统治者,而且还是皇帝的亲戚。①在体验到我们真诚的关爱,以及沙勿略强大的荫蔽——由他开启并将毫无疑问地继续下去——之后,所有上川岛的居民都给予了我们极高的优待,并保持着与我们的联系。利国安神父肩负着上川岛和大陆[佛山和新会]教区的使命,我们希望在他的带领下,将会有丰富的收获。我们之前播下的种子将开花结果,神圣的信仰将在这个岛屿和整个大陆繁衍生息,我坚信,这一切都已准备好了。

耶稣会士庞嘉宾

---

① 石琳为"汉军正白旗人",且为"和硕额驸"。

306　广州与明清的中外文化交流

附：

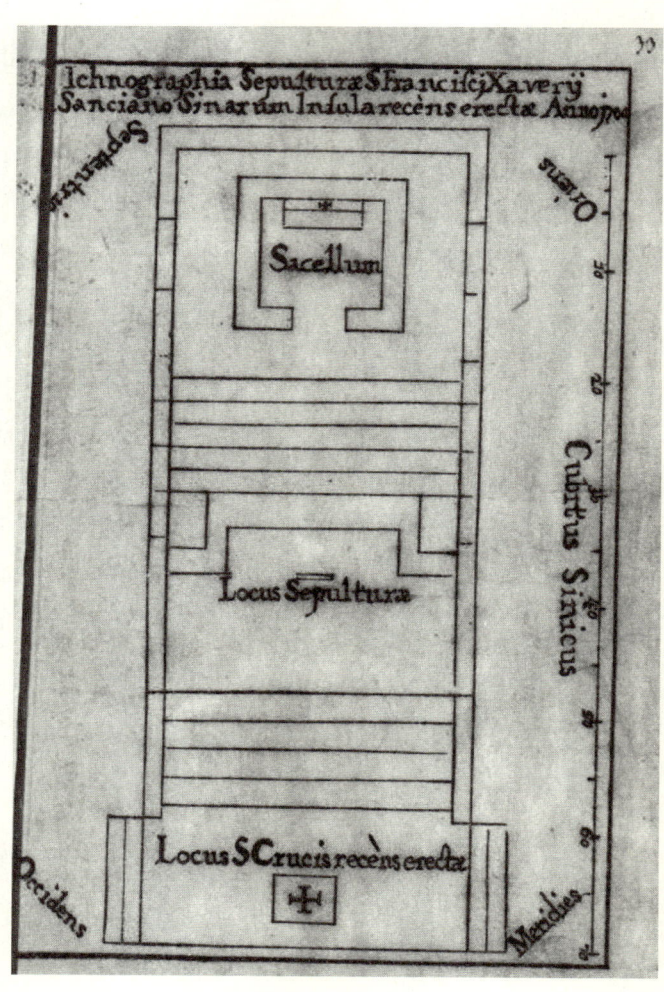

图 1　墓园平面图

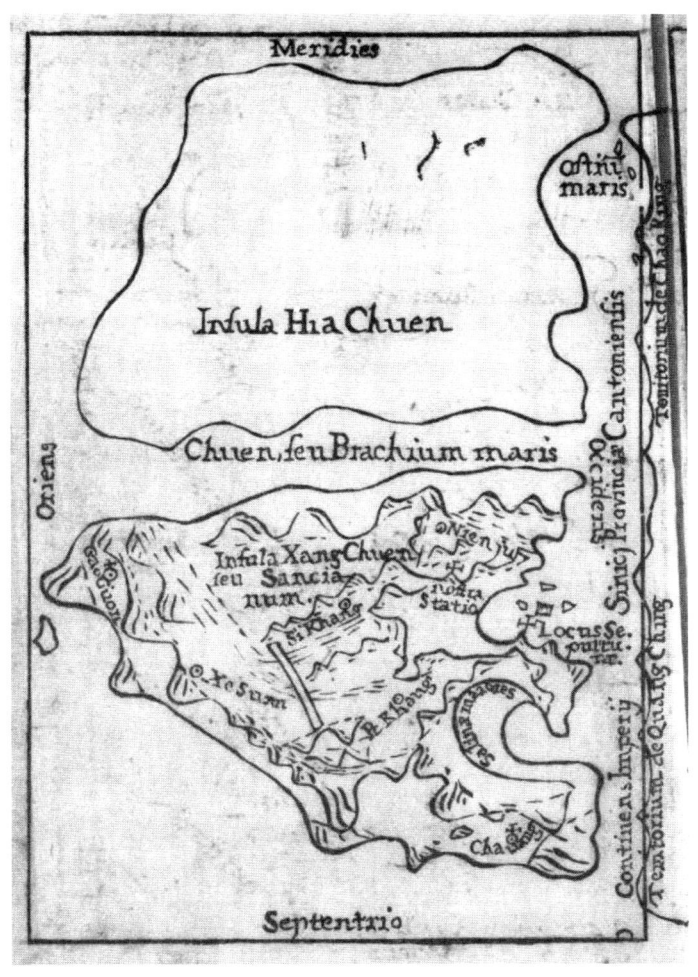

图 2　下川岛与上川岛

图 3 广东海洋